ADAC Reiseführer

W0186799

Teneriffa

von Nana Claudia Nenzel

EIN ADAC BUCH

Inhalt

Die Wellen des Atlantik füllen die Pools des Lago Martiánez in Puerto de la Cruz

Viele der kostbaren Kirchenschätze stifteten dankbare Tinerfeños, etwa der Iglesia Santa Catalina Martír de Alejandria in Tacoronte die Hochaltarwand

Der Nordosten – Wanderparadies und Strandvergnügen 43

Der Nordwesten – Wasserspiele und schroffe Schluchten 63

Höhepunkte des Inselkarnevals sind die ausgelassenen, farbenprächtigen Umzüge in Santa Cruz de Tenerife

Unbeschwerte Wasserspiele im Aguapark Octopus bei Playa de las Américas

Der mächtige Teide bietet eine stimmungsvolle Kulisse für Los Roques

Dies und Das

Das milde Klima lässt auch Weihnachtssterne üppig blühen

Teneriffa aktuell A bis Z

Anmut und Grandezza – im Karneval werden Träume wahr

Sprachführer

Teneriffa – Insel mit den zwei Gesichtern

Rund 5 Mio. **Touristen** kommen jährlich auf die größte und wohl abwechslungsreichste Insel des Kanarischen Archipels, zu dem auch die Nachbarinseln Gran Canaria und La Gomera gehören sowie weiter im Westen La Palma und El Hierro, im Osten Fuerteventura und Lanzarote. Jedes Jahr suchen auch knapp 700 000 Gäste aus Deutschland – meist sonnenhungrig und auf der Flucht vor dem feucht-kalten mitteleuropäischen Winter – diese in etwa dreieckige Kanareninsel auf. Teneriffa liegt nur rund 360 km vor der westafrikanischen Küste, ungefähr auf der geographischen Höhe des südlichen Marokko.

Eigentlich müsste es hier so heiß sein wie in der Wüste Sahara, aber die Passat- und Gegenpassat-Winde sorgen auf Teneriffa für Wolkenbildung und genügend Niederschläge, um zumindest den Norden der Insel grünen zu lassen. Dabei sind die Temperaturen ausgeglichen, liegen das ganze Jahr über zwischen 22 und 28 °C. Nicht umsonst bezeichnete im 1. Jh. n. Chr. der römische Geschichtsschreiber Plinius der Ältere die Kanaren als ›Glückliche Inseln‹ und vermutete in ihnen sogar die Überreste des sagenumwobenen, von den Göttern lange begünstigten Atlantis.

Moderne Besucher haben nach meist nur viereinhalb Stunden Flug von Mitteleuropa aus auf Teneriffa die Wahl zwischen dem ganzjährig milden, frühlingshaften Wetter im gebirgigen *Norden* und dem fast immer heißen *Süden* mit seinen teils sandigen, teils kiesigen Stränden. Diese bemerkenswerte **Dualität** in Klima und Landschaft trug Teneriffa auch den Beinamen ›Insel mit den zwei Gesichtern‹ ein.

Kein Wunder, dass sich auch der **Touristenstrom** zweigeteilt hat, wobei die Inselregierung *Cabildo Insular* sogar eine Vierteilung sieht. Als Zone 1 gilt die geschäftige **Hauptstadt** Santa Cruz de Tenerife mit ihrem großen Atlantikhafen, die auch wegen ihrer historischen Bausubstanz aus dem 15.–18. Jh. interessant ist. Als Zone 2 wird die nordwestlich davon gelegene **frühere Inselmetropole** La Laguna angesehen. Sie ist nicht nur Sitz der einzigen **Universität** der Kanarischen Inseln, zu ihrem Gemeindegebiet gehören auch die Ferienorte Bajamar und Punta del Hidalgo an der windgepeitschten Nordküste sowie das geschichtsträchtige Städtchen Tacoronte. Als Zone 3 gilt der Norden um Puerto de la Cruz mit seinem lebhaften **Hafen**. Das Einzugsgebiet schließt

Bergdörfer wie Los Realejos ein und reicht weiter westlich bis nach Buenavista del Norte. Unter Zone 4 wird der gesamte, touristisch umtriebige Süden verstanden. Sein Zentrum zwischen Los Gigantes und El Médano kann mit den meistbesuchten **Badeorten** Teneriffas, Costa Adeje, Las Américas und Los Cristianos, aufwarten.

Noch nicht erfasst sind die alten Dörfer im **Inselinneren**, die sich seit einigen Jahren herausputzen und einer besonderen Art des Fremdenverkehrs einen wunderschönen Rahmen bieten: **Turismo rural**, was sich mit ›Ferien auf dem Lande‹ übersetzen lässt, ist inzwischen sehr gefragt. Dabei wohnen die Gäste meist in historischen Bauernhöfen oder auf größeren, oft traditionsreichen Landgütern. Nicht selten sieht man vom Schlafzimmerfenster direkt auf das üppige Grün von Bananenplantagen oder Weingärten.

Die meisten Reisenden lockt aber die Aussicht auf einen klassischen Badeurlaub. **Strände** dafür gibt es genug, teils mit feinem Sand, teils mit Kies. Rings um Teneriffa hat der stetig anbrandende Atlantik zahlreiche Buchten geschaffen. Von Natur aus sind die begehrten hellen Sandabschnitte zwar auf einige Kilometer im Süden begrenzt, aber der Mensch schuf Abhilfe. Schon seit Jahren kann nun auch der Norden mit schönen sandigen Badebuchten par excellence aufwarten. Sie wurden künstlich aufgeschüttet, das Material dafür kam teils von Nachbarinseln, teils – wie im Fall der *Playa de las Teresitas* – aus der Sahara. Die ausge-

Links: *Ungetrübte Urlaubsfreuden verspricht die Playa de la Arena mit ihrem schwarzen Vulkanstrand in Puerto de Santiago im sonnigen Südwesten*

Oben: *Die grandiose Bergwelt des Teide-Massivs offenbart sich als Wanderparadies*

Unten: *Farbenprächtige Exoten fühlen sich wohl im Loro Parque von Puerto de la Cruz*

wählten Küstenabschnitte werden durch Wellenbrecher und bis knapp unter die Wasseroberfläche reichende Stein- bzw. Betonriffe geschützt, damit die kostbaren neuen Errungenschaften nicht wieder Opfer des Meeres werden. Nicht ganz so geglückt sind diese bewahrenden Maßnahmen ausgerechnet im Süden, wo man es an der Südwestecke von Las Americas aufgegeben hat, die Natur zu überlisten: Allzu hohe Investitionen gingen verloren, weil der brausende Atlantik zu stürmisch und ›gefräßig‹ ist. Dafür ist dies eine Küste, die die Herzen der **Windsurfer** ganz hoch schlagen lässt. Sie finden etwa in El Médano ideale Bedingungen für ihren Sport vor.

Aufregende Natur

Auf Teneriffa erhebt sich, steil von Meereshöhe auf 3718 m ansteigend, *Spaniens höchster Berg*, der **Pico del Teide**. Er ist umgeben von einer atemberaubenden Landschaft aus eingefallenen Kratern und erloschenen Vulkanen, den **Cañadas**. Hier befindet sich die Natur in einem solch sensiblen Gleichgewicht, dass die gesamte Region um den Berg zum sorgfältig beaufsichtigten Schutzgebiet, dem *Parque Nacional del Teide y de las Cañadas*, erklärt wurde. Ein Besuch sollte bei keiner Teneriffa-Reise fehlen, auch wenn der Gipfel des Pico del Teide selbst nur mit Sondergenehmigung der Parkverwaltung zu erklimmen ist.

Zu Füßen der eingesackten Vulkankrater der Cañadas breitet sich die **Paisaje Lunár** aus, ein kleines Tal mit

Links oben: *Geradezu barocke Rundungen zeigt die Brunnenfigur im Parque García Sanabria von Santa Cruz de Tenerife*

Links Mitte: *Tradition wird groß geschrieben – an Fest- und Feiertagen tragen die Damen Teneriffas ihre althergebrachten Trachten mit Stolz und Anmut*

Links unten: *Feiner heller Sand aus der Sahara verwandelte die Playa de las Teresitas bei San Andrés in ein tropisch anmutendes Strandidyll*

Rechts oben: *Mit der Basilika schuf man in Candelaria der als Schutzheiligen der Kanaren verehrten dunkelhäutigen Madonna einen würdigen Rahmen*

Rechts unten: *Höhepunkte der Fronleichnamsfeiern sind inselweit die kunstvoll ausgestreuten bunten Blütenteppiche, vor allem in La Orotava*

bizarren Basalt- und Bimsmonolithen. Den Weg zu dieser kargen ›Mondlandschaft‹ muss man allerdings auf Schusters Rappen zurücklegen. Überhaupt kommen **Wanderer** auf Teneriffa voll und ganz auf ihre Kosten. Auch wer keinen reinen Wanderurlaub geplant hat, sollte feste Stiefel im Gepäck und möglichst immer im Kofferraum seines Leihwagens haben. Zu groß ist die Versuchung, bei einer Tour etwa im östlichen Anaga-Gebirge zu Fuß einen Abstecher in die blühende Berglandschaft zu unternehmen oder sogar eine Wanderung in dem berühmt-berüchtigten **Barranco del Infierno**, die Höllenschlucht, zu wagen. Keine Angst, gefährlich ist es nicht, und der Anblick schroffer Felsformationen und wegen ihrer Erzeinlagerungen buntschillernder Steilwände sowie der Wasserfall am Ende der Schlucht entschädigen reichlich für jede Anstrengung.

Schließlich ist die Insel mit ihrer reichen Flora ein Dorado für **Naturfreunde**. Es gibt auf Teneriffa eine enorme Anzahl *endemischer Pflanzen*, d.h., sie gedeihen nur hier bzw. auf den Kanaren. Angefangen bei den langnadeligen Kanarischen Kiefern, die als ›Wolkenmelker‹ dem Boden Kondenswasser zuführen, bis zu dem hohen rotblühenden Teide-Natternkopf, kanarisch *Tajinaste* oder gar *Argullo de Tenerife*, ›Stolz Teneriffas‹, genannt.

Alltag und Tradition

Wie die *Canarios* im allgemeinen, sind auch die *Tinerfeños*, wie man die Bewohner der Insel nennt, ein angenehmes Völkchen. Sie sind stolz auf ihre Heimat, ihre Geschichte und ihre Herkunft, die sie lange Zeit unter dem Franco-Regime verleugnen mussten. In ihnen lebt das Erbe der hochgewachsenen, oft blonden Guanchen weiter, die die Kanarischen Inseln vor der Zeit der spanischen Eroberung beherrschten. Heute finden diese Vorfahren in den zahlreichen volkskundlichen Sammlungen und Museen wieder einen Ehrenplatz. Allenthalben entstehen auch neue **Kunsthandwerkszentren** zur Pflege von Traditionen wie der inseltypischen Töpferei ohne Drehscheibe oder aufwendiger Stickarbeiten.

Sanges- und tanzesfreudig sind die Tinerfeños von jeher, und wo immer eine Gitarre oder ein Akkordeon erklingt, finden sich bald Menschen zu einer spontanen *fiesta* ein. Viele Orte pflegen Tänze und Trachten, die man etwa im Mai während der Folkloredarbietungen bei den **Fiestas de Primavera**, dem Frühlingsfest von Santa Cruz de Tenerife, bewundern kann. Die dort spürbare Lebensfreude bricht sich auch in den farbenprächtigen **Karnevalsumzügen** Bahn, die die Bevölkerung inselweit im ersten Jahresviertel phantasievoll ausrichtet – im Januar und Februar zum Beispiel in Santa Cruz, Puerto de la Cruz, La Orotava oder Los Cristianos, im März in Tacoronte und Umgebung.

Eine Sonderstellung im kulturellen Leben nimmt die Wiederbelebung **altkanarischer Sportarten** ein. In der traditionellen Form des Ringkampfes, der *Lucha canaria*, werden sogar Meisterschaften auf Regional- und Provinzebene ausgetragen, und auch den *Palo* genannten Stockkampf können die Jüngeren heute in der Schule erlernen.

Wirtschaft und Fortschritt

Bei allem Stolz auf die Vergangenheit stehen die Tinerfeños den modernen Zeiten aufgeschlossen gegenüber. Eine wesentliche Rolle spielt hierbei sicher der **Tourismus**, der auf der Insel vielerlei Entwicklungen und Überlegungen anregte – von neuen, zum Teil ungewöhnlichen Einkommensmöglichkeiten über Ökologie und Umweltschutz bis zu einer gelungenen Synthese von einheimischer und internationaler Küche.

Teneriffa hat sich in den letzten Jahrzehnten, nicht zuletzt wegen seiner günstigen Lage, zum Standort neuer **Forschungszentren** entwickelt: Unweit des Teide-Gipfels ragen die weißen Kuppeln einer *Meteorologischen Messstation* und eines *Observatoriums* in den Himmel, und nordöstlich von El Médano drehen sich im *Parque Eólico* riesige *Windräder*. Mit ihrer Hilfe werden nicht nur Daten zur Nutzung erneuerbarer Energien gewonnen, sie versorgen gleichzeitig die gesamte Anlage mit Strom. Interessierte

Oben: *Wind und Wellen machen die Küste von El Médano zu einem Mekka der Surfer*

Rechts: *Beliebte Oldtimerparade am 1. Mai in Santa Cruz de Tenerife*

Rechts unten: *Rasante Abfahrten für Mountainbiker im zentralen Teide-Gebirge*

Touristen und Schulklassen sind ebenso willkommen wie mögliche Investoren für solche Projekte!

Man hat auf Teneriffa erfahren, dass **Monokulturen**, wie sie auf den Kanaren generell durch die spanischen Eroberer eingeführt wurden, immer nur zum Schaden der Bewohner waren. Früher oder später taten sich stets andernorts neue, preiswertere Bezugsquellen auf, ob für Zuckerrohr oder den roten Farbstoff aus den Koschenille-Schildläusen, für Wein oder Bananen – und die Inselbauern standen vor dem Nichts. Ein aktuelles Beispiel dafür sind Tomaten, die auf ausgedehnten Freilandflächen angebaut werden. In warmen, regenlosen Wintern reifen sie jedoch zu schnell, so dass sie zu einer Zeit auf den europäischen Markt kommen, in der noch die preiswerteren holländischen Tomaten angeboten werden. Die Folge ist ein für die kanarischen Bauern empfindlicher Preisverfall beim Verkauf ihrer Ernten.

Es gibt allerdings einen Bereich, der das ganze Jahr über von der Landwirtschaft ebenso profitiert wie vom Tourismus, und das ist die **Küche**. Während man früher in fast keinem Lokal *papas arrugadas* mit *mojo picón* bekam, die typischen Runzelkartoffeln mit Salzkruste und scharfer Soße, stehen sie heute auf beinahe jeder Speisekarte. Die Inselköche haben gelernt, aus der bäuerlich-schweren Kost ihrer Vorfahren eine schmackhafte, leichte zu zaubern. Ein Genuss sind z. B. die bekannten Knoblauch-Hähnchen, *pollo con ajo*, die man ›pur‹ oder mit köstlicher Soße essen kann. In den letzten Jahren ließen sich außerdem viele Köche und Restaurantbetreiber aus dem europäischen Ausland auf Teneriffa nieder und bereichern mit ihren kreativen Angeboten die kulinarische Palette.

Der Reiseführer

Dieser Band stellt die anmutige, abwechslungsreiche Urlaubsinsel Teneriffa in sechs Kapiteln vor. Auf besondere Höhepunkte bei Sehenswürdigkeiten, Hotels, Restaurants, Stränden etc. verweisen die **Top Tipps**. Numerierte **Übersichtskarten** und **Stadtpläne** erleichtern die Orientierung. Den Besichtigungspunkten sind **Praktische Hinweise** mit Hotel- und Restaurantempfehlungen angefügt. Auf den letzten Seiten informiert **Teneriffa aktuell A bis Z** über Anreise, Einkaufsmöglichkeiten, Essen und Trinken, Sport etc. Hinzu kommt ein ausführlicher **Sprachführer**. **Kurzessays** zu speziellen Teneriffa-Themen runden den Reiseführer ab.

Geschichte, Kunst, Kultur im Überblick

Vor 10 Mio. Jahren Vulkanische Aktivitäten heben die Kanarischen Inseln, also auch Teneriffa, aus dem Meer.

3000–1000 v. Chr. Archäologische Ausgrabungen weisen darauf hin, dass die Besiedlung der Kanarischen Inseln in mehreren Schüben von Nordafrika und Europa her erfolgte.

Vergeblich kämpfte Guanchenkönig Bencomo im 15. Jh. für die Freiheit seines Volkes

1100 v. Chr. Phönizische Seefahrer erreichen auf der Suche nach Handelsmöglichkeiten entlang der westafrikanischen Küste wahrscheinlich auch die Kanaren.

500–200 v. Chr. Die Kanarischen Inseln werden von Nordafrika aus besiedelt. Die Neuankömmlinge finden dort vermutlich bereits Königreiche der Altkanarier, der Guanchen, vor. Die genaue Herkunft dieser hochgewachsenen, blonden Menschen liegt im Dunkeln, man weiß nur, dass sie in vorgeschichtlicher Zeit aus Nordafrika eingewandert waren.

1. Jh. n. Chr. Plinius der Ältere berichtet als römischer Geschichtsschreiber von einer Expedition des mauretanischen Königs Juba II. auf die Kanarischen Inseln. Dabei taucht erstmals der Name Insula Canaria für das spätere Gran Canaria auf. Ovid besingt in seinen ›Metamorphosen‹ den ewigen Frühling auf diesen Inseln.

2. Jh. Der griechische Naturforscher Ptolemäus zeichnet eine Weltkarte und trägt darin den Null-Meridian ein, der durch die ebenfalls skizzierte Kanareninsel El Hierro verläuft.

6.–9. Jh. Berber von der afrikanischen Nordwestküste siedeln auf den Inseln.

1312 Der italienische Seefahrer Lancelote Malocello landet auf der nach ihm benannten Insel Lanzarote.

1340–42 Spanier, Portugiesen und Genueser suchen raubend und plündernd die Kanaren heim.

1344 Papst Clemens VI. erklärt sich zum Herrscher über alle unentdeckten Länder. Er setzt den Spanier Luis de la Cerda zum König der Kanaren ein, der sie jedoch niemals betritt und bald zurückgeben muss, weil er den vereinbarten Tribut an die katholische Kirche nicht zahlen kann. Die Kanarischen Inseln fallen an die Spanische Krone.

1402 Der Normanne Jean de Béthencourt schließt auf Lanzarote mit dem Guanchen-Herrscher Guardafía einen Friedenspakt und nimmt Fuerteventura

Claudius Ptolemäus errechnete die Bahnen der Planeten und verzeichnete die Kanaren auf seiner Weltkarte

sowie El Hierro ein. Auf La Gomera errichtet der Pirat Peraza seine Willkürherrschaft. La Palma, Gran Canaria und Teneriffa bleiben unabhängig.

1478 Pedro de Vera soll die drei bislang uneinnehmbaren Inseln für Spanien mit Waffengewalt bezwingen.

1483 Die Einwohner Gran Canarias ergeben sich nach blutigen Kämpfen.

1492 Christoph Kolumbus entdeckt Amerika. Die Kanarischen Inseln gewinnen jetzt als letzte europanahe Stationen vor der Atlantiküberquerung enorme strategische Bedeutung.

1494 Alonso Fernández de Lugo landet auf Teneriffa und legt den Grundstein für das spätere Santa Cruz de Tenerife. Anders als ein Jahr zuvor auf La Palma, erleidet er auf Teneriffa am 31. Mai bei La Matanza im Kampf gegen die Guanchen eine schwere Niederlage.

1495 Am 25. Dezember unterliegen die Guanchen von Teneriffa bei La Victoria endgültig den Spaniern. Der gesamte Archipel untersteht nun der Spanischen Krone. Die überlebenden Guanchen vermischen sich mit den Eroberern vom Festland, allmählich verschwinden die kanarischen Ureinwohner als eigenständige Ethnie.

seit 1500 Kaufleute betreiben auf den Kanarischen Inseln Handel mit schwarzafrikanischen Sklaven.

1550 Anbau und Export von Malvasia-Wein und Zuckerrohr werden als Wirtschaftsfaktoren immer bedeutender.

1657 Der englische Admiral Robert Blake versucht erfolglos, mit seiner Flotte aus 36 Kriegsschiffen Santa Cruz de Tenerife zu erobern.

1706 Unter Admiral John Jennings unternehmen die Engländer einen erneuten Versuch, den Hafen Santa Cruz de Tenerife einzunehmen. Der Angriff scheitert jedoch und damit auch das Vorhaben, das fruchtbare und günstig an der Atlantik-Route gelegene Teneriffa für Großbritannien zu erobern. Im selben Jahr bricht der Vulkan Montaña de Trebejo bei Garachico mit verheerender Gewalt aus und verursacht erhebliche wirtschaftliche Schäden.

1778 Santa Cruz de Tenerife erhält vom spanischen König Carlos III. das Vorrecht, mit Amerika Handel zu treiben.

Im Zeichen des Kreuzes – Alonso de Lugo eroberte Teneriffa für Spaniens Könige

1792 Gründung der einzigen Universität der Kanaren in La Laguna.

1797 Der englische Admiral Horatio Nelson verliert bei einer neuerlichen Schlacht um Santa Cruz de Tenerife seinen rechten Arm und muss zudem die einzige Niederlage seiner militärischen Laufbahn erklären.

1799 Am Beginn seiner Reise nach Südamerika macht der deutsche Naturfor-

Kein Glück hatte der berühmte Seestratege Horatio Nelson vor Santa Cruz de Tenerife

scher Alexander von Humboldt 5 Tage lang auf Teneriffa Station. Während einer Bergwanderung nimmt er nicht nur das geologische Profil der Vulkaninsel auf, sondern entdeckt auch die Gesetze der Geobotanik, nach denen bestimmte Pflanzen nur in bestimmten Höhenlagen vorkommen.

1805 Horatio Nelson beendet durch seinen Sieg bei Trafalgar die spanische Vormachtstellung auf See.

1822 Santa Cruz de Tenerife wird Hauptstadt des gesamten kanarischen Archipels und behält diesen Status bis 1927.

um 1830 Auf Teneriffa entstehen erste Opuntien-Pflanzungen zur Aufzucht der Koschenille, der Schildlaus, aus deren Larven ein europaweit in der Textilindustrie begehrter, intensiv roter Farbstoff hergestellt wird. Der Handel damit blüht bis 1870.

1852 Isabella II. von Kastilien gewährt den Kanarischen Inseln den Status einer Freihandelszone.

1872 Eine Reblausplage bringt den Weinanbau auf Teneriffa fast vollständig zum Erliegen. Die Bananenproduktion wird, wieder als Monokultur, zum wichtigsten Exportfaktor.

1876 Der spanische König Alfonso XII. stimmt einer neuen Verfassung zu und zieht damit Konsequenzen aus den mehrjährigen Karlistenkriegen, zu denen Erbstreitigkeiten und innenpolitische Spannungen geführt hatten. Spanien wird parlamentarische Monarchie.

Die Gunst der spanischen Königin Isabella II. sicherte den Kanarischen Inseln wirtschaftlichen Aufschwung

1880 Beginnender Tourismus in Puerto de la Cruz im Norden Teneriffas.

1890 Eröffnung des ›Gran Hotel Taoro‹ oberhalb von Puerto de la Cruz.

1912 Die spanische Regierung stimmt der Einrichtung inseleigener Selbstverwaltungen, der Cabildos Insulares, auf den Kanaren zu.

1927 Bei der Aufteilung der Kanarischen Inseln in zwei Provinzen wird Santa Cruz de Tenerife Hauptstadt der Westprovinz mit Teneriffa, La Palma, El Hierro und La Gomera. Verwaltungszentrum der Ostprovinz, zu der Gran Canaria, Lanzarote und Fuerteventura gehören, wird Las Palmas de Gran Canaria.

1936 Der politisch rechtsextreme, auf Teneriffa stationierte General Francisco Franco y Bahamonde putscht gegen die Regierung in Madrid. Damit löst er den Spanischen Bürgerkrieg aus, der bis 1939 dauert und mit dem Sieg der faschistischen Partei endet. Mit Franco an der Spitze wird Spanien für 36 Jahre zu einem diktatorischen Staat.

1947 Francisco Franco stimmt dem ›Nachfolge-Gesetz‹ zu, das Spanien offiziell zur Monarchie erklärt. Es wird jedoch kein König eingesetzt. Erst 1969 ernennt der Diktator den Enkel Alfonsos XIII., Juan Carlos, zum Thronfolger und damit gewissermaßen zu seinem politischen Erben.

1954 Gründung des Parque Nacional del Teide.

1959 Das erste deutsche Charterflugzeug landet auf Teneriffa. Der Tourismus entwickelt sich rasant und wird bald zum wichtigsten Wirtschaftszweig. Puerto de la Cruz im Norden wächst schnell zu einer Urlaubsstadt mit mehr als 23 000 Gästebetten.

1960–70 Auch im Süden Teneriffas setzt ein unkontrollierter Bauboom ein. Die feinen Sandstrände bei Playa de las Américas locken bald mehr Besucher an als der schroffere Norden und werden zum touristischen Zentrum der Insel.

1975 Nach General Francisco Francos Tod wird Juan Carlos I. spanischer König. Zusammen mit dem von ihm ernannten Ministerpräsidenten Adolfo

Der geschäftige Atlantikhafen von Santa Cruz de Tenerife steht für Wachstum und Erfolg. Bereits 1903 lagen hier zahlreiche Handels- und Passagierschiffe auf Reede

Suárez González leitet er eine rasche Demokratisierung des Landes ein. Trotzdem formiert sich auf den Kanaren eine separatistische Bewegung, die nach der Unterdrückung regionaler Eigenheiten durch Franco mehr Selbständigkeit für den Archipel fordert.

1978 Die von Juan Carlos I. einberufene Verfassunggebende Versammlung verabschiedet die neue demokratische Verfassung Spaniens. Sie wird am 7. Dezember vom Volk angenommen.

1982 Innerhalb Spaniens erhalten die kanarischen Provinzen den Status einer Autonomen Region mit weitgehender Selbstverwaltung. Die Hauptstädte Santa Cruz de Tenerife und Las Palmas de Gran Canaria wechseln sich alle vier Jahre als Regierungssitz der Region ab.

1986 Spanien tritt der Europäischen Gemeinschaft bei, wobei die Kanarischen Inseln im Hinblick auf Zoll- und Handelsvereinbarungen einen Sonderstatus beanspruchen.

1992 Die Kanaren werden in die Europäische Gemeinschaft integriert, die Zollbestimmungen für Nicht-EG-Länder bleiben bestehen.

1999 La Laguna wird von der UNESCO in die Liste des Weltkulturerbes aufgenommen.

2000 Das Teide-Patronat bemüht sich mit Unterstützung der Inselregierung um die Ernennung des Berges Teide zum UNESCO Weltnaturerbe. – Umstritten sind die Pläne zum Ausbau des Hotelsektors um 30 000 Betten in den nächsten fünf Jahren.

2003 In Santa Cruz beginnen die Bauarbeiten für das ›Instituto Oscar Domíguez‹, ein Museum zeitgenössischer Kunst.

Francisco Franco – vom Militärgouverneur von Teneriffa zum faschistischen Diktator

Sehenswürdigkeiten

Santa Cruz und La Laguna – weltoffene Schwesterstädte

An der Nordostküste von Teneriffa breitet sich die **Inselhauptstadt** Santa Cruz de Tenerife zu Füßen ihrer etwas höher und weiter im Landesinneren gelegenen **Vorgängerin** La Laguna aus. Beide Städte werden durch das vielfach gezackte Anaga-Gebirge vor den kühlen Nordwinden geschützt. Heute sind die beiden Orte baulich fast zusammengewachsen, doch schon ihre Entstehungsgeschichte war miteinander verwoben. 1494 landete der spanische Eroberer Alonso Fernández de Lugo in der weiten *Bahía de Añanza*. Mit dem Bau eines Hafens und des militärischen Stützpunktes Fort Agaete schuf er hier die Keimzelle für das spätere Santa Cruz de Tenerife. Als **Verwaltungssitz** gründete er jedoch 1496 rund 10 km landeinwärts San Cristóbal de La Laguna, kurz La Laguna genannt, das als Sitz des Bischofs und der Universität bald den Rang der ersten Hauptstadt von Teneriffa einnahm. Reger Seehandel ließ beide Städte blühen, ungeachtet einer gewissen nachbarschaftlichen Konkurrenz, die bis auf den heutigen Tag zu spüren ist. Santa Cruz de Tenerife wuchs zu einem bedeutenden Atlantikhafen heran, und 1723 erklärte die Spanische Krone den Ort zur neuen Inselkapitale.

Heute ist Santa Cruz de Tenerife die größte Stadt Teneriffas. Sie entwickelte sich dank des modernen Hafens zu einem bedeutenden Warenumschlagplatz und wird auch als reges Wirtschafts- und Kulturzentrum geschätzt. La Laguna wiederum, zweitgrößter Ort der Insel, bewahrte sich das hochherrschaftliche Flair einer spanischen Residenzstadt des Mittelalters.

Beiden Orten gemeinsam ist die überschäumende Lebenslust ihrer Bewohner, die sich im Januar und Februar beim berühmten **Carnaval** Bahn bricht. In farbenprächtigen Umzügen und ausgelassenen Straßenfesten feiern die bunt verkleideten Tinerfeños die tollen Tage vor der Fastenzeit. Die bis zu zwei Wochen dauernden Vergnügungen finden am Aschermittwoch ihren Höhepunkt, wenn in Santa Cruz de Tenerife das populäre Fest *Entierro de la sardina*, die ›Beerdigung der Sardine‹, ausgerichtet wird.

1 Santa Cruz de Tenerife

Plan hintere Umschlagklappe

Inselmetropole mit Format: sehenswerte Kirchen und Museen, angenehme Bummelmeilen sowie ein prächtiger Hausstrand.

Die Hauptstadt Teneriffas und der gleichnamigen Westprovinz der Kanaren besitzt den einzig international bedeutenden Hafen der Insel. Hier laufen die wirtschaftlichen Fäden zusammen, in der Folge blüht auch die Kultur. Die 222 000 Bewohner von Santa Cruz de Tenerife verdienen ihren Unterhalt hauptsächlich im Handels-, Verwaltungs- und Dienstleistungssektor. Im **Passagier- und Handelshafen** mit dem mehr als 2 km langen Kai legen neben den innerkanarischen Fähren auch riesenhafte Kreuzfahrtschiffe auf großer Fahrt an, und allein an Fracht werden jährlich 16 Mio. Bruttoregistertonnen umgeschlagen. Kein Wun-

Vorhergehende Doppelseite: *Teneriffas wilde Schönheit zeigt sich bei den mehrere hundert Meter steil abfallenden ›Felsstürzen der Riesen‹ bei Los Gigantes im Westen der Insel*

der also, dass es nicht nur die Inselbevölkerung in ihre Hauptstadt zieht, sondern auch viele Festlandspanier sowie Bürger anderer europäischer Staaten nach Santa Cruz de Tenerife strömen und ihr Wachstum weiter ankurbeln.

Entsprechend dehnt sich die Stadt ins Umland aus: Im Nordwesten ist sie mit ihrer einstigen Rivalin La Laguna fast zusammengewachsen, im Süden schickt sie ihre Ausläufer in Richtung Candelaria, von den Vororten an den Abhängen des westlich gelegenen Esperanza-Waldes ganz zu schweigen.

In den 1990er-Jahren erhielten die vielfach vernachlässigten Häuser von Santa Cruz de Tenerife auf Anordnung der Gemeindeverwaltung zumindest einen neuen Fassadenanstrich. Die Farben dafür wurden kostenlos zur Verfügung gestellt. Überhaupt hat sich die Hauptstadt in den letzten Jahren dank zahlreicher **Verschönerungsmaßnahmen** richtiggehend herausgeputzt. Viele historische Gebäude in den engen Gassen der Altstadt wurden renoviert, Fußgängerzonen und eine Strandpromenade angelegt sowie neue Museen eingerichtet.

Santa Cruz de Tenerife ist von der ganzen Insel aus mit öffentlichen Verkehrsmitteln leicht zu erreichen. Die Überlandbusse enden in der modernen *Estación de Guaguas* am südlichen Stadtrand, von dort ist man auch zu Fuß schnell an der Meerespromenade und in der Altstadt. Ein Tagesausflug in die Metropole lohnt sich also auch von den Touristenzentren im Süden und Norden, dennoch empfiehlt sich mindestens eine Übernachtung, wenn man die liebenswerte Hauptstadt richtig kennenlernen oder den berühmten Karneval [s. S. 31] auskosten möchte. Parkplätze sind rar und dürfen nur zeitlich begrenzt genutzt werden. Selbst Hotels haben häufig keine eigenen Stellplätze oder Garagen. Außerdem ist der Verkehr in der Stadt äußerst lebhaft und in den engen Seitengassen, die oft als Einbahnstraßen ausgewiesen sind, für Ortsfremde schwierig. So ist man in Santa Cruz de Tenerife am besten als Fußgänger, per Taxi oder mit dem Bus unterwegs, zumal die Entfernungen zwischen den Sehenswürdigkeiten nicht groß sind.

Geschichte Das spätere Stadtgebiet von Santa Cruz de Tenerife gehörte zur Zeit der Guanchen zum Königreich von Anaga. Teneriffa lag aber so günstig auf dem Weg zwischen der Alten und der Neuen Welt, dass die Spanier sie den Ureinwoh-

Die ausgedehnten, modernen Hafenanlagen entlang der Avenida del Mar sind nach wie vor Garanten für Wohlstand und wirtschaftliche Blüte von Santa Cruz de Tenerife

nern nicht länger überlassen wollten. Nachdem die anderen Kanarischen Inseln bereits erobert waren, landete daher 1494 der Andalusier Alonso Fernández de Lugo in der *Bahía de Añanza*. Er ließ dort das **Fort Agaete** bauen, um einen festen Stützpunkt im Kampf gegen die Guanchen zu haben. Erst nach zwei Jahren gelang es de Lugo, die Altkanarier zu unterwerfen. Zum Zeichen seines Sieges ließ er ein Holzkreuz errichten, nach dem die sich nunmehr entwickelnde Siedlung den Namen *Santa Cruz de Santiago de Tenerife* erhielt.

Im 16. Jh. wurde der wirtschaftliche Aufschwung der wichtigen Hafenstadt an der Amerika-Route durch den regen Handel mit England noch verstärkt, wo der tinerfenische Malavasia-Wein sehr begehrt war. Allerdings wollten die Engländer die fruchtbare und strategisch so günstig gelegene Insel gern selbst besitzen und unternahmen von 1657 bis 1799 vier erfolglose Versuche, das blühende Santa Cruz de Tenerife mit Militärgewalt einzunehmen.

In der Zwischenzeit wurde Santa Cruz de Tenerife 1723 anstelle des landeinwärts liegenden La Laguna zur Hauptstadt Teneriffas ernannt. 1812 erhob man Santa Cruz gar zum Regierungssitz des kanarischen Archipels. Die daraufhin in großer Zahl errichteten Verwaltungsgebäude verliehen dem Stadtbild sein repräsentatives Aussehen.

Wie ein Fels in der Brandung steht das Cabildo Insular an der Plaza de España

Im Verlauf des 19. und zu Beginn des 20. Jh. gerieten die Inseln vor der Westküste Afrikas jedoch wirtschaftspolitisch ins Abseits. Daher kam es einer Strafversetzung gleich, als die spanische Regierung im Februar 1936 den faschistisch gesonnenen General Francisco Franco y Bahamonde (1892 – 1975) zum Militärgouverneur von Teneriffa ernannte. Franco schmiedete jedoch Pläne für einen Putsch, und schon im Juli desselben Jahres brach er mit seinen Truppen von Santa Cruz de Tenerife aus auf, um die republikanische Regierung zu stürzen. Dies war Auslöser für den drei Jahre andauernden grausamen Spanischen Bürgerkrieg, aus dem die Faschisten siegreich hervorgingen. Spanien wurde unter Franco zu einer Diktatur. Es folgten Jahrzehnte der Unterdrückung, in denen auch den Einwohnern der Kanaren ihr Recht auf eigene Kultur und Sprache aberkannt wurde.

Erst nach Francos Tod 1975 konnte König Juan Carlos I. die Demokratie in Spanien erneut etablieren. Die spanische Regierung erkannte den Kanaren 1982 den Status einer autonomen Provinz mit weitgehender Selbstverwaltung zu. Santa Cruz de Tenerife und Las Palmas de Gran Canaria wurden zu gleichberechtigten Provinzhauptstädten und Sitzen des Regierungspräsidenten bestimmt, der alle vier Jahre von einer auf die andere Insel wechselt. Das kanarische Parlament jedoch, die *Comunidad Autónoma de Canarias*, behält seinen ständigen Sitz auf Gran Canaria.

Besichtigung Die sehenswerte **Altstadt** von Santa Cruz de Tenerife beginnt an der Plaza de España am Atlantikufer zwischen den beiden ausgedehnten Hafenbecken *Dársena Comercial* und *Puerto Marítimo*. Im Norden schließt sich die langgezogene Plaza de la Candelaria an. Darauf folgt die Fußgängerzone der Calle Castillo, die zur zentralen Plaza de Weyler führt. Im Südwesten begrenzt der früher wasserführende Taleinschnitt des Barranco de los Santos das historische Santa Cruz de Tenerife, im Nordosten säumen die Gebäude des Club Nautico und der Hafenkommandantur die Altstadt. Nach Norden, zu den Bergen hin, schließt der weite Bogen der Rambla del General Franco das Areal ein, in dem die wichtigsten Sehenswürdigkeiten der Hauptstadt recht nah beieinander liegen.

Von der Plaza de España zum Markt

Mitten auf der kreisrunden, verkehrsumtosten **Plaza de España** ❶ steht auf einer kubischen Kapelle das **Monumento de los Caídos**, ein Denkmal für die Gefallenen des Spanischen Bürgerkrieges. Einen ganzen Block nimmt im Süden, an der Ecke zur hübsch angelegten Meerespromenade Avenida José Antonio Primo de Rivera, das massige Gebäude des **Cabildo Insular** ❷, der Inselregierung, ein. Es ist deutlich an seinem wuchtigen Viereckturm zu erkennen und beherbergt in seinen Mauern auch ein kleines Touristenbüro. Hier sollte man während der Bürostunden (Mo–Fr 8–17, Sa 9–13 Uhr) um Einlass bitten, um im 1. Obergeschoss den Raum mit Wandmalereien zur Geschichte der Insel zu besichtigen. Eine der Szenen zeigt z. B., wie Guanchen die ›lichtbringende Madonna‹, Schutzpatronin der *Canarios*, in einer Höhle nahe dem Städtchen Candelaria finden.

Gegenüber, jenseits der Avenida Bravo Murillo, steht das ebenfalls pompöse Gebäude der **Correos**, des Hauptpostamtes. An ihm entlang lässt es sich gemütlich über die Calle General Gutiérrez nach Westen in die Calle Imeldo Seris schlendern, direkt auf die breite Häuserfront zu, die vier schöne Privatgebäude aus dem beginnenden 20. Jh. bilden. Sie sind rot bzw. schwarz gerahmt und teilweise restauriert.

An der quer davor liegenden, großen Plaza Imeldo Seris, die wegen des starken Verkehrsaufkommens nicht einfach zu überqueren ist, befinden sich übrigens die **Haltestellen** für die Busse, die über La Laguna und Puerto de la Cruz in den Norden der Insel fahren.

Die Avenida Bravo Murillo öffnet sich rechter Hand auf die kleine, dreieckige **Plaza de la Iglesia** ❸. Der mit Kopfsteinpflaster und Ruhebänken neu angelegte und mit schattenspendenden Jacarandas bepflanzte Platz ist ein beliebter Treffpunkt der *Chicharreros,* wie die Bewohner der tinerfenischen Metropole genannt werden.

Man überquert den Platz und erreicht um die Ecke den Haupteingang der **Catedral Nuestra Señora de la Concepción** ❹ (Sa–Do 8.30–12 und 17.30–20 Uhr). Sie wurde 1502 geweiht und ist damit das älteste Gotteshaus der Stadt. Neugestaltung und Umbauten nach einem Brand im Jahr 1652 haben ihr ursprüngliches Erscheinungsbild stark verändert. Die kürzlich abgeschlossene Restaurierung lässt das Gebäude in neuem Glanz erstrahlen. Hübsch ist der *Glockenaufsatz* des sechsstöckigen Turmes aus rotem Vulkangestein. Mit den acht säulengetragenen Rundbögen erscheint er sehr leicht, sein Ebenbild hat er im Glockenturm der gleichnamigen Kirche von La Laguna. Die **Dachlandschaft** der Kathedrale wirkt durch die verschieden hohen Kapellenanbauten bzw. Seitenschiffe mitsamt dem Pfarrhaus unruhig. Doch zum Meer hin zeigt sie ihre anmutige Seite, das warme Rot der Dachziegel kontrastiert lebhaft mit dem blendenden Weiß der Mauern und den dunkelbasaltenen Ecksteinen.

Mit seinen fünf relativ niedrigen Schiffen, die auf roten und grau-schwarzen Lavapfeilern ruhen, und der kunstvoll geschnitzten Holzdecke macht der **Innenraum** einen harmonischen Ein-

Kinderspiel hinter dem Schwert – Gefallenendenkmal Monumento de los Caidos

druck. Die letzten Joche vor dem Chor schmücken rot, blau und weiß gefasste Mudéjar-Decken. Auch die Chorkapelle ist mit geometrischen Mustern bemalt, andere Teile der Decke zeigen die Naturfarbe des kostbaren Tea-Holzes der Kanaren-Kiefer. Durch die kleinteiligen Buntglasfenster gebrochen einfallendes Licht erzeugt ein schönes Farbenspiel.

Der Kirchenraum wurde nach dem Wiederaufbau im Barock geradezu verschwenderisch mit Altären und Gemälden ausgestattet. Das Ende des 18. Jh. entstandene, mit üppigen Schnitzereien versehene Chorgestühl zieht die Aufmerksamkeit auf sich. Die riesige, über drei Schiffe greifende Orgelempore und das Instrument selbst sehen aus wie eine kleine Festung! Fein aus Silber getrieben ist das Retabel am Hochaltar, die dahinterliegende Wand reich geschnitzt und vergoldet. Darin wurde die Statue einer ›Schmerzensmutter‹ von Luján Pérez (1756–1815) aus Gran Canaria eingearbeitet. Seitlich davon erweckt die 1736 geschaffene Kanzel aus Alabaster und Marmor gleichfalls Bewunderung.

Das silberbeschlagene Kreuz, das Alonso Fernández de Lugo 1496 nach der Eroberung der Insel hier in den Boden gerammt haben soll, hängt, vom Eingang her gesehen, rechts an der Wand unter dem ersten Bogen. Es wird jedes Jahr für die *Fiesta de Santa Cruz* am 3. Mai abgenommen und in einer feierlichen Prozession durch die Straßen der Hauptstadt getragen.

Anschauliche Ausflüge in die versunkene Welt der Guanchen bietet das Museo de la Naturaleza y el Hombre

Den sich westlich der Kathedrale öffnenden Graben des **Barranco de los Santos** hat man zum Glück – bis auf das letzte Stück im Mündungsbereich, das für die Meerespromenade und die flankierenden Gebäude überbaut wurde – unberührt gelassen. Zwar liegt er zumeist trocken, wird aber als *Drainage* benötigt, wenn nach starken Regenfällen das Wasser schnell ins Meer abfließen muss. Den bis zu 60 m breiten Barranco überspannen mehrere Brücken, die z. T. bis auf das 17. Jh. zurückgehen.

Der Kathedrale gegenüber fällt jenseits des Barranco eine neoklassizistische Fassade mit schmalem Mittelrisalit, vier Pilastern und breiten Seitenrisaliten auf. Sie gehört zum *Antiguo Hospital Civil*, dem früheren Krankenhaus, in dem 1998 das **Museo de la Naturaleza y el Hombre** 5 (Di–So 10–20 Uhr) seine Pforten öffnete. Der ausgedehnte Gebäudekomplex stammt aus der 2. Hälfte des 18. Jh. und wurde 1888 bei einem verheerenden Brand fast völlig zerstört. Die zweistöckige Anlage gliederten nach dem anschließenden Wiederaufbau vier Innenhöfe. Heute finden in den modern ausgestatteten und durch Lichthöfe geschickt erhellten Räumen die reichhaltigen Sammlungen der drei kultur- und naturgeschichtlichen Museumsabteilungen einen hervorragenden Rahmen. Dieses Parademuseum Teneriffas nahm auch die Bestände des zu klein gewordenen *Museo Arqueológico* auf, das sich im Gebäude des Cabildo befunden hatte.

Über einen großzügigen Treppenaufgang aus kühlem Marmor gelangt man in das Obergeschoss mit den pastellfarbenen Museumsräumen. Hier ist eine didaktische Aula Schulklassen vorbehalten. In den anschließenden Sälen können Besucher die Exponate nicht nur betrachten, sondern z. T. auch deren Funktion ausprobieren und z. B. mit einer Handmühle Mehl mahlen.

Die ausgedehnte archäologische Sammlung präsentiert Zeugnisse der Guanchenkultur Teneriffas: Steinwerkzeuge, Kleidung und Tongefäße, Mumien und Skelette. Unter dem Motto *El Mundo funerario*, ›Die Begräbniswelt‹, wird der vielfältige Totenkult der kanarischen Ureinwohner umfassend dokumentiert. Die Abteilung *Conservamos nuestro patrimonio*, ›Erhalten wir unser Erbe‹, zeigt u. a. wunderschöne Versteinerungen von Pflanzen und Kleinstlebe-

Durch den mächtigen Torbogen betritt man die bunte Welt des Marktes, in der exotische Früchte faszinieren und lokale Köstlichkeiten zu kulinarischen Experimenten einladen

wesen aus der Vor- und Frühgeschichte Teneriffas. Ein weiterer Bereich beschäftigt sich mit der Geschichte der Menschheit.

An den Objekten sind Erläuterungen in spanischer Sprache angebracht. Zusätzlich stehen in jedem Raum Leihblätter mit erklärenden Hinweisen, auch in Deutsch, zur Verfügung.

Die breite Calle San Sebastián führt vom Museum in wenigen Minuten zu einem ausladenden Platz im Westen, der seit 1943 vom **Mercado Nuestra Señora de Africa** 6 (Mo–Sa ca. 7.30–15 Uhr), der großen ebenerdigen Markthalle, beherrscht wird. Hinter ihrer auffälligen, jüngst rosafarben restaurierten Fassade im maurisch angehauchten

›Zuckerbäckerstil‹ verbirgt sich eine hervorragende Einkaufsadresse für Lebensmittel. Man betritt den Markt durch das breite Tor unter dem zierlichen *Uhrturm* und findet sich in einer Art Karawanserei mit kleineren Innenhöfen, die um einen großen Haupthof gruppiert sind. Dieser ist unterkellert, so dass auch im Souterrain Marktstände Platz finden. Rund um den großen Hof, den *Patio Poniente*, werden Obst und Gemüse, Fleisch und Fisch, Käse und Nüsse, Oliven, Süßigkeiten und Blumen feilgeboten. Links vom Eingang befindet sich der kleinere *Patio Naciente* mit einem einladenden Café, rechts gibt es weitere überdachte, basarartige Gänge. Es macht Spaß, zwischen den Ständen umherzuschlendern und die überwiegend von der Insel stammenden Produkte zu betrachten.

Rings um den Markt reihen sich weitere Geschäfte und Bars. In der südlich angrenzenden Calle J. Manuél Guimerá locken zahlreiche Buden mit Gebrauchsgegenständen und Souvenirs. Das reiche Angebot wird am Wochenende durch einen Flohmarkt, den **Rastro**, erweitert.

Vom Markt aus geht es über die lebhafte Plaza de la Sierra geradeaus wieder stadteinwärts. Über den Barranco de los Santos führen sowohl eine Fußgängerbrücke als auch, für Autofahrer, die **Puente del General Serrador** 7 von 1943 mit ihrem schmiedeeisernen Geländer und den gusseisernen Laternen. An ihren mit steinernen Löwen geschmückten Enden führen Treppen hinab. Von beiden Brücken blickt man nach rechts auf das Meer und auf eine niedrige, aber harmonische Häuserzeile zwischen dem Barranco und der jüngst restaurierten Calle Dominguez Alonso. Dank des Denkmalschutzgesetzes von 1950 konnte sie, wie viele weitere in Santa Cruz de Tenerife, unter Ensembleschutz gestellt werden. Die schmucken kleinen Wohnhäuser wurden in kräftigen Farben gestrichen: ockergelb, rostbraun, grasgrün, tiefblau und auch guanchenrot. Letzeres ist ein tiefes, bräunliches Rot, wie es die Ureinwohner der Kanaren oft bei ihren Felszeichnungen verwendeten. Bis zum Jahr 2004 soll das ganze Viertel – es entstand im 15. Jh. gleichzeitig mit der Kirche Nuestra Señora de la Concepción – saniert sein und farbenfroh erstrahlen.

In der Verlängerung der Puente del General Serrador führt die kurze Calle de Marcos Redondo auf ein einstöckiges Gebäude mit vielen Türen und kleinen Fenstern zu. **La Recova** 8, eine ehem. Markthalle, entstand 1851 und wurde während der Renovierung des Teatro Guimera bis 1991 als Theater genutzt. Heute dient der harmonische Bau als Kunstzentrum und trägt den Namen **Centro de Arte La Recova**.

Die davorliegende **Plaza de la Isla de la Madera** schmückt eine Bronzeskulptur, die den in Santa Cruz de Tenerife geborenen Dramatiker Angel Guimera y Jorge (1849–1924) zeigt, wie er sich lässig in einem Polstersessel zurücklehnt. Er sitzt zwischen der Recova und dem benachbarten schlichten **Teatro Guimera** 9. Den Ursprungsbau des 1991 postmodern erweiterten Theaters mit hohem Bühnenhaus errichtete der Stadtarchitekt Manuel de Oráa 1848–51. Am nördlichen Ende des laternengeschmückten Platzes steht seitlich vor dem Theater eine weitere moderne Skulptur: eine riesige, schwarze Theatermaske.

Im Teatro Guimera finden alljährlich im Januar die Höhepunkte des vierwöchigen **Festival de Música**, des Festivals klassischer Musik, statt. Es genießt weltweit einen hervorragenden Ruf, da neben dem *Orquestra Sinfónica de Tenerife* auch weitere hochkarätige spanische und internationale Sinfonieorchester teilnehmen. Über das jeweilige Programm informiert *SOCAEM* (Plaza 25 de Julio 4, Tel. 922286801, Fax 922293037, Internet: www.socaem.es).

Das Theatergebäude wird vom dahinter stehenden Bau der ersten Sparkasse der Kanaren optisch fast erdrückt. Er markiert den Beginn der **Plaza Santo Domingo** mit großer öffentlicher Tiefgarage. Von hier aus erreicht man die Plaza de Weyler im Nordosten über die in weiten Teilen von großbürgerlichen Häusern aus dem 19. Jh. gesäumte Calle Imeldo Seris. Kleine, gusseiserne Balkone zieren die dreigeschossigen Fassaden. Darüber sind die Dächer nach hinten versetzt, sodass hübsche Dachterrassen entlang der Häuserkanten entstanden, gesichert durch zierliche Balustraden.

Oben: *Der Glockenturm weist den Weg zur Kirche Nuestra Señora de la Concepción* ▷

Mitte links: *Azulejo-Bänke am Entenplatz*

Mitte rechts: *Stolz auf bäuerliche Traditionen zeigt man sich auch bei der Fiesta de Primavera, dem Frühlingsfest*

Unten: *Unbeschwert tollen Kinder auf dem Spielplatz des Stadtparks Parque García Sanabria*

Durch die Fußgängerzone zur Plaza de Weyler

Ein anderer Weg durch die Altstadt von Santa Cruz de Tenerife führt von der Plaza de España und der nahtlos in sie übergehenden **Plaza de la Candelaria** ⑩ nach Nordosten. Am Südende des langgestreckten, autofreien Platzes erhebt sich über einer kleinen, meist verschlossenen Kapelle das Denkmal *Triunfo de la Candelaria*, ›Triumph der Lichtbringerin‹, das der Patronin der Kanaren gewidmet ist. Auf der Spitze einer viereckigen Säule steht die kleine Madonnenstatue, ihr zu Füßen die Figuren vierer Guanchen in geduckter Demutshaltung: Symbol des Sieges der christlichen Spanier über die ›Ungläubigen‹. Dieses Werk aus weißem Carrara-Marmor mit der aus heutiger Sicht überheblichen Aussage schuf 1778 der italienische Bildhauer Antonio Canova.

Ebenfalls im Süden des Platzes nimmt die traditionsreiche ›Bar Atlantíco‹ das Erdgeschoss eines vornehmen Gebäudes aus der Mitte des 18. Jh. ein. Die drei darüber liegenden Stockwerke belegt das **Casino de Tenerife** ⑪, der älteste Privatclub der Stadt. In den exklusiven ›heiligen Hallen‹ kann man die ausdrucksstarken Gemälde und Wandmalereien der kanarischen Künstler Néstor Martín Fernández de la Torre (1887– 1938) und José Aguiar (1895–1978) bewundern – allerdings nur, wenn man von einem Clubmitglied dazu eingeladen wird!

Offener gibt sich da die Bank *Banesto*, die im benachbarten **Palacio de los Rodríguez Carta** ⑫ untergebracht ist. Der eindrucksvolle Palast mit seiner barock-klassizistischen Fassade wurde 1721–42 als Familiensitz der Kaufmannssippe Carta errichtet und 1752 umgebaut. Im 19. Jh. diente er als Militärquartier, danach als Regierungssitz und seit 1952 als repräsentatives Bankgebäude. Während der Schalterstunden (Mo–Fr 8.30–14 Uhr, Okt.–April auch Sa 8.30–13 Uhr) kann man den großen Innenhof besichtigen. Die Büros des Obergeschosses sind über einen umlaufenden, prachtvollen kanarischen Holzbalkon zugänglich.

Von der Plaza de la Candelaria führt die **Calle del Castillo** leicht bergan nach Nordwesten. Sie ist ebenfalls als Fußgängerzone ausgewiesen, und so kann man in aller Ruhe die vielen schönen, meist restaurierten Bürgerhäuser betrachten, die die beliebte und belebte Einkaufsstraße ebenso wie die parallel verlaufende Calle Imeldo Seris schmücken. Nördlich der Castillo liegen die Seitenstraßen mit den feineren Boutiquen. Beinahe imposant wirkt das Eckgebäude an der Calle San Lucas. Die Straßenzüge sind abwechslungsreich bepflanzt, blau blühen im Frühjahr die Jacaranda-Rispen, leuchtend rot die Tulpen- und Flammenbäume. Übrigens sind fast alle Straßenecken in der Altstadt abgerundet. Diese Annäherung an harmonische Bauformen erinnert an das Konzept der Bauhausarchitekten.

Die Plaza de Weyler schmückt der dem Gott Amor gewidmete, verspielte Liebesbrunnen

Die Calle del Castillo wird von einer Oberleitung ›verziert‹, denn hier fuhr bis in die 1950er-Jahre die Straßenbahn Santa Cruz de Tenerife – Tacoronte. Die Kabel ließ man mit Bedacht für die **Karnevalsdekoration** hängen, genauer gesagt für die schweren Lichtgirlanden, die im Februar die großen Umzüge farbenprächtig illuminieren.

Schnurgerade führt die Castillo zur 1874 als Kavallerie-Platz geschaffenen **Plaza de Weyler** ⓭. Die nach 1878 errichteten, hübschen Gebäude an ihrer Nordwestseite lassen nicht vermuten, dass sie einst kriegerischen Zwecken dienten. Es sind dies der strenge ehem. Sitz des **Gubierno Militar**, der Militärverwaltung, und das 1880 in klassizistischem Stil erbaute ehem. Militärhauptquartier, die **Capitanaria General**. Von deren Balkon grüßte 1936 Franco vor seinem Aufbruch zum Festland das Volk. Linker Hand erstreckt sich der **Parque de Artillería** mit der Kaserne und hinter der anschließenden Plaza Pedro Schwartz das noch heute genutzte Militärkrankenhaus, das **Hospital Militar**.

Einen Kontrapunkt setzt in der Mitte des Platzes die **Fuente del Amor**, der Liebesbrunnen. Die wasserspeienden Löwenköpfe, lustvoll-vergnügten Putten und unschuldig nackten Figuren meißelte im 19. Jh. der Künstler Achille Canessa in Genua aus weißem Marmor.

Grüne Lungen: ›Entenplatz‹, Ramblas und Parks

Von der Plaza de Weyler zieht sich weiter nach Norden die baumbeschattete **Avenida 25 de Julio**, die auf den gleichnamigen, runden Platz führt. In seiner Mitte steht ein reizender Brunnen, den nicht nur die Bewohner dieses reichen, mit Prachtvillen des beginnenden 20. Jh. geschmückten Stadtviertels mit Vorliebe aufsuchen. In seinem Wasser tummelt sich eine steinerne Ente, den Rand halten gegossene Frösche besetzt. Wegen dieser netten Tierfiguren wird der Platz im Volksmund nur ›Entenplatz‹, **Plaza de los Patos** ⓮, genannt. An dieser **Plaza 25 de Julio** kommen die Tinerfeños auch dann zusammen, wenn sie sich Luft machen wollen gegenüber der Obrigkeit, wenn sie z. B. für mehr Lehrkräfte an den Schulen und eine bessere Ausbildung überhaupt demonstrieren, gegen mangelhafte Bezahlung oder schlecht funktionierende Administration. Es ist *der* Protest-Platz von Santa Cruz de Tenerife!

Fruchtbarkeit symbolisieren die üppigen Formen der bei den Einheimischen sehr beliebten Brunnenfigur im Sanabria-Park

An der westlichen Platzseite befindet sich ein Postamt, gegenüber die schmalbrüstige Anglikanische Kirche, die **Iglesia Anglicana**. Im Süden erstreckt sich das ›bürgerliche‹ Pendant zum Militärzentrum der Plaza de Weyler, das Regierungsviertel der Stadt und der Provinz, mit dem *Gobierno de Canarias*, dem *Gobierno Civil* und dem ausladenden Komplex des Rathauses, dem *Ayuntamiento*.

Nordöstlich breitet sich die größte Grünfläche der Stadt aus, der 6 ha umfassende **Parque García Sanabria** ⓯, ein botanischer Garten mit wahren Baumriesen wie den uralten, dickstämmigen und hohen Indischen Lorbeerbäumen. Mit ihren phantastischen Luftwurzeln und den grauen Stämmen sehen sie wie Elefanten aus.

Sogar einen kleinen Zoo bietet dieses Erholungsgebiet inmitten des Verkehrsgewühls der Metropole. Seine Wege zieren moderne Skulpturen. In der Parkmitte sitzt z. B., von Wasserfontänen liebkost, eine geradezu monströse und doch sehr mütterliche Frauengestalt, die die *Chicharreros*, die Einwohner von Santa

Leben und leben lassen lautet das Motto der Flaneure auf der Rambla del General Franco

Sehen und gesehen werden

Ramblas sind eine spanische Erfindung: Flanierwege, die in der Mitte breiter Stadtstraßen verlaufen und den Platz von mindestens zwei oder drei Fahrbahnen einnehmen. Die Spazierwege sind wie Bürgersteige leicht erhöht und beidseitig zu den Fahrbahnen hin mit typischen **Alleebäumen** *bepflanzt. Blumenbeete, Büsche und Bänke vervollständigen die Anlage. Dies ist eine ideale Kulisse für Flaneure jeden Alters, sehr einladend für die Spaziergänger und die ›Herumsteher‹, die sich hier immer einfinden. Morgens treffen sich hier Pensionäre zu Gespräch und Zeitungslektüre, ihnen folgen am späten Vormittag Mütter mit Kleinkindern. In den Mittagspausen genießen Büroangestellte, Schülerinnen und Schüler den Grünstreifen. Am Nachmittag und frühen Abend treffen sich die fein herausgeputzten Bewohner der nahen Stadtviertel zum* **Paseo**, *dem gemächlichen Spaziergang vor dem Abendessen. Spätabends und bis tief in die Nacht gehören die Ramblas den verliebten Pärchen und jungen Leuten, die sich hier die Zeit vor oder nach der Diskothek vertreiben.*

Die Rambla del General Franco in Santa Cruz de Tenerife kann als Paradebeispiel gelten. Den Rahmen bilden alte Indische Lorbeerbäume mit schattenspendenden Laubkronen und schlanke Afrikanische Tulpenbäume mit ihren grazilen gelblich-ockerfarbenen Zweigen und tiefroten Blüten. Zur Ausstattung gehören Ruhebänke und historisierende Laternen sowie Blumen- und Getränkekioske. In eine Art Freilichtmuseum für zeitgenössische Kunst wurde die Rambla durch Werke junger einheimischer Künstlerinnen und Künstler verwandelt. Der kanarische Publizist Alfonso González Jerez bemerkte zu dieser Flaniermeile, sie sei »der zivilisierteste Ort der Stadt, obwohl ihr offizieller Name noch immer an den wenig zivilisierten Francisco Franco erinnert«.

Cruz de Tenerife, ins Herz geschlossen haben.

Am 1. Mai wird hier jedes Jahr ein großes Volksfest gefeiert mit einer Schaufahrt von *Oldtimern*, die auf der Insel sehr beliebt sind, sowie Folklore- und Musikvorführungen. Am ersten Wochenende im Mai findet außerdem eine gut besuchte Blumenmesse im Park statt.

Zu einer Pause lädt am Südende des Parks, direkt neben der großen **Blumenuhr**, die gemütliche Terrasse des ›Café del Parque‹ ein, das vom frühen Morgen bis spät in die Nacht geöffnet ist.

Die Nordflanke des Parque García Sanabria begrenzt die **Rambla del General Franco** 16. Der schöne, baumbeschattete und in der Mitte als begrünter Flanierweg angelegte Straßenzug beginnt im Westen als Avenida de los

Reyes Católicos bereits am Ende der Autopista del Norte. An der kreisrunden Plaza República Domenicana setzt er sich als Avenida de la Asunción fort, um schließlich östlich der ebenfalls rund angelegten Plaza de la Paz in die angenehme Franco-Rambla überzugehen.

Unweit westlich des Sanabria-Parkes erblickt man zur Rechten das kreisrunde, weiße, leicht andalusisch anmutende Gebäude der **Plaza de Toros** ⑰. Hier finden längst keine Stierkämpfe mehr statt. Gelegentlich gibt es noch Veranstaltungen in der Arena, deren Instandhaltung aber leider zu wünschen übrig lässt.

Am östlichen Ende der Rambla kann man gegenüber der *Comandancia de Marina*, der Marinekommandantur, einen Blick in das **Museo Militar Almeyda** ⑱ (Di–So 10–14 Uhr, Eingang Calle San Isidro 2, Eintritt frei) werfen. Zur Sammlung militärischer Exponate vom 15. Jh. bis heute gehört auch die Kanone ›El Tigre‹, mit der 1797 dem englischen Admiral Nelson der rechte Unterarm abgeschossen wurde.

Um die Plaza Principe de Asturia

Die verlockend grüne **Plaza Principe de Asturia** ⑲ ist im Vergleich zum Parque García Sanabria klein, besitzt aber besonderen Charme und liegt außerdem zentral. Sie war einst der Klostergarten des Franziskanerkonvents *San Pedro Alcántara*. Zu den Attraktionen gehören neben den riesigen Indischen Lorbeerbäumen der große Musikkiosk in der Mitte des Platzes und daneben der hübsche **Pavillon** im Stil des Pariser Eiffelturms. Er beherbergt das nette ›Café del Principe‹, das kanarische Küche sowie eine Bar im Freien bietet.

Die Plaza Principe de Asturia breitet sich in Hanglage aus und ruht in Richtung Meer auf einer hohen Stützmauer. Von hier führen malerische Treppen abwärts direkt zum Eingang des Städtischen Museums, des **Museo Municipal de Bellas Artes** ⑳ (Winter Mo–Fr 10–19, Sommer 10–13.45 und 14.30–18.45 Uhr, Eintritt frei). Es ist im ehem. Franziskanerkloster untergebracht und beherbergt eine umfangreiche, doch eher vernachlässigte Sammlung von Gemälden kanarischer, italienischer und niederländischer Künstler, darunter Werke von Jan Brueghel und Jusepe de Ribera.

Auf der Rückseite des Städtischen Museums steht die dreischiffige **Iglesia San Francisco** ㉑ (tgl. 8.30–13 und 17.30–20 Uhr), die ebenfalls Teil des Klosters war. Ihre bunt gekachelte Kuppel ragt nur wenig aus dem Häusergewirr heraus. Die Hauptfassade ist nicht einfach zu finden, sie zeigt an der engen Calle San Francisco nach Südosten. Einige breite Stufen führen hinauf zum Barockportal. Das Innere wird von drei monumentalen vergoldeten Altarwänden beherrscht. Besonders prachtvoll präsentiert sich der Hauptaltar (17. Jh.). Schwarzrote Basaltpfeiler gliedern das Langhaus, die Holzdecken sind im Mudéjar-Stil gearbeitet. Über dem Eingang erhebt sich die **Orgelempore**. Das Instrument ist wegen seines Klanges berühmt, und die Konzerte in San Francisco zählen zu den musikalischen Höhepunkten im Veranstaltungskalender der Hauptstadt.

Die Kirche wird flankiert von der **Capilla de la Orden Tercera** mit ihrer bemalten Holzdecke und dem blau-goldenen Altar im einschiffigen Innenraum sowie dem **Tribunal Superior de Justicia**, dem ehem. Gerichtsgebäude.

Parque Marítimo César Manrique

Am südlichen Stadtrand wurde 1995 der **Parque Marítimo César Manrique** ㉒ (tgl. 10–19 Uhr) eröffnet. Endlich haben die Einwohner von Santa Cruz de Tenerife ihr eigenes Strandbad! César Manrique (1920–1992), der seine Heimatinsel Lanzarote hinsichtlich Architektur und Landschaftsschutz so maßgeblich ge-

Das Clubhaus Circulo de Amistad XII de Enero ist wie das nahe Museo Municipal de Bellas Artes den Künsten gewidmet

prägt und auch die wunderbare Badelandschaft von Puerto de la Cruz geschaffen hat [s. S. 65], zeichnete die Pläne für diesen großartigen Meerespark. Die Überreste des *Castillo San Juan* hat er als historische Kulisse integriert. Zwei große Pools und ein Kinderbecken machten den Anfang, ein kleiner Sandstrand, Restaurants und ein Palmengarten kamen zur Anlage hinzu.

Von der Autopista del Sur, der Süd-Autobahn, ist der Vergnügungspark über eine eigene Abfahrt zu erreichen. Als Orientierungshilfe dienen die weithin sichtbaren Öltanks der benachbarten CEPSA-Raffinierie. Da die Lagertürme für den Parque Marítimo aber nicht gerade eine Zierde sind, erhielt der grancanarische Künstler José Antonio García Alvarez den Auftrag, etwas Farbe in die Szenerie zu bringen. Er bemalte einige der Speicher mit phantasievollen Meeresmotiven. In einem bereits leeren Tank richtete die Inselregierung sogar das supermoderne Kulturzentrum **Centro de la Cultura** ein. Gegen den Erhalt des Tanks gab es Proteste, da viele Anwohner sich seine Beseitigung gewünscht hätten. Nun ist der 20 m hohe Behälter mit seinen 50 m Durchmesser bis auf weiteres geschlossen, ohne dass bereits ein Termin für eine mögliche Wiedereröffnung feststehen würde.

Hübsch und beschaulich – der begrünte Innenhof des Traditionshotels Mencey

Praktische Hinweise

Information: Oficina de Información de Santa Cruz de Tenerife, Plaza de España/Ecke Avendia José Antonio Primo de Rivera, Tel. 9 22 23 95 92; Fax 9 22 23 98 12, im Sommer Mo–Fr 8–17, Sa 9–13 Uhr, im Winter jew. 1 Stunde länger.

Informationen über den **Parque Nacional del Teide**: Dirección de Parque Nacional del Teide, Calle Emilio Calzadilla 5, 4. Stock, Tel. 9 22 29 01 83.

Nachtleben

Viele Pubs und Piano-Bars gibt es rund um die **Plaza de la Paz** und in der **Avenida de Anaga**, hier findet jeder ein Lokal nach seinem Geschmack.

El Desván, Calle Pasaje Sitja 17, Tel. 9 22 27 00 58. Musikterrasse in der Fußgängerzone nahe der Plaza de la Paz. Beliebter Treffpunkt. Serviert werden Drinks und kleine Gerichte (mittags bis ca. 3 Uhr früh).

Pub Mástil, Avenida Anaga 31, Tel. 9 22 24 62 19. Kombination aus stimmungsvoller Diskothek und Pub (Mi–Sa 18–3 Uhr).

SAT, Avenida de la Constitución 5, beim Parque Marítimo, Tel. 9 22 23 62 40. Open Air-Disko von Juni–Sept (Do–Sa 23–7 Uhr).

Bars und Cafés

Bar Atlantíco, Marina 1. Traditionelle Bar mit viel Flair und kanarischer Küche in historischen Räumen, aber auch mit Tischen an der Meerespromenade.

Bar Olímpo, Plaza de la Candelaria. Am Anfang der Fußgängerzone gelegenes, modernisiertes Café mit Tischen im Freien.

El Aguila, Plaza Alférez Provisionales, nahe Plaza Principe de Asturia. Beliebte Cafeteria mit vielen Tischchen auf dem breiten Gehsteig. Hier kann man Eis und Kuchen, aber auch Steaks und *Tapas* genießen (So geschl.).

TOP TIPP **Bar Terraza Parque,** Parque García Sanabria/Calle Nuñez. Direkt an der Blumenuhr im Süden gelegenes Café mit überdachter Terrasse und Kinderspielplatz. Bei *tapas* und Kuchen kann man genüsslich das bunte Treiben im Park aus nächster Nähe beobachten.

Königin für eine Nacht

Er steht dem weltberühmten Karneval von Rio kaum in etwas nach. TOP TIPP *Tatsächlich gilt der* **Carnaval** *der tinerfenischen Hauptstadt Santa Cruz de Tenerife als der zweitgrößte der Welt. Zwei Wochen vor Aschermittwoch geht es los, dann wird gefeiert, gesungen und getanzt was das Zeug hält. Für Stimmung sorgen vor allem mitreißende Musik und ausgesprochen phantasievolle Kostüme. Alkohol scheint beim Feiern eine untergeordnete Rolle zu spielen.*

Funken sprühen, Glimmer glitzert, Bäuche vibrieren, alles wippt und lockt zu den heißen Rhythmen von Salsa, Samba und Merengue. Schöne Frauen schieben Satin und Seide, Pailletten und Perlen über den Laufsteg, bizarre Gebilde mit Tentakeln scheinen dem Meer entstiegen zu sein, zwischen Früchten und Blumen ist das lachende Gesicht einer braunen Schönheit auszumachen, einer Libelle gleich schweben schillernde Flügel durch die Nacht. Mit diesem großen **Karnevalszug** *der schönsten Kostüme, Gruppen und Ideen ist der Höhepunkt erreicht.*

Die Stimmung kocht vollends über, wenn die jährliche Karnevalskönigin gewählt wird, die von allen bewundert und bejubelt wird.

Gewissermaßen als Kehraus findet am Aschermittwoch die ›Verbrennung der Sardine‹ statt, **Entierro de la sardina**, *die symbolisch die kommende Fastenzeit eröffnet. Die Zeremonie ist kanarische Tradition: Ein walgroßer Fisch aus Pappmaschee wird in einem langen ›Trauermarsch‹ durch die Straßen getragen, von ›Witwen‹ und ›Waisen‹ begleitet und anschließend unter großem Jubel verbrannt.*

Hotels

***** **Mencey,** Avenida Dr. José Naveiras 38, Tel. 9 22 60 99 00, Fax 9 22 28 00 17, Internet: www.starwood.com. Großes Traditionshaus in einem schönen, lichtdurchfluteten Gebäude. Perfekter Service der Luxusklasse alter Schule. Mit Pool und vielgerühmtem Restaurant Los Menceyes. Öffentliches Spielkasino.

*** **Principe Paz,** Calle de Valentin Sanz 33-35, Tel. 9 22 24 99 55, Fax 9 22 28 10 65, Internet: www.principepaz.com. An der parkähnlichen Plaza Principe de Asturia gelegenes, sehr schön renoviertes Hotel.

*** **Taburiente,** Avenida Dr. José Naveiras 24, Tel. 9 22 27 60 00, Fax 9 22 27 05 62. Renoviertes, verwinkeltes Stadthotel direkt am Sanabria-Park gegenüber dem ›Mencey‹ mit Pool auf dem Dach und Tiefgarage.

** **Anaga,** Calle Imeldo Seris 19, Tel. 9 22 24 50 90, Fax 9 22 24 56 44. Zentral gelegenes, gut geführtes Haus.

Restaurants

Amos, Calle Poeta Tomàs Morales 2, Tel. 9 22 28 74 73. Das Spitzenrestaurant von Santa Cruz de Tenerife mit freundlicher Atmosphäre in einem gemütlichen Wohnhaus am nördlichen Stadtrand. Bietet verfeinerte kanarische Küche, vor allem Fisch und Kaninchen.

Bodega La Posada, Calle San Fernando 2/Ecke Calle Mendez Nuñez 61, Tel. 9 22 24 67 72. Urige *Bodega* mit großer Auswahl an warmen und kalten *Tapas*, *Cazuela* (kanarischer Eintopf) und Ziegenkäse von der Insel.

TOP TIPP **Café del Principe,** Plaza Principe de Asturia, Tel. 9 22 27 88 10. In einem Gusseisen-Glas-Pavillon eingerichtetes, freundliches Restaurant mit Bar im Freien. Kanarische Gerichte und guter Wein.

Taberna Gallega, Calle San Francisco 38, Tel. 9 22 28 24 59. Galicische Küche, Spezialitäten sind vielfältige Reisgerichte (*arroces*) sowie Fisch und Meeresfrüchte.

2 La Laguna

Plan Seite 34

Historische Prachtbauten, Kathedrale, Universität – noch heute strahlt die alte Hauptstadt Teneriffas spanische Grandezza aus.

Nur knappe 10 km sind es von Santa Cruz de Tenerife nach **San Cristóbal de La Laguna**, wie die alte Inselhauptstadt in der grünen Hochebene von Aguere offiziell heißt. Die beiden Orte sind beinahe zusammengewachsen, als ›Bindeglied‹ liegt zwischen ihnen die *Universidad de La Laguna*.

La Lagunas im Zentrum schachbrettartig angelegte Straßen sind geprägt von schönen, altehrwürdigen Palästen, Klöstern und Kirchen. Die Gemeinde zählt inzwischen an die 122 000 Einwohner und ist damit die zweitgrößte auf Teneriffa.

Geschichte 1496 entstand La Laguna, die älteste zivile Siedlung Teneriffas, an einem später trockengelegten Lagunensee. Der spanische Eroberer und Statthalter Alonso Fernández de Lugo gründete sie damals im Zentrum des von ihm

›Etikettenschwindel‹ – der Eingang unter dem vermeintlichen Kirchturm führt zum Instituto Cabrera Pinto, in dem zeitgenössische kanarische Kunst ausgestellt wird

in zweijährigem Kampf besiegten Guanchenreiches des Mencey Bencomo. Die weite Ebene in rund 550 m Höhe unweit des Meeres bot genügend Landwirtschaftsfläche und ein angenehmes Klima, das kühler und gesünder als im heißen Süden war.

Bereits 1510 erhielt La Laguna Stadtrechte. 1701 erteilte Papst Clemens XI. den Auftrag, hier die erste und bis heute einzige Universität der Insel zu gründen. 1723 erlitt La Laguna allerdings eine Niederlage: Das mittlerweile dank seines Hafens wirtschaftlich enorm entwickelte Santa Cruz de Tenerife bekam den Zuschlag als Hauptstadt Teneriffas und des kanarischen Archipels. Sozusagen als Ausgleich wurde La Laguna 1818 zum Bischofssitz erhoben.

In der schönen, im Zentrum weitgehend original erhaltenen Stadt leben zahlreiche Adelsfamilien, wohlhabende Grundbesitzer und Händler. Hinzu kommen Kunsthandwerker wie Weber und Töpfer – das Leben in La Laguna ist sehr geschäftig. Die Universität begünstigt eine intellektuelle Atmosphäre. Auch die erste politische Zeitung der Insel, *El Correo de Tenerife*, wurde 1808 in La Laguna gedruckt.

Besichtigung Von Santa Cruz de Tenerife kommend, verlässt man die Autobahn an der Ausfahrt Campus Guajara/Universidad und fährt auf der leicht ansteigenden Straße auf die große ›Schüssel‹ des Museo de la Ciencia y el Cosmos zu. Dann folgt man den Hinweisschildern nach rechts Richtung Correos (Postamt) zur Plaza del Adelantado. Da man hier in der Stadtmitte nur schwer einen Parkplatz findet, fährt man besser weiter geradeaus zur großen **Plaza de Cristo,** auch **Plaza de San Francisco** genannt. In der Tiefgarage an diesem überdimensionalen Platz sollte man seinen Wagen abstellen.

Auf dem Weg in die Altstadt wird bald offenbar, dass La Laguna mehr Restaurants, Cafés etc. besitzt, als die anderen Städte der Insel. Eine Anekdote berichtet, der Bischof von La Laguna habe sich eines Tages beschwert, dass es in der Stadt zu viele Wirtshäuser gäbe. Er verlangte vom Klerus, ebenso viele Kirchen und Kapellen zu errichten. Die finanziellen Mittel waren jedoch erschöpft, bevor das Ziel erreicht werden konnte. So blieb La Laguna bis zum heutigen Tag die Stadt mit mehr Kneipen als Kirchen.

Blumenteppich der anderen Art – eine reich bemalte Artesonado-Decke schmückt das Innere der Kirche Nuestra Señora de la Concepción

Wichtig zu wissen: Wer das geschäftige, umtriebige Laguna erleben will, sollte es am späten Vormittag oder am Nachmittag ab 17 Uhr besuchen. Wer die architektonischen und städtebaulichen Schönheiten in Ruhe betrachten möchte, kommt am besten in den ruhigen Mittagsstunden oder am Sonntag.

Von der Plaza de Cristo zur Iglesia de la Concepción

Real Santuario del Santísimo Cristo de La Laguna ❶ (Mo, Mi, Do 7–13 und 16–21, Di 10.30–13 und 16–21, Sa/So 7–21 Uhr) lautet der volle Titel des Klosters an der großen **Plaza de Cristo**. Man betritt den Gebäudekomplex, von dem rechts ein Großteil für eine Kaserne abgetrennt ist, durch ein hohes Tor. Im großen Vorhof befindet sich zur Linken das Pfarrhaus und der Devotionalienladen, in dem man auch Literatur über La Laguna und das Gotteshaus im besonderen kaufen kann. Über Eck steht der dunkle Turm der Kirche mit seinem offenen Glockenstuhl, rechts daneben betritt man durch eine schlichte Rundbogenpforte die Klosterkirche.

Es handelt sich um eine geräumige Hallenkirche getreu dem franziskanischen Bautypus. Man wird geradezu magisch angezogen von der wandhohen, ganz aus getriebenem Silber gearbeiteten barocken Hochaltarwand. Im Mittelpunkt der Komposition, umgeben von vergoldetem Schnitzwerk, steht die eindrucksvolle Holzstatue des **Santísimo Cristo**, eine der meist verehrten Chris-

tusdarstellungen der Kanaren. Sie wurde Ende des 15. Jh. von einem unbekannten Künstler der Schule von Sevilla geschaffen, Alonso Fernández de Lugo brachte die Figur 1520 nach La Laguna.

Die reiche Silberausstattung, außer der Hochaltarwand u. a. den Altartisch und das Lesepult, die riesigen Prozessionswagen und kunstfertig gearbeitete Kandelaber, finanzierten ausgewanderte Tinerfeños, die mit Zuckerrohr auf Kuba reich geworden waren.

Von der Wallfahrtskirche führt der Weg nach rechts, schräg über den Platz, zum gepflegten, schmalen **Parque de la Constitución** ❷. Die östliche Seite der Anlage aus dem 17./18. Jh. wird von einer Palmenallee und einer vornehmen Privatschule flankiert. Seit Ende des 19. Jh. dient die baumbestandene Grünfläche als Stadtpark. Geschmückt ist sie mit einer Bronzebüste von Simón Bolivár, dem Befreier Südamerikas, und einer Marmorbüste des kubanischen Nationalhelden José Martí.

Die Parkallee stößt im rechten Winkel auf den berühmten palmenbeschatteten Boulevard **Avenida Paseo de las Palmeras** ❸. Diese führt, beidseits von noblen Villen aus dem 18. und 19. Jh. gesäumt, Richtung Mercedes-Wald aus der Stadt hinaus. Das ist übrigens der *camino largo*, der ›lange Weg‹ der Verliebten von La Laguna, die sich Arm in Arm viel Zeit für einen Spaziergang nehmen. Stadteinwärts geht die Palmenallee in die Calle Rodriguez Moure über. Die vielfach nur einstöckigen Häuser tragen schwer an riesengroßen Äonien, kanarischem Dachwurz, der auf den Dächern wächst. Zwar sieht das Grün über den weißen Hauswänden recht pittoresk aus, doch eine Restaurierung täte gut.

Am Ende der Calle Rodriguez Moure blitzt rechts der basaltdunkle Glocken- und Uhrturm der ersten Universität aus dem Häusergewirr hervor. Er sieht wie ein Kirchturm aus, und tatsächlich wurde die Bildungsstätte 1744 im Heiliggeistkloster der Augustiner, dem bereits Anfang des 16. Jh. errichteten *Convento Espiritu Santo*, eingerichtet. Dieses **Instituto de Canarias** diente bis ins 20. Jh. hinein zeremoniellen Zwecken, etwa Promotionsfeiern. Seit Weihnachten 1997 ist das umfassend renovierte, einstöckige Gebäude unter der Bezeichnung **Instituto Cabrera Pinto** ❹ wieder der Öffentlichkeit zugänglich (Di–Sa 11–13 und 17–20 Uhr). Vor allem einheimische Künstlerinnen und Künstler stellen hier ihre Werke aus, und die Stadt nutzt die modernen, hellen Räume für kulturelle Veranstaltungen.

Das benachbarte ehem. Augustinerkloster **Convento de San Agustín** aus dem 17. Jh. ist trotz schön restaurierter Fassade nur noch eine Ruine. Eine übermannshohe Mauer führt entlang der Calle San Agustín zum verschlossenen Haupteingang des früheren Konvents.

Genau gegenüber, in der schmalen Calle Nuñez de la Peña, könnte man seine Reisekasse ›erleichtern‹, denn hier lockt das verführerische Angebot einiger schöner Boutiquen für Kleidung und Lederwaren.

Rechter Hand führt die Calle Capitán Brotón direkt auf die dreieckige **Plaza de la Concepción** 5, umgeben von hübschen zweistöckigen, traditionellen Wohnhäusern mit typischen Balkonen. Die Plaza schmücken neben Indischen Lorbeerbäumen zwei ansehnliche Drachenbäume und eine riesige Aurocaria, die im Dezember als Weihnachtsbaum mit bunten Päckchen über und über behängt wird.

Die Spitze der Plaza de la Concepción zeigt auf den lava-schwarzen Glockenturm der Kirche **Nuestra Señora de la Concepción** 6. Sie gilt als das älteste Gotteshaus Teneriffas und wurde 1502–05 im gotischen Stil erbaut. Seit 1948 steht sie unter Denkmalschutz (Mo, Mi–Sa 8.30–13.30 u. 17.30–19, Di 10.30–13.30 u. 17.30–19 Uhr). Leider sind die Öffnungszeiten nicht immer zuverlässig. Zur Not kann man den Seiteneingang im *Archivio Parroquial* (Archiv des Pfarramtes, Haus Nr. 10) versuchen.

Das heutige Erscheinungsbild der dreischiffigen Kirche wird vom letzten größeren Umbau Anfang des 16. Jh. bestimmt. Zur Innenausstattung gehören die wunderschönen, farbig gefassten **Artesanado-Decken** aus geschnitztem Teakholz. Herrlich gearbeitet sind auch die *Kanzel* aus Zedernholz (18. Jh.) und der *Hauptaltar* aus dem 17. Jh. mit seinen reichen Silberschmiedearbeiten. Gold- und silberglänzend präsentieren sich auch einige weitere *Altaraufsätze* aus dieser Zeit. Bemerkenswert sind die typischen pausbäckigen Putten im sog. Inselbarock, einem Reimportstil aus Mittelamerika, wo diese Kunstform als Indiobarock bezeichnet wird. Nicht nur künstlerisch, auch historisch bedeutend ist das grüne **Majolika-Becken** aus dem 15. Jh. im Baptisterium, denn darin sollen schon bald nach der Ankunft der Spanier einige lokale Guanchenfürsten getauft worden sein.

Ein Wahrzeichen nicht nur der Kirche, sondern der ganzen Stadt, ist der grazile, maurisch anmutende sechsgeschossige **Glockenturm**. Die Fenstertüren der mittleren Stockwerke sind nach den vier Himmelsrichtungen ausgerichtet und besitzen schmiedeeiserne Balkone. Im 17. Jh. kam ein oktogonaler Aufsatz in Form einer Krone hinzu.

Als stimmungsvoller Auftakt für einen Stadtrundgang bietet sich die Plaza de Cristo mit dem anschließenden Parque de la Constitución im Osten der Stadt an

Die recht schmale Calle Herradores führt von hier zurück ins Altstadtzentrum. Sie ist gesäumt von meist zweistöckigen Stadtpalästen, die teilweise sehr schön restauriert wurden. Ein gutes Beispiel ist der links gelegene *Palacio* mit einem auffällig langen kanarischen Holzbalkon, in dem die *Caja de Ahorros de Canarios*, die kanarische Sparkasse, ihren Sitz hat. Das Gebäude umschließt einen großen *Patio*, der zu Bürozeiten als Passage zur dahinter liegenden Calle Obispo Rey Redondo dient.

Das Zentrum um die Kathedrale

Von der Calle Herradores führt hinter dem feinen Herrenausstatter ›Borrella‹ links die Calle San Juan direkt auf die palmengesäumte Südwestecke der **Catedrál de los Remedios** 7 zu (So zur Messe). Das Gotteshaus wurde 1511 zunächst als Pfarrkirche erbaut und im Laufe der folgenden Jahrhunderte mehrfach erweitert. Als La Laguna 1818 zum Bischofssitz ernannt wurde, avancierte es zur Kathedrale. Das heutige, äußerlich recht schmucklose Erscheinungsbild mit den vier mächtigen Säulen an der Westfassade geht jedoch auf den Neubau zurück, der 1904–15 anstelle der 1897 abgerissenen, baufälligen alten Kirche errichtet wurde.

Der größte Kunstschatz der Kathedrale ist das große vergoldete **Retabel** in der *Capilla de la Virgen de los Remedios* von 1715 rechts neben dem Hauptaltar. Die dazugehörigen prächtigen Bildtafeln mit Szenen aus dem Leben Mariens malte Hendrick van Balen (1575–1632), der Lehrmeister des großen Anthonis van Dyck. Flämische Maler waren im 17. Jh. auf den kanarischen Inseln und schufen dort kostbare Altarbilder. Rechts neben dem Hauptaltar erinnert eine einfache, aufrecht gestellte **Grabplatte** an den nach seinem Tod 1525 hier begrabenen Teneriffa-Eroberer Alonso Fernández de Lugo. Weiterhin sehenswert sind die *Marmorkanzel* von 1767 sowie der von Luján Pérez Ende des 18. Jh. geschaffene *Tabernakel*.

Im angegliederten Kathedralmuseum **Museo de Catedrál** ist kostbare Sakralkunst zu bewundern (Mo–Sa 8.30–13.30 und 17.30–19 Uhr, Di ab 10.30 Uhr), von kunstvollen liturgischen Gewändern bis zu kostbaren Monstranzen und Messbechern.

Östlich der Kathedrale erhebt sich in der an historischen Gebäuden so reichen Calle San Agustín der prächtige *Palacio Salazar* oder **Palacio Episcopal** 8, also der Bischofspalast mit seinen beiden Türmchen. Er wurde 1664 von den Grafen Valle de Salazar als Wohnsitz in Auftrag gegeben. Die Barockfassade mit schmiedeeisernen Gittern und Balkonen sowie den schwarz gefassten Fensterrahmen schufen 1681 die beiden damals sehr bekannten Steinmetzen Juan Lizcano und Andrés Rodríguez Bello.

Für Verliebte kann der Weg kaum lang genug sein, doch nicht nur Pärchen genießen einen Spaziergang entlang der palmengesäumten Avenida Paseo de las Palmas

Zunächst lebten im Palast die gräflichen Erbauer. Im 19. Jh. war hier der Privatclub ›El Porvenir‹ untergebracht, in dem Teobaldo Power die meisten seiner ›Cantos Canarios‹, ›Kanarische Gesänge‹, komponierte. Erst gegen Ende des 19. Jh. wurde der Palast zum Sitz des Bischofs von Teneriffa und hat auch die Büros der Kurie aufgenommen.

Neben dem Bischofspalast steht die 1593 errichtete **Casa Lercaro**, eines der prächtigsten kanarischen Gebäude der Stadt. In dem herrlich restaurierten, ocker- und rosafarbenen Gebäude mit hellen Vulkansteineinfassungen ist seit 1993 das **Museo de Historía de Tenerife** 9 untergebracht (Di–So 9–17 Uhr). Die Fassade mit ausgeprägten Stilelementen der Renaissance und des Manierismus zeigt genuesischen Einfluss. Bei einem Museumsbesuch lernt man einen typischen kanarischen Adelspalast von innen kennen. Neben den Raumfluchten ist er vor allem geprägt durch den großen *Patio* mit seinen geschlossenen Holzbalkonen sowie sprossenverzierten Guillotine-Fenstern im ersten, gedrungenen Mezzaninfenster im zweiten Stockwerk.

Die Sammlung des Museums ermöglicht einen umfassenden Einblick in die Geschichte der ersten Hauptstadt Teneriffas. Die bis ins 18. Jh. zentrale Bedeutung La Lagunas in wirtschaftlicher, politischer und militärischer Hinsicht wird z. B. durch Karten, Schiffsmodelle und zeitgenössische Gemälde dokumentiert.

Richtung Plaza del Adelantado steht jenseits der Calle Tabares de Cala ein weiterer interessanter Adelspalast, die **Casa Montañes** 10 (Haus Nr. 16). Während der Bürozeiten des hier beheimateten Amtes *Consejo Consultivo de Canarias* kann man das Gebäude besichtigen. Allein schon der Anblick des farnbewachsenen *Patio* von 1746 mit dem umlaufenden Holzbalkon ist ein Genuss.

Rathaus und Plaza del Adelantado

Südwestlich der Kathedrale fällt an der Straßenkreuzung der Calle Obispo Rey Redondo und der Calle Viana ein zweistöckiges Gebäude mit rötlichen Lavasteinen und gelben Wänden auf. Es handelt sich dabei um die aus dem 17. Jh. stammende **Casa de los Capitanos** 11. Nach ihrem Erbauer wird sie auch *Casa Alvarado-Bracamonte* genannt. Bracamonte war 1624–31 Feldmarschall der Insel. Der palastartige Bau blieb Amts-

Wandgemälde und Blumendekor – das Rathaus ist auch innen ein Schmuckstück

wohnung und Komandantur, bis das Kapitanat 1723 nach Santa Cruz de Teneriffe umzog. Heute ist hier das Denkmalamt von La Laguna untergebracht.

Nicht zu übersehen ist der riesige Komplex des Rathauses, des **Ayuntamiento** 12, mit *Archivo Municipal* (Städtisches Archiv), Ausstellungsräumen und dem Fremdenverkehrsamt. Einst befand sich hier der Sitz der Inselregierung. Die aus mehreren zusammenhängenden Palästen bestehende Anlage zieht sich den gesamten Straßenzug bis zur Plaza del Adelantado hin. Es ist ein hübsches Spiel der Farben: neben der ocker-gelben Casa de los Capitanos die grünlich-blaue Casa Alhóndiga, gefolgt von dem doppelbreiten, rötlich-braunen Palast der Casa del Corregidor.

Die **Casa de la Alhóndiga** [A] entstand im 18. Jh. und diente als Kornspeicher und Weinlager. 1809 wurde sie im Spanischen Unabhängigkeitskampf während der Napoleonischen Kriege (1803–14) ein Gefängnis für 200 französische Soldaten. Danach diente die Casa bis 1940 als Gerichtshof, heute be-

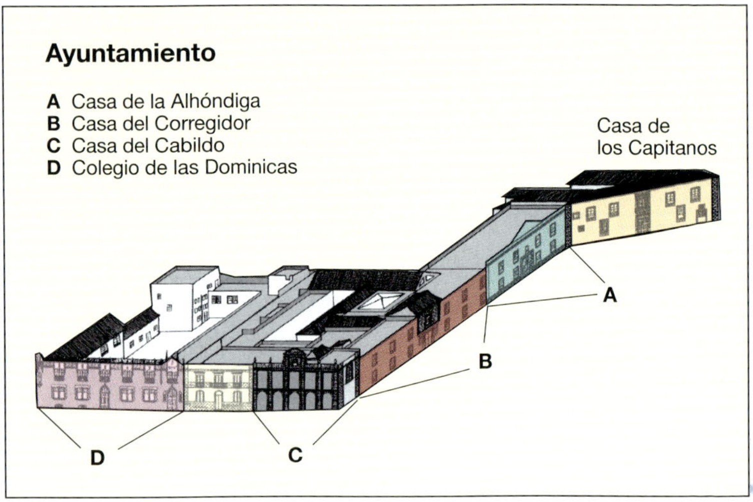

herbergt das umgebaute Gebäude Büros der Stadtverwaltung.

Das schlichte Portal der anschließenden **Casa del Corregidor** [**B**] wirkt mit seinem viel zu wuchtig erscheinenden Steinaufbau, als habe man eine schwere Steinklammer darüber gestülpt. In einfachen Formen präsentiert die Fassade von 1545 eine Frühform des plateresken Stils auf den Kanaren. Das mittlere der drei Wappen am Portal gehörte Carlos I. von

Zur Maria Santísima de la Amargura beten die Gläubigen in Santa Catalina

Spanien. Es wird flankiert vom Wappen Teneriffas und des Kuriers der Inselregierung (*corregidor*) Jerónimo Álvarez de Sotomayor, des ersten Besitzers. Im 19. Jh. diente der ausgedehnte Palast als Wohnsitz des Bischofs Don Joaquín Lluch y Garriga.

Über Eck setzt sich das Bauwerk entlang der rauhen Mauer aus rötlichem Vulkangestein zur imposant-schwarzen Lavafassade des alten Regierungsgebäudes fort, zur **Casa del Cabildo** [**C**], die auf die Plaza del Adelantado blickt. Hier befindet sich auch der Haupteingang des Rathauses. Dieser Teil des Palastes wurde mehrfach umgestaltet, zuletzt 1822. Im Obergeschoss sind drei Monumentalfresken (1764) von Carlos de Acosta erhalten. Sie zeigen Szenen aus der Geschichte Teneriffas: Ureinwohner huldigen dem Eroberer de Lugo, die *Virgen de la Candelaria* erscheint den Guanchen von Güimar und die Begegnung der *Menceyes*, altkanarischer Herrscher, mit den Katholischen Königen Isabella I. und Fernando II.

Neben der anschließenden hellen, bescheidenen Fassade der *Bibliotéca Municipal*, der Städtischen Bibliothek, beginnt die ausgedehnte, rosa-weiß gehaltene Klosteranlage des früheren **Colegio de las Dominicas** [**D**]. Die Fassade im neogotischen Stil stammt vom Anfang des 20. Jh. und erinnert seit ihrer Renovierung vor einigen Jahren farblich an eine Torte. Im Inneren sind die städtischen Restaurierungswerkstätten untergebracht. Man ist hier vor allem mit den

Erhaltung des kostbaren Regierungsarchivs (15.–19. Jh.) und der Rathausanlage befasst. Baulich ist letztere wiederum zweigeteilt in das historische Ayuntamiento (1837–1950) und die moderne Administration (1950–1992).

Dem Gebäudekomplex gegenüber liegt hinter einer fensterlosen hohen Mauer das Nonnenkloster **Convento Santa Catalina de Siena** ⓭. Der 1611 erstmals erwähnte Konvent wendet seine Eingangsseite der Plaza del Adelantado zu. Rechts vom Eingang thront über der Mauer ein wachtturmartiger Aufsatz. Dieser *Ajimez* ist rundum mit einem dichten Gitterwerk aus dunklem Holz verkleidet. Man sagt, von hier aus würden die Nonnen am Geschehen der lebhaften Plaza darunter teilnehmen. Solche vorkragenden Türme oder Erker findet man mehrmals in La Laguna. Sie laufen immer über Eck und ermöglichen damit, zwei Seiten auf einmal zu überschauen.

Noch heute leben die Nonnen in strenger Klausur. Nur zu Messezeiten (tgl. 9–12 Uhr) ist die Klosterkirche **Santa Catalina** öffentlich zugänglich. Beim Betreten des Gotteshauses bemerkt man rechts einen vergitterten Raum. Hier treffen sich die Nonnen zum Gebet. Die eher schlichte Kirche besitzt einen silbergeschmückten Haupt- und einen puttengerahmten barocken Seitenaltar.

Rechts neben der Iglesia Santa Catalina öffnet sich die schmale Calle Dean Palahi, wunderschön mit altem Kopfsteinpflaster und historischen Laternen an den Hauswänden restauriert. Hier hat man den Eindruck, als sei die Zeit seit dem 16. Jh. stehen geblieben! Durch die Gasse gelangt man zum **Palacio de Nava y Grimón** ⓮. Der 1585 fertiggestellte Palast ist eines der besten Beispiele kanarischer Architektur, vor allem aufgrund seiner erst 1776 vollendeten Fassade, die Elemente des Manierismus, Barock und Neoklassizismus vereint. Seine Glanzzeit erlebte der Palast Anfang des 18. Jh., als der damalige Besitzer Marquis de Villanueva Intellektuelle, Künstler und Freidenker um sich sammelte.

Die **Plaza del Adelantado** ⓯ selbst, brunnen- und baumgeschmückt, ist das Herz der Stadt, wenngleich sie an deren südlichem Rand liegt. An der Westseite des Platzes steht ein kleiner, schmucker **Kiosk**, in dem eine Filiale des Fremdenverkehrsamtes untergebracht ist. Hier kann man auch den lilafarbenen *Tren* besteigen, einen Bummelzug, von dem aus sich der Besucher bequem einen Eindruck von der Stadt machen kann (10–13 u. 16–19.30 Uhr, alle halbe Stunde).

Zu dem geschäftigen Leben auf der Plaza del Adelantado trägt neben dem vielfrequentierten Rathaus auch die

Während der Gottesdienste steht die Klosterkirche von Santa Catalina Gläubigen und Kunstsinnigen offen, außerhalb dieser Zeiten ist sie den Ordensschwestern vorbehalten

turmgeschmückte alte Markthalle von La Laguna bei. In diesem **Mercado Municipál** 16 kann man täglich, auch sonntags, von 8 bis 13 Uhr aus dem reichen Angebot an Lebensmitteln auswählen.

Südlich des Marktes steht die kleine **Ermita de San Angel** 17, die Alonso Fernández de Lugo 1509 errichten ließ. Nach ihrer Restaurierung werden in der ehem. Kapelle heute wechselnde Kunst- und Fotoausstellungen gezeigt (Mo 17–20, Di–Sa 11–13 und 17–20, So 11–13 Uhr, Fei geschl.).

Das lange, benachbarte Gebäude mit balkongeschmückter Fassade ist das im kanarischen Kolonialstil neu errichtete **Juzgado** 18, das Gericht. Südlich davon schließt sich die **Casa Padre Anchieta** 19 an. Hierbei handelt es sich um das nicht öffentlich zugängliche Geburtshaus des Jesuiten José de Anchieta (1533/34–1597), der als 19jähriger nach Brasilien ging und sich dort als Missionar, Geschichtsschreiber und Mitgründer von Sao Paulo einen Namen machte.

Dem Kiosk gegenüber führt die Calle Santo Domingo westwärts zum **Convento Santo Domingo** 20, dessen renommierte, Mitte des 16. Jh. eingerichtete Klosterschule als Vorläuferin der Universität gilt. Verwöhnt mit schöner historischer Bausubstanz, wird man beim Anblick des reichlich mit Beton versehenen Klosters enttäuscht sein. Tatsächlich stammt die Eremitei aus dem frühen 16. Jh. und wurde im 17. Jh. von Dominikanern ausgebaut. Damals erweiterte man die einschiffige Kirche um eine Kapellenreihe. Ein großes *Silbertabernakel*, 1715 von Pedro Merin geschaffen, schmückt den Hauptaltar. In den oberen Teil der Altarwand ist die Figur *Rosenkranzmadonna* von 1683–85 eingearbeitet. Der kostbarste Schatz der Kirche ist jedoch die filigran geschmiedete **Monstranz** von Ildefonso de Sosa. 1948 wurde das Gotteshaus vom kastilischen Maler Mariano de Cossio (1890 – 1960) mit modernen Fresken in kräftigen Farben ausgemalt.

Der offene Glockenstuhl ist das einzige, was vom eigentlichen Klostergebäude die Jahrhunderte überdauert hat. Dabei spielte der Dominikanerkonvent eine wichtige Rolle im Kulturleben von La Laguna: 1527 gründeten die Mönche hier die Lateinische Grammatikschule, später eine Logik- und Philosophieschule. 1612 ging daraus eine allgemeinbildende Schule und 1663 das **Colegio de Santo Tomás** hervor, das Universitätsrang erreichte und heute ein Priesterseminar beheimatet.

TOP TIPP Museo de la Ciencia y el Cosmos

Das **Museo de la Ciencia y el Cosmos** 21 (Di–So 9–19 Uhr) liegt an der Via Lácetea in der Nähe der neuen Universität im Westen der Stadt. Einem Wahrzeichen gleich erhebt sich sein großes

Modernen Zeiten hat sich das Wissenschafts- und Kosmosmuseum verschrieben. Das riesige Radioteleskop auf dem Dach des Gebäudes weist den Weg

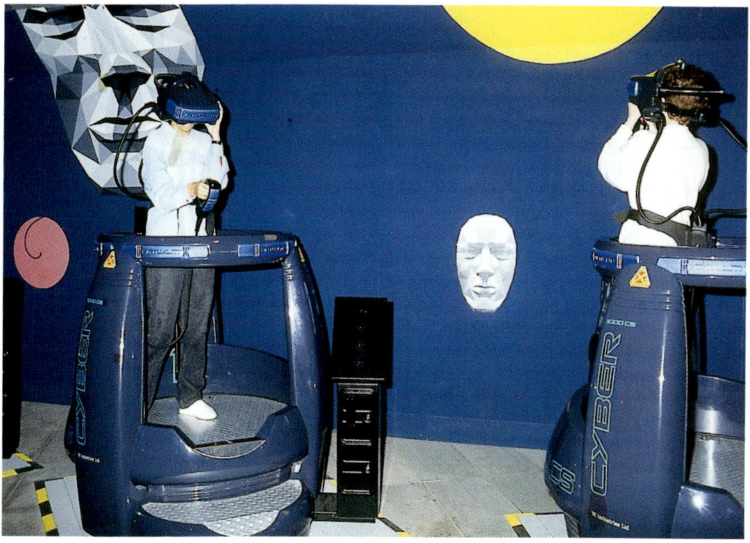

Cyberwelten – dank virtueller Realität kann jedermann gefahrlos einen Spaziergang auf dem Mond unternehmen, ohne die heimatliche Erde zu verlassen

Radioteleskop über die Dächer der Vorstadt. Mit einer Parabol-Antenne können Besucher sogar selbst Nachrichten in das Weltall senden. Das ›den Wissenschaften und dem Kosmos‹ gewidmete Museum besteht aus den fünf Abteilungen ›Sonne‹, ›Erde‹, ›Universum‹, ›Der menschliche Körper‹ und ›Wie funktioniert das?‹. Wissensdurstige und experimentierfreudige Besucher, Erwachsene wie Kinder, kommen voll auf ihre Kosten, denn an 70 Modulen kann man physikalische und andere naturwissenschaftliche Vorgänge beobachten, selbst spielerisch in die Wege leiten und auf diese Weise erforschen. Zu den besonders beliebten Attraktionen zählen ein Skelett-Spiegel (man schaut hinein und sieht sich als Skelett!), das Planetarium, ein Lügendetektor sowie ein Spiegellabyrinth.

Praktische Hinweise

Information: Informationskiosk, Plaza del Adelantado, Tel. 922 63 11 94 (Mo–Sa 8–20 Uhr).

Oficina de Turismo, Colegio de las Dominicas, im Innenhof des Rathauses, Tel. 922 60 11 06.

Hotel

*** **Nivaria,** Plaza del Atelantado 11, Tel. 922 26 42 98, Fax 922 25 96 34, Internet: www.hotelnivaria.com. Apartments in einem eleganten, im 18. Jh. errichteten Haus in der Stadtmitte.

** **Aguere**, Calle Obispo Rey Redondo 57, Tel. 922 25 94 90, Fax 922 63 16 33. Einfaches Hotel in einem alten Bischofspalast in der Stadtmitte

Restaurants

Tasca La Carpenteria, Calle Nuñez de la Peña 14, Tel. 922 26 30 56. Restaurant und Bar, kanarische Küche, auch Bodadillos (Sandwich) mit Schinken, Wurst und Käse.

Tasca La Cofradia, Plaza de San Francisco del Cristo 15, Tel. 922 25 99 01. Urige, preiswerte Kneipe mit kanarischer Küche. Mo geschl.

Tasca-Restaurante La Gotera, Calle San Agustín, Tel. 922 63 09 60. Relativ neues Restaurant mit einheimischer Küche in einer der schönsten Straßen La Lagunas (So geschl.).

Plaza de Cristo
An dieser Plaza beim Kloster San Francisco [s. S. 33] gibt es zahlreiche gute Lokale. Telefonische Voranmeldung ist selten möglich. Besonders empfehlenswert ist das

Restaurante Casa Antonina, Tel. 922 25 70 73. Echte Arbeiterkneipe nahe der Kirche San Francisco. Es wird offener Landwein ausgeschenkt, man sitzt im weinumrankten *Patio*.

Der Nordosten – Wanderparadies und Strandvergnügen

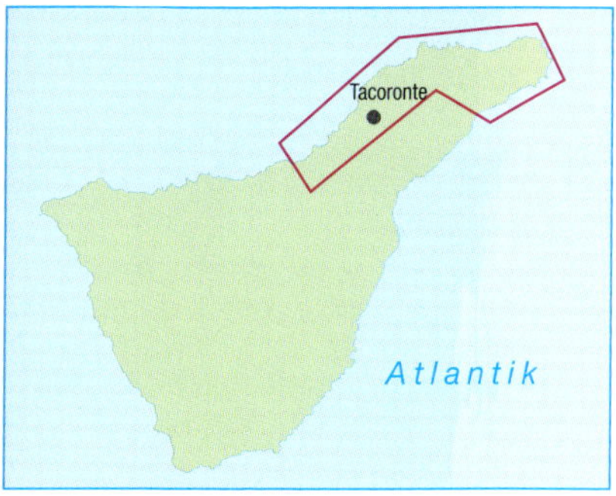

Wer in den Nordosten Teneriffas fährt, der wird gleich hinter der **Playa de las Teresitas**, einem künstlichen, aber zugleich sehr schönen Strand, das wilde **Hinterland** entdecken. Es ist reich an ursprünglichen **Wäldern**, etwa den hohen Kiefern beim *Cruz del Carmen*, die mit ihrer endemischen Pflanzenwelt teilweise bis dicht an die steinigen und schroffen **Küsten** reichen.

Nur wenige **Dörfer** findet man im zerklüfteten Anaga-Gebirge, das die Halbinsel durchzieht, darunter aber so malerische wie *Chamorga* auf der äußersten Ostspitze. Neben reizvollen Wandermöglichkeiten bietet eine Fahrt in die Berge auch herrliche Panoramablicke auf das Meer und über die Insel.

An der Nordwestseite des auf dem Taborno immerhin 1024 m hohen Gebirgszuges haben sich mit Punta del Hidalgo und Bajamar zwei eher ruhige **Urlaubsorte** etabliert, die vor allem von deutschen Gästen gern besucht werden. Hier brandet der Atlantik Tag und Nacht gegen die Küste, doch eigens angelegte, geschützte **Meerwasserschwimmbecken** ermöglichen auch in dieser eher herb-schönen Felsenlandschaft zumindest im Sommer das Baden.

3 San Andrés

Das beschauliche Fischerdorf bietet mit der feinsandigen Playa de las Teresitas einen der hübschesten Strände der Insel.

Er ist aber auch wirklich eine Schönheit, dieser palmenbestandene Sandstrand vor dem 5000 Einwohner zählenden Fischerdorf San Andrés! Etwa 6 km nördlich von Santa Cruz de Tenerife gelegen, ist er mit dem Wagen oder dem Linienbus über die autobahnähnlich ausgebaute Carretera TF-11 gut erreichbar.

TOP TIPP Die fast 2 km lange **Playa de las Teresitas** an der weiten, sanft geschwungenen Bucht ist sehr gepflegt. Zu den Annehmlichkeiten gehören Parkplätze, Duschen sowie schattenspendende Palmen und Strandweinbäume. Einige kleine Lokale und Bars sorgen für das leibliche Wohl der Badegäste. Vor allem am Wochenende herrscht dichtes Gedränge, wenn die Einwohner von Santa Cruz den fast karibisch anmutenden Sandstrand stürmen. Ausländische Touristen sieht man seltener, denn bislang verhinderte die Gemeinde von San Andrés den Bau eines Hotels an der malerischen Bucht. Nun sollen allerdings am Ende des Strandes und an dem dahinterliegenden Hang Hotels und Restaurants errichtet werden.

Geschützt wird der Strand durch langgezogene Wellenbrecher, die verhindern, dass das Meer den Sand wieder wegschwemmt. In einer spektakulären Aktion hatte man in den 1970er-Jahren 100 000 m³ feinen Saharasand in 4 Mio. Säcken an die hier an sich felsige Küste verschifft und damit den größten künstlichen Sandstrand weltweit geschaffen.

Die Bucht begrenzt im Süden ein Hügel, an dessen Hängen sich das weiße Dörfchen San Andrés ausbreitet, zu seinen Füßen der noch immer rege Fischereihafen. Er wirkt zwar mit seinen wackligen Hütten und den Gefrier- bzw. Kühlhäusern recht bescheiden, aber der Blick vom Hafen auf die gelbsandige Playa de las Teresitas vor der Kulisse des schwarzbraunen, gezackten Anaga-Gebirges ist hinreißend.

Rauhe Schönheit der Nordostküste – das weiße Bergdorf Almaciga liegt zwischen dem Anaga-Massiv und dem felsigen Strand

Mitten in San Andrés, dessen Bewohner von Fischerei, Landwirtschaft und dem Badebetrieb leben, steht die kleine Kirche **San Andrés Apóstol**. Sie wurde 1747 geweiht und besitzt einen kleinen offenen Glockenstuhl rechts der Fassade. Man kann sie aber in dem Gassengewirr nur schwer ausmachen. Überall stehen uralte, gewaltige Indische Lorbeerbäume, als wollten sie die kleinen Häuser unter sich erdrücken. Die schönsten Exemplare säumen die dorfinterne Carretera Taganana (TF-12), von der an der zentralen Kreuzung eine Straße (TF-11) zum Strand und nach Igueste abzweigt.

Playa de las Gaviotas

Fährt man die teils sehr steile Küstenstraße TF-11 weiter nach Norden, kann man nach etwa 2,5 km von einer Anhöhe auf die Playa de las Teresitas blicken. Es bietet sich ein schönes Farbenspiel – die türkisblaue künstliche Lagune, gesäumt vom kräftigen Grün der Palmen und eingefasst von den dunklen, zartgrün getupften Bergen.

Nach einem weiteren Kilometer geht es plötzlich und steil zur vulkanschwarzen Playa de las Gaviotas abwärts. Sie liegt an einer kleinen Bucht, deren natürlicher, steindurchsetzter Sandstrand vor allem von FKK-Fans gerne aufgesucht wird. Ein besonderer Anblick sind hier die Klippen der *Punta de los Organos*. Den Namen erhielt das leicht ins Meer vorspringende Kap, weil seine schlanken, steil abfallendenden Klippen wie Orgelpfeifen aussehen.

Verführerisch locken die ruhigen Wasser der geschützten Playa de las Teresitas

Praktische Hinweise

Restaurants

Bar El Ultimo, Playa de las Teresitas. Als letztes einer Reihe von Lokalen am nördlichen Ende des Strandes gelegen, bietet die Bar an heißen Sommertagen willkommene Erfrischungen.

Cofradia de Pescadores, San Andrés, Tel. 922549024. Urige Kneipe der örtlichen Fischereigenossenschaft am Hafen, mit kleiner *Tapas*-Bar (So geschl.).

Pepe Ramos II, Playa de las Teresitas, Tel. 922591411. Großes Terrassenrestaurant direkt an der Zufahrtsstraße hinter dem Strand.

Pepín, San Andrés, Carretera de Taganana 4, Tel. 922549137. In einem kleinen Wohnhaus eingerichtetes Restaurant serviert frische Fischgerichte.

4 Igueste

Zauberhaftes, idyllisches Bergdorf in einem schmalen grünen Tal.

7 km nördlich von San Andrés endet die kurvenreiche Küstenstraße in Igueste. Das friedliche Dörfchen besticht durch seine Lage an beiden Rändern eines schmalen, aber tiefeingeschnittenen Barranco. Die winzigen, weißgestrichenen Steinhäuser klammern sich an die steilen Hänge, zwischen ihnen sieht man das üppige Grün zahlreicher Obst- und Gemüsegärten. Auf kleinen Terrassen gedeihen u. a. Bananen, Avocados, Mangos, Papayas und allerlei Gemüse. Das anmutige Bild vervollständigen hohe Schilfbüschel.

Eine Brücke führt über den Barranco auf die nördliche Seite des Dorfes. Hier endet die Straße neben der Bushaltestelle als Sackgasse in einem Parkplatz. Nur zu Fuß geht es weiter ins Tal, wo sich im Ortszentrum die kleine Pfarrkirche **San Pedro** auf dem gleichnamigen, steingepflasterten Platz erhebt. Von hier gelangt man über die steile Treppengasse Calle

Eine Rast in Ehren kann niemand verwehren, und frisch gestärkt darf man anschließend die Naturschönheiten des grünen Anaga-Gebirges in vollen Zügen genießen

del Carmen hinunter zum sog. *Puertito*, dem kleinen Hafen. Dieser besteht erstaunlicherweise nur aus einem Kiesstrand, an den die Wellen mitunter etwas Sand schwemmen.

Ausflüge

Igueste ist ein idealer Ausgangspunkt für **Wanderungen** in die umliegende Bergwelt, die hier nur noch knappe 500 m Höhe aufweist, zum Meer hin aber oft steil abfällt. Das Anaga-Gebirge zählt zu den schönsten Wandergebieten Teneriffas, die entsprechenden Pfade sind meist gut ausgeschildert. Trotzdem sollte man niemals allein wandern, da die Gefahr besteht, dass man sich verirrt. Auch ist das steile Auf und Ab recht strapaziös. Zur Ausrüstung sollten neben Proviant auch eine Wanderkarte und ein Busfahrplan gehören. Es gibt mehrere Bushaltestellen in der Nähe der Wanderwege.

Welch ein Segen, dass man den Naturschutz ernst genommen und weite Teile des *Parque Rural de Anaga* unberührt gelassen hat! Nur zu Fuß gelangt man daher in den äußersten Nordosten der Insel. Hier steht der **Faro de Anaga**, ein Leuchtturm, der von den Klippen des *Roque Bermejo* noch heute seine Lichtsignale aufs Meer hinaussendet.

Ein kürzerer Spaziergang (einfach ca. 1 Std.) führt von Igueste entlang der Küste zur romantischen **Playa de Antequera**. Kein Haus, kein Kiosk stört die beschauliche Ruhe an der fast halbkreisförmigen Bucht mit ihrem schwarzbraunen Vulkansand.

Praktische Hinweise

Restaurant

Rincón de Anaga, Igueste, Lomo Llano 2, Tel. 922599000. Kleines, gemütliches Lokal am südlichen Dorfeingang in herrlicher Lage am Rand des Barranco. Die beiden Tische am Fenster gewähren eine weite Aussicht, die man genießen kann, während man *Tapas* oder frischen Fisch verzehrt (Di geschl.).

5 Taganana

Inmitten seiner Weinterrassen hockt das beschauliche Dorf über der steilen Küste.

In San Andrés zweigt die TF-12 nach Norden ab. Bald beginnt sie, in immer steileren, engeren Kurven in das **Anaga-Gebirge** anzusteigen. Bis Taganana sind es 14 km, die letzten 6 km geht es mit einem Gefälle von 16 % steil hinab. In der

Die Weinlese verlangt nicht nur um Taganana noch viel mühsame Handarbeit

zerklüfteten Bergwelt des an seinem höchsten Gipfel, dem Taborno, 1024 m hohen Anaga-Gebirges war der Straßenbau nicht einfach. Es ist eine herrliche Fahrstrecke, für die man genügend Zeit einplanen sollte, um bei einigen Stopps an den engen Serpentinen die vielfältige Flora bewundern zu können. Fast vergißt man ob der überwältigenden Blütenfülle, auf die bizarren Felsen zu achten, die sich immer wieder aus der Gebirgssilhouette erheben.

Hinter der ersten Kreuzung verläuft der direkte Weg nach Taganana durch einen Tunnel (TF-12/TF-134). Die halb links abbiegende Straße führt zu El Bailadero [s. S. 48]. Jenseits des Tunnels gedeihen Baumerika und Lorbeer in perfekter Mischung. Bald darauf öffnen sich großartige Ausblicke auf die Nordostküste und das über mehrere Hügel verstreute Taganana. Die Spanier entwickelten es im 16. Jh. zu einem Zentrum des Zuckerrohranbaus. Heute gedeiht auf den terrassierten Hängen und zwischen den weißen Häusern Wein, der auf der Insel gern getrunken wird. Bereits am Dorfeingang locken mehrere Lokale, die seit Jahren eine erstaunlich gleichbleibende Qualität bieten – trotz des Touristenansturms!

Eine enge steile Straße führt links hinauf ins Zentrum von Taganana mit seinen hübschen alten Balkonhäusern. Den Wagen sollte man unten stehen lassen, denn in dem Gewirr der engen Gassen kann man sich leicht verfahren.

Ziel des Spazierganges ist die von Palmen und Drachenbäumen umgebene Pfarrkirche **Nuestra Señora de las Nieves y San Blas**. Die dreischiffige Basilika des 16. Jh. wird von Rundpfeilern aus rotem Vulkangestein gegliedert. Die Apsiszone beherrschen drei raumhohe Altarwände. In der Chorapsis wird eine *Vir-*

Malerisch verschachtelt präsentieren sich die weißen Häuser von Taganana. Autos sind hier fehl am Platz, die Altstadt erkundet man besser zu Fuß ▷

gen de la Candelaria, eine ›Lichtbringende Madonna‹, verehrt. Doch der kostbarste Schatz der Kirche ist an der rechten Seitenschiffwand zu finden: ein kleines **Triptychon**, das ein unbekannter flämischer Maler Ende des 16. Jh. geschaffen hat. Die Tafelbilder zeigen in der Mitte die ›Anbetung der Heiligen Drei Könige‹ in einer romantischen Ruinenlandschaft, links die ›Anbetung der Hirten‹ und rechts ›Jesus im Tempel‹. Beachtenswert ist auch die Ausstattung der Westwand. Als ein Gesamtkunstwerk der Holzschnitzerei sind Orgelempore, Taufkapelle und ein gegenüberliegender Raum gestaltet.

Am hübschen Kirchplatz wohnt im Haus Nr. 13 die freundliche Kustodin Adele Perdomo Negrón, die den Schlüssel zur Kirche hütet. Bei ihr kann man auch ein selbstgehäkeltes oder -gesticktes Souvenir kaufen.

Almaciga und Benijo

Von Taganana führt die Küstenstraße in das rund 2,5 km entfernte Dorf Almaciga, wo man sich in der ruhigen Bucht der **Playa de San Roque** erholen und von einem der Felsen aufs Meer schauen kann. Das Schwimmen ist aber wegen der tückischen Strömungen nicht zu empfehlen.

Östlich schließt sich die etwas sandigere **Playa de Benijo** an, die zu dem gleichnamigen Weiler gehört. Im auf den Klippen gelegenen Benijo scheint mit der Straße auch die Welt zu Ende zu sein. Am kleinen Parkplatz beginnen jedoch zahlreiche ausgeschilderte **Wanderwege**. Sie führen zum knapp 200 m hoch gelegenen El Draguillo (30 Min.), nach Las Palmas de Anaga (1 Std.) und zum Roque Bermejo mit dem Faro de Anaga [s. S. 45] (3 Std.). Die Zeitangaben gelten für den einfachen Weg.

Praktische Hinweise

Restaurants

Bar El Frontón, Benijo. Bodenständiges Lokal in schöner Aussichtslage an der Küste.

Bar Las Tejas/Casa Paco, Benijo, Tel. 922590244. Winzige, einfache Wirtschaft. Man serviert neben Fisch vor allem Kaninchen- und Ziegenfleisch.

Bar Playa/Casa Africa, Roque de las Bodegas, 2 km nördlich von Taganana am Meer, Tel. 922590100. Großes familiäres Fischrestaurant mit Terrasse direkt an der Bushaltestelle.

Casa Olga, Roque de las Bodegas, Tel. 922590220. Das schlichte Restaurant bietet außer Fisch- auch Reisgerichte (*arroces*).

Casa Pepe, Roque de las Bodegas, Tel. 922547161. Kleine, ausgezeichnete Fischkneipe mit Terrasse am Meer (Do geschl.).

6 Chamorga

Das malerische Dorf liegt inmitten eines herrlichen Wandergebiets in großartiger Bergeinsamkeit.

Wenn man von San Andrés kommend nicht nach Taganana abzweigt, sondern auf der TF 12 weiter nach oben fährt, kommt man zum Aussichtspunkt von **El Bailadero**, was mit ›Hexentanz‹ übersetzt werden kann. Von dieser Passhöhe des Anaga-Gebirges bietet sich ein hinreißendes **Panorama** der Nordküste. Allerdings nur, wenn nicht ›die Hexen tanzen‹, wie die Tinerfeños sagen. Dann nämlich türmen sich die Wolken über und unter dem Bergkamm auf und werden vom Wind in wildem Reigen durcheinandergewirbelt – eben ein wahrer **Hexentanz**. Es ist ein Naturspektakel, das man genießen sollte – mit einer Windjacke gegen Kälte und Feuchtigkeit gewappnet, die hier auch im Hochsommer plötzlich hereinbrechen können.

Von der zentralen Straßenkreuzung am Bailadero führt eine schmale Route 12 km nach Osten in das Bergdorf Chamorga. Schon Anfang März blüht die Erika, und der Gagelbaum, ein Lorbeergewächs, zeigt seine ersten Knospen. Dazwischen wachsen hoher Sonchus, Kanarischer Ampfer, Brombeeren, riesiger Farn und kriechender Natternkopf.

Das Terrassendorf Chamorga ist für Autofahrer das Ende der Anaga-Welt. Auch der Inselbus fährt nur bis zur Haltestelle am Dorfeingang. Der Ort selbst besteht aus einigen schmucken weißen Häuschen um eine winzige Kapelle und aus der Dorfkneipe des Señor Alvaro. Sie ist für Wanderer ein willkommener Platz, um sich auszuruhen und zu erfrischen. Die Wirtschaft ist leicht zu finden, sie liegt nebem einem kleinen Hain aus Drachenbäumen am Berghang.

Viele **Wanderwege** führen von der Zufahrtstraße ab, zu aufregenden Aussichtspunkten oder ans Meer. Gen Norden z. B. zum markanten Felsen *Cabezo del Tejo* und weiter zum *El Draguillo*, östlich zum *Roque Bermejo* und südlich bis Igueste. Zahlreiche Schilder weisen auf Bushaltestellen hin. Außerdem gibt es viele Parkplätze und einen Picknickplatz nahe km 5. Vor Chamorga führen kurze Stichstraßen zu einsam gelegenen Weilern, nach Lomo de las Bodegas oder unterhalb des Tunnels nach La Cumbrilla. Man könnte auch einen schönen Rundweg gehen: Chamorga – Cabezo del Tejo – Roque Bermejo – Montaña Tafada – Chamorga. Je nach Kondition beträgt die reine Gehzeit 3–4 Std.

Praktische Hinweise

Restaurant

Casa Alvaro, Chamorga. Einfache Kneipe, ideal für Wanderer im östlichen Anaga-Gebirge. Nur an Wochenenden und Feiertagen warme, typisch kanarische Gerichte, sonst Kleinigkeiten und Getränke an der Bar.

7 Las Montañas de Anaga

Afur – Mirador Pico del Inglés – Taborno und Las Carboneras – Chinamada – Mirador Cruz del Carmen

Im nördlichen Teil des vielfach gezackten Anaga-Massivs liegen zauberhaft eingebettet einsame Dörfer, beliebte Ziele für naturliebende Wanderer.

Von El Bailadero führt die breitere TF-114, gesäumt von Picknickplätzen und Ausweichstellen (*apartaderos*) für die Busse, nach Westen Richtung Las Mercedes und La Laguna. Nach 4 km umfährt man die Montaña Chamuscada und

Weit schweift der Blick der Ausflügler vom 992 m hoch gelegenen Mirador Pico del Inglés über die anmutigen Berge und Schluchten des Anaga-Massivs

kann nach einer langen Haarnadelkurve bei der Schutzhütte **Roque de los Pasos** (933 m) entweder nach Taganana hinab wandern oder mit dem Auto auf schmaler Piste eine schwindelerregende Abkürzung zur Straße nach Afur nehmen.

Bleibt man auf der Hauptstraße, folgt bald der **Mirador Casas de la Cumbre**. Von dem hochgelegenen Aussichtspunkt kann man rechts in die Bergwelt des Nordens, links durch den bewaldeten *Barranco del Buladero* bis zum Hafen von Santa Cruz de Tenerife sehen.

Afur

Gleich darauf zweigt an der Bushaltestelle bergabwärts nach Norden die kurvige, aber hervorragend ausgebaute Straße TF-1136 ab. Über die winzige Siedlung *Roque Negro* geht es ins nicht viel größere Dörfchen **Afur** mit der ›Casa Juan‹, einem Lebensmittel- und Krämerladen samt kleinem Ausschank. Insgesamt sind es nur 7 km, aber wegen der zahlreichen Kurven erfordert die Strecke etwas Zeit. Auf der Fahrt öffnen sich immer neue, faszinierende Ausblicke auf das Gebirge. Ein Besuch in Afur muss sein, denn seine geduckten, weißgekalkten Häuser liegen in herrlicher Bergeinsamkeit, umringt von bizarren Felsformationen. Hier befindet sich hinter der 1954 errichteten **Ermita de San Pedro** der Lebensmittelladen mit der urigen ›Bar José Cañon‹. José kennt die Berge wie kein zweiter, und für seine unterhaltsamen Geschichten sollte man sich, so man ein wenig Spanisch beherrscht, ruhig Zeit nehmen.

Atemberaubend ist die großartige Landschaft der Montañas de Anaga, aus der immer wieder einsame Felsen wie Nadeln in den Himmel ragen. Der **Roque El Fraile** z. B. erhebt sich im Osten gegenüber von Afur. Er ist während des Sonnenuntergangs in ein wundervoll goldenes Licht getaucht.

TOP TIPP Mirador Pico del Inglés

Wieder oben auf der Hauptstraße fährt man Richtung La Laguna auf den Pico Taborno zu. Noch bevor man seinen Fuß erreicht, biegt man links ab. Nur etwa 1 km weiter gelangt man zu einem der berühmtesten Aussichtspunkte Teneriffas, zum Mirador Pico del Inglés. Es gibt Leute, die mit dem Taxi von La Laguna oder Santa Cruz hierher kommen, um den phantastischen Ausblick zu genießen! Zur Zeit des Sonnenuntergangs jedenfalls herrscht Hochbetrieb. Die kleine Aussichtsterrasse liegt am Ende eines schmalen Grates und gibt links den Blick frei über das Anaga-Gebirge, rechts über La Laguna, die Cañadas und über den dunklen Fayal-Brezal-Wald hinweg zum Pico del Teide. Auch zerfurchte Barrancos liegen einem zu Füßen, als habe ein Riese mit seinen dicken Fingern im Sandkasten der Natur gespielt und Furchen gezogen. Geradeaus sieht man Santa Cruz de Tenerife mit dem durch einen niedrigen Bergzug abgetrennten Hafen. Dahinter ist sogar die Nachbarinsel Gran Canaria zu erkennen!

Taborno und Las Carboneras

Auch von der Hauptstraße bieten sich herrliche Ausblicke, läuft sie doch über den Bergkamm zwischen dem östlichen Teil des Anaga und dem westlichen Mercedes-Wald in fast 1000 m Höhe auf den höchsten Gipfel, den 1024 m hohen Taborno, zu. Zu seinen Füßen führt eine kurvenreiche Straße wieder abwärts nach Norden, in großen, ausladenden Kehren mitten durch die *Montaña de las Mercedes* ca. 5 km zum Dorf Taborno, mit einer Abzweigung nach Las Carboneras. Die Vegetation wird auch hier von Erika und Lorbeer geprägt. Dazwischen liegen fruchtbare Terrassenfelder. Die ersten Kiefern des westlich gelegenen Mercedes-Waldes sind auch schon auszumachen. Taborno besteht aus einer Kapelle, zwei Lokalen und wenigen Häusern um eine Bushaltestelle. Zwei schmale Täler führen von dem Dorf zur Küste, schön ist der Blick durch das linke hindurch aufs Meer. Vor sich sieht man eine wilde Berglandschaft in 588 m Höhe, zum Atlantik hin steil abfallend, und dazwischen den 706 m hoch aufragenden, zuckerhutähnlichen **Roque de Taborno**.

Zum unweit westlich gelegenen **Las Carboneras**, das seinen Namen von den Köhlereien in der Umgebung hat, kann man hinüberwandern, wenn man den Weg über die teils steilen Wände des *Barranco de Taborno* nicht scheut. Man kann das Dörfchen aber auch mit dem Auto erreichen, indem man auf der Rückfahrt von Taborno zur Hauptstraße nach ca. 1,5 km rechts abzweigt und nach nochmals 1,6 km auf leicht abfallender, gut ausgebauter Strecke durch dichten Fayal-Brezal-Wald mit einzelnen, prachtvollen Ginsterbüschen und breitwüchsigen Zypressen fährt. Auch in Las Carboneras gibt es bei der kleinen Kirche eine Bushaltestelle, genau am Ende des markierten Wanderweges. Der Blick zur Küste wird allerdings vom markanten Roque de Taborno ›verstellt‹. Am jenseitigen, etwas höher gelegenen Dorfende beginnt beim ›Bar Restaurante Tesegre‹ eine erstaunlich breite Straße nach Chinamada (2 km).

Chinamada

Vor nicht allzu langer Zeit führte nur ein Ziegenpfad in etwa 45 Min. von Taborno ins alte **Höhlendorf** Chinamada. Doch die Veränderung kam mit der 1992 fer-

Auf den ersten Blick lassen die weißgestrichenen Hausfronten oft nicht erkennen, dass die Höhlenwohnungen von Chinamada in den anstehenden Fels geschlagen wurden

tig gestellten Straße. Wer den Ort von früher kennt, wird sehr enttäuscht sein. Zwar gibt es immer noch die blumengeschmückten, außen wie normale Häuser verputzten Höhlenwohnungen. Doch das kleine Dorf ist nun zweigeteilt durch das Asphaltband, das geradewegs zur ebenfalls neuen, 1992 erbauten **Ermita** führt. Auch krönen einige der in den Fels getriebenen Höhlenhäuser mittlerweile Sonnenkollektoren. Chinamada hat 15 Einwohner, die tagsüber auf ihren Feldern arbeiten. Das Dorf wirkt dann wie ausgestorben. Am Wochenende aber kommen die einst hier ansässigen Familien als ›Freizeitbauern‹ aus der Stadt. Kapelle und Anbau der Ermita nutzen die *Vicinos de Chinamada*, die Bauern des ›Nachbarschaftsvereins‹, für ihre Feste, zu denen Besuch von der ganzen Insel kommt. Man kann den herrlichen Ausblick auf die Berge und das Meer genießen. Wunderschön sind auch die am Ortsrand beginnenden Wanderwege, vor allem nach Punta del Hidalgo (etwa 2 Std.), der von 633 m Höhe abwärts bis ans Meer führt.

Mirador Cruz del Carmen

Etwa 1 km westlich des Pico Taborno liegt an der Hauptstraße die ausgedehnte Terrasse des Mirador Cruz del Carmen in 920 m Höhe an der gleichnamigen weißen Kapelle. Das ganze Tal von La Laguna liegt dem Betrachter zu Füßen, als Kulisse im Südwesten der Pico del Teide. Unterhalb der Terrasse wurde ein informatives Besucherzentrum über die Entstehung des Anaga-Gebirges sowie seine Fauna und Flora eingerichtet. Zur Erläuterung der Schautafeln liegen auch deutsche Begleittexte aus.

Ein schöner Abschluss ist eine Fahrt von Las Mercedes nach Süden, die vom Mirador de Jardina wundervolle Ausblicke in das anmutige Valle de La Laguna ermöglicht. Die Strecke führt teilweise durch den sich nach Südwesten hinziehenden *Bosque de las Mercedes* mit seinem dichten alten Baumbestand aus Kiefern und Lorbeer.

Praktische Hinweise

Restaurants

Bar José Cañon, Afur, Tel. 922690141. Krämerladen mit uriger Kneipe, bestehend aus zwei Tischen im Hinterzimmer und einem neuen Raum oben. Schon auf Wanderer eingestellt, aber mit unverfälschter kanarisch-dörflicher Küche, etwa Kaninchen und *Bacalao* (Stockfisch) zu Landwein.

Tesegre, Calle el Montito, Las Carboneras, Tel. 922690053. Freundliche Bar mit einfachem Restaurant, in dem die strengen Regeln des Wirts herrschen: Es darf weder Musik gespielt noch gesungen werden.

Schnelligkeit, Kraft und voller Körpereinsatz – das Denkmal von Tegueste zu Ehren der Lucha Canaria zeigt die Kämpfer in Aktion

8 Tegueste

Bekannt für Stockkampf und Ringen nach altkanarischer Tradition.

Schon der Name weist das Städtchen als historisch aus. Die Spanier benannten Tegueste nach dem gleichnamigen Sohn des legendären Guanchen-Königs Tinerfe, der vor den europäischen Eroberern die Region beherrschte. Und so hat sich die Gemeinde nach dem Ende der Franco-Diktatur, während der dieses Erbe unterdrückt wurde, schnell wieder ihrer Vergangenheit erinnert und begonnen,

Trickreich kämpfen, fair gewinnen

Im täglichen Sportteil der kanarischen Tageszeitungen nimmt die **Lucha Canaria** *einen wichtigen Platz ein. Jedes Dorf hat seinen* **Terrero**, *die Arena für den kanarischen Ringkampf. Diese Sportart entwickelten die Guanchen. Doch anstatt sich wie die Ureinwohner einzufetten, tragen die modernen* **Luchadores** *spezielle Kampfkleidung. Dazu gehören ein reißfestes Hemd und eine derbe Hose, deren Beine bis zum Oberschenkel hochgekrempelt werden.*

Diese Textilrolle ist der erste Griffpunkt für den Gegner, dann geht es los: Es wird gezogen und gezerrt, gehoben und gedrückt, geschleudert und das Bein gestellt. Fast alles ist erlaubt, nur der Kopf darf nicht in den Kampf einbezogen werden. Auch Schläge, Boxhiebe, Schwitzkasten und Fußtritte sind verboten. **Ziel** *ist, den gegnerischen Luchador mit Kraft oder Körpertricks auszuhebeln. Wer als erster mit einem Körperteil außer den Fußsohlen den Sand der Arena berührt, hat die Runde verloren.*

Zu einem Team gehören zwölf Ringer, jeder tritt gegen jeden an und trägt dabei maximal drei Runden aus. Der von den Anfeuerungsrufen der begeisterten Tinerfeños begleitete Wettbewerb dauert bis zu zwei Stunden.

Die Lucha Canaria wird meistens am Wochenende ausgetragen, bei größeren Ausscheidungen schon ab Donnerstag. Immer häufiger treten bei dieser ausgesprochen fairen Sportart auch Damenteams an. Über die Wettkämpfe können in fast jedem Dorf die Barbesitzer Auskunft geben. Informationen erteilt auch der Dachverband: Federación de Lucha Canaria, La Laguna, Tel. 922 25 72 55.

Ein weiterer, von den Guanchen übernommener Wettkampf ist der **Palo**, *bei dem zwei Kontrahenten mit langen* **Stöcken** *aufeinander einschlagen. Der Stock ist wie beim Fechten das Utensil für Angriff und Verteidigung zugleich, wird aber mit beiden Händen geführt. Wer seinen Stab verliert, scheidet aus. Palo wird, wie der kanarische Ringkampf, auch an einigen Schulen gelehrt. Gezeigt wird der spielerische Kampf meistens als Rahmenprogramm bei großen Lucha-Ausscheidungswettkämpfen (z. B. Insel-Meisterschaften) und bei Folkloreveranstaltungen.*

Das meist auf Volksfesten zu sehende Tierrennen **Arrastre de Ganado** *wird oft ebenfalls als Wettspiel der Guanchen bezeichnet. Das kann aber nicht zutreffen, denn Rinder wurden erst von den Spaniern auf die Kanaren gebracht. Trotzdem ist dieses* **Wettrennen** *unterhaltsam und spannend: Eine Kuh, mitunter auch ein Stier, ziehen auf sandigem Boden einen Holzschlitten, der je nach Gewichtsklasse mit mehreren 100-Kilo-Säcken beladen ist. Die Kampfstrecke beträgt 70 m, das Rindvieh, das den Schlitten am schnellsten ins Ziel bringt, hat gewonnen. Der Viehtreiber darf sein Tier nur mit Schreien anfeuern, Peitsche oder Stock sind nicht gestattet.*

altkanarische Traditionen zu pflegen. Tegueste war einer der ersten Orte der Insel, die sich um die Wiederbelebung der **Lucha Canaria** bemühte, der althergebrachten Form des Ringkampfes, die inzwischen sogar zum Schulsport gehört. Kein Wunder, dass die breite Umgehungsstraße mit einem großen *Bronzedenkmal* geschmückt ist, das zwei *Luchadores* (Ringer) im freundschaftlichen Wettstreit zeigt. Seltener bekommt man **Palo**, den Stockkampf auf Guanchenart, zu sehen oder **Arrastre**, bei dem Kühe ihre Kräfte messen.

Das Straßendorf Tegueste hat sich in den letzten Jahren zu einem beliebten Wohnort entwickelt, und in der Umgebung entstanden einige recht hübsche Neubausiedlungen. Ein Grund dafür sind die nördlich beginnenden kühlen Kiefernwälder des *Bosque de las Mercedes*.

Tejina de Isora

Tegueste reicht mit seinen ausgedehnten Vororten fast bis zum knapp 2 km westlich gelegenen Nachbarstädtchen Tejina de Isora. Am nordwestlichen Ortsrand steht auf einer Terrasse die Pfarrkirche **Iglesia Parroquial**. Das Innere wirkt durch die beinahe gleich hohen Schiffe wie eine Halle. Während das Mittelschiff eine Mudéjar-Decke ziert, haben die beiden Seitenschiffe einfache Holzbalkendecken. Der prächtige Hauptaltar ist aus getriebenem Silber gearbeitet.

Zu einer Pause lädt die angenehme Terrasse vor der Kirche mit ihren Indischen Lorbeerbäumen und der durchgehend gemauerten Bank ein.

Das geschäftige Tejina lebt hauptsächlich von der Landwirtschaft. Auf dem Feld und in Treibhäusern werden Tomaten und Bananen gezogen. Daneben fallen ausgedehnte Rosen- und Strelizienfelder auf, denn vor allem für **Blumen** ist der Ort bekannt. Wer auf Teneriffa einen Strauß bunter Strelizien (Papageienblumen) für die Heimreise bestellt, wird sie meistens von einer der hiesigen Gärtnereien bekommen. Eine der bekanntesten ist ›Canaryflor‹, deren Glashäuser sich entlang des *Camino La Costa* in Richtung Küste ausdehnen. An derselben Straße ragt der Schornstein der Firma ›Cocal‹ in den Himmel, der einzigen Rumdestillerie der Insel. Auf Teneriffa wird längst kein Zuckerrohr mehr angebaut, daher bezieht die Brennerei die nötigen Rohstoffe von der Nachbarinsel Gran Canaria.

Praktische Hinweise

Restaurant

Mesón del Drago, Tegueste – El Socorro, Urbanisación San Gonzalo, 1 km südwestlich von Tegueste, Tel. 922543001 (mittags, Fr/Sa auch abends). Das ausgezeichnete Restaurant der Spitzenklasse bietet einfallsreiche kanarische Küche in familiärem Ambiente. Auch der spanische König Juan Carlos weiß, wie hier stolz verkündet wird, die Küche des Hauses zu schätzen. Und Königin Sofia, die Vegetarierin ist, soll vom Wohlgeschmack des kanarischen Gemüses und seiner Zubereitung durch den Wirt Carlos Gamoral und seinen Sohn schwärmen. Die Speiseräume befinden sich in einem traditionellen Bauernhof, in dessen Hof der namengebende Drachenbaum steht.

9 Bajamar und Punta del Hidalgo

Ruhige Urlaubsorte am hier wilden Atlantik.

Die von hohen Eukalyptusbäumen flankierte Landstraße führt von Tejina 2 km nach Norden in den Küstenort Bajamar. Dessen touristische Infrastruktur wurde in den letzten Jahren beträchtlich erweitert. Begonnen hatte seine Karriere als Urlaubs- und Badeort in den 1970er-Jahren im eher strandarmen Teneriffa mit zwei Hotels an einem sog. natürlichen Meerwasserschwimmbecken, das dem Atlantik in der Hausbucht durch eine Mauer abgetrotzt worden war. Zwar kann man selbst im Becken nicht immer schwimmen, weil die Wellen haushoch über die Umgrenzung schwappen, aber das sieht schön wild aus. Allein das Betrachten der Naturgewalten, die wütend gegen Beton schlagen, machte aus Bajamar fast einen Pilgerort für naturliebende Urlauber. Inzwischen ist eine kleine Ferienstadt entstanden, mit hohen Apartmenthäusern und vielen, relativ preiswerten Lokalen. Eine gepflegte Promenade und zwei weitere Meerespools mit Sonnenterrassen ergänzen heute das Angebot am Strand. Wer den ständigen Wind nicht scheut, wird auf seine Kosten kommen. Am Nachmittag und an den Wochenenden kommen junge Leute und Kinder aus den Nachbarorten, die hier eine kostenlose ›Frischluftkur‹ machen.

Ungewöhnliches ist in der Museo Casa de Carta zu sehen, hier etwa ein Dreschbrett

Punta del Hidalgo

Knappe 3 km weiter nach Norden erreicht die Straße und der sie begleitende, spaziergängerfreundliche Bürgersteig das Nachbarstädtchen Punta del Hidalgo. Die plastikgedeckten Bananentreibhäuser vor dem Ort sind zwar keine Zier, aber einige der älteren Häuser im langgezogenen Zentrum strahlen doch einen gewissen Charme aus. Etwas verträumt wirkt hier alles, trotz der modernen Hotelanlagen an der Küste. Ruhig geht es auch hinter dem Leuchtturm am Meerwasserschwimmbecken zu. Dort gibt es auch Umkleidekabinen und ein Restaurant.

Zum gemächlichen Leben im Ort passt, dass die kleine, ebenfalls Punta del Hidalgo genannte **Halbinsel** im Norden Natur pur bietet. Hoch brandet die Gischt, wenn gewaltige Atlantikwellen an die felsige Küste schlagen. Das dramatische Schauspiel kann man von dem Rondell aus gut beobachten, an dem die Straße endet. Hier verlocken Hinweistafeln dazu, die Wanderstiefel anzuziehen und loszugehen. Auf einer, von dieser Seite etwas anstrengenderen Wanderung ließe sich der Kreis nach Chinamada (5 km, 1 3/4 Std.) und Las Carboneras (2 1/2 Std.), ja sogar nach Taganana (5 1/2 Std.) schließen.

Praktische Hinweise

Hotels

**** **Oceano,** Punta del Hidalgo, Tel. 922 15 60 00, Fax 922 15 63 52 (in Deutschland Tel. 08721/96880, Fax 08721/968826), Internet: www.oceano.de. Appartement-Hotel mit Kurbetrieb und vielfältigem Sportangebot. Vollwertkost möglich.

*** **Delfin,** Bajamar, Avenida del Sol 39, Tel. und Fax 922 54 02 00. Renoviertes, kleines Hotel mit Pool, Tennisplatz und Restaurant.

Cafés und Restaurants

Café Melita, Edificio Piscinas s/n, Bajamar, Tel. 922 54 54 50. Café-Konditorei mit Kuchen und Torten nach internationalen Rezepten (z. B. Apfelstrudel) sowie Eis, alles aus Eigenproduktion. Das Café unterhält eine gleichnamige Dependance mit Aussichtsterrasse über der Küste auf der Strecke nach Punta del Hidalgo (Carretera General, Tel. 922 54 08 14).

Calabacin, Edificio Mirador 1, Bajamar, Tel. 922 54 20 52. Kanarische und internationale Küche vom kanarischen Kaninchen bis zu handgeschabten Spätzle, deutsche Inhaber, ausgwählte Weinkarte. Mittlere Preise.

La Terraza de María, Camino de la Costa s/n, Punta del Hidalgo, hinter dem Leuchtturm. Restaurant mit kanarischer Küche, Terrasse am Meer.

10 Valle de Guerra

Einst Schauplatz des Krieges zwischen Guanchen und Spaniern, heute Heimat des bedeutendsten ethnographischen Museums der Insel.

Südwestlich von Tejina, parallel zur Küste, sind es nur 3 km bis Valle de Guerra ›Tal des Krieges‹ heißt der Ort im Gedenken an die Schlachten zwischen den Guanchen und den spanischen Eroberern im 15. Jh. Heute umgeben Bananenplantagen Valle de Guerra. Vom Export der Früchte lebt die gesamte Region. Allerdings kommt es häufig zu Wassermangel wegen dieser sehr ›durstigen‹ Pflanze.

Unbedingt einen Besuch wert ist das **Museo de Antropologia de Tenerife** (Di–So 9–20.30 Uhr). Dieses ethnographische Museum liegt etwas außerhalb, ca. 1 km in Richtung Tacoronte an der TF-16. Es wurde in einem herrlichen alten Landhaus eingerichtet. Das rustikale Gebäude mit seinen mächtigen Mauern und Holzbalkonen steht inmitten eines blühenden Gartens und ist ebenso sehenswert wie die darin ausgestellte Sammlung. Diese zeigt Exponate zum Alltagsleben der alten Tinerfeños, etwa Webstühle, Möbel, Trachten und Gofiomühlen. Die Ausstellung *Vergangenheit in der Gegenwart* ist sehenswert.

El Prís

Man kann, statt auf der TF-16 ›oben‹ im Tal nach Tacoronte weiterzufahren, bei Valle de Guerra zur Küste hinunter abbiegen und sein Ziel auf der Küstenstraße ansteuern. Diese Straße, mitten durch die unruhige, felsige Landschaft aus zusammengebrochenen Lavablasen geschlagen, führt steil abwärts ans Meer, in das 3 km entfernte El Prís. Das alte Fischerdorf ist vollständig von Apartmenthäusern umzingelt, die sich die umgebenden Hänge hinaufziehen. Dennoch hat es sich etwas von seinem ursprünglichen Charme bewahrt. Die geradezu romantische Felsenküste und das tiefblaue Meer tragen das ihre dazu bei.

Unterhalb der Dorfstraße wurde vor zwei dekorativen Lavafelsen ein Meerwasserschwimmbecken angelegt. Am Ortsende steht das neue, schmucke Gebäude der Fischereigenossenschaft *Cofradía de Pescadores Nuestra Señora del Carmen*. Hier gibt es frischen Fisch im Direktverkauf. Die Gasse dahinter führt über einen niedrigen Hügel in die nächste Bucht. Diese wirkt recht romantisch mit ihren Fischerhäusern, Treppengassen sowie den an Land gezogenen Reusen und bunten Ruderbooten. Zum Nachbarort Mesa del Mar führt ein befestigter Fußweg.

Praktische Hinweise

Restaurants

El Pescador, El Prís, Tel. 922563295. Die Speisekarte bietet Fisch, Muscheln, Tintenfisch, dazu gemischten Salat. Alles ist frisch, und man sitzt unter dekorativen Gummibäumen an dunklen Felsen direkt am Meer. Angegliedert ist eine winzige Weinbar.

Lolo, El Prís, Tel. 922562056. Das nette familiäre Lokal serviert frischen Fisch, je nach Tagesfang, preiswert und ohne Schnickschnack.

11 Tacoronte

Vom Verkehr stark belastetes Weinbaustädtchen mit zwei interessanten Kirchen und einem reizvollen Karnevalsumzug.

Die Weinbauern von Tacoronte gelten als die fortschrittlichsten der Insel. Sie produzieren seit Jahren hauptsächlich Malvasia-Weine, die zu den besten der Kanaren zählen.

Man erreicht Tacoronte über die oberhalb des Ortes vorbeiführende Landstraße TF-16 oder über die parallel dazu verlaufende Autopista del Norte. Schon zur Guanchenzeit lag hier inmitten eines wasserreichen, fruchtbaren und daher dicht besiedelten Tales eine Siedlung. Mit seinen rund 20000 Einwohnern ist Tacoronte heute ein attraktives Landwirtschafts- und Einkaufszentrum. Bei der Vorliebe für Wein ist es nicht verwunderlich, dass man relativ viele *Bodegas*, Weinlokale, findet.

Das rege Marktstädtchen ist nicht nur zur **Karnevalszeit** Anfang März besuchenswert. Dann verwandeln sich seine Hauptstraßen in Bühnen für Träger der

Am Hafen von El Prís ist die Atmosphäre eines echten Fischerdorfes noch lebendig

Stimmungsvoll von Drachenbäumen umgeben, liegt Santa Catalina auf einer Aussichtsterrasse hoch über dem Atlantik

Gold- und silberglänzende Pracht erwartet Besucher im Inneren von Santa Catalina

verrücktesten Kostüme und in Kulissen für die traditionelle Fahrt der *Oldtimer*, die es auf den Kanarischen Inseln in erstaunlicher Menge gibt. Der Umzug findet normalerweise am 2. Sonntag im März ab ca. 16 Uhr statt.

Vom Norden kommend, vorbei an einem sehr schönen Drachenbaum, fährt man zur Kirche **Santa Catalina Martír de Alejandria**. Sie wurde 1664 auf einer hübschen, brunnengeschmückten Terrasse errichtet. Das *Denkmal* für Sebastian Machado, der Tacoronte 1497 gegründet hatte, kam erst Ende des 19. Jh. hinzu. Die Nordfassade der Kirche mit der Terrasse Richtung Meer und kleinen Holzbalkonen an der Langhauswand ist ausgesprochen gelungen. Das Gotteshaus besitzt auch einen schönen, wenngleich etwas klobig wirkenden Glockenturm. Ecken und Fensterlaibungen sind mit schwarzen Lavasteinen akzentuiert.

Die dreischiffige Hallenkirche ruht auf runden Lavasteinpfeilern, über dem 5. Joch breitet sich die Orgelempore aus. Schöne *Mudéjar-Decken* schließen Vierung und Chorkapelle ab. In letzterer präsentiert sich die silberne **Hochaltarwand** (1745) in wuchtigem Barock, gerahmt von gedrehten Säulen. Sie ist ein Geschenk ausgewanderter Tinerfeños aus Mexiko. In der Mitte steht eine Figur der gekrönten Kirchen- und Stadtpatronin, der hl. Katharina von Alexandrien, mit ihren Insignien Rad und Schwert. Die Märtyrerin hat ihren Festtag am 11. März. Dann wird die ganze Stadt für die Prozession feierlich mit Blumen und Girlanden geschmückt.

Von Santa Catalina geht es am Friedhof vorbei hinauf in den alten Ortskern. Dort steht die Kirche **Santuario Santísimo Cristo de los Dolores**. Sie ist Teil eines ehem. Augustinerklosters und besitzt die kostbare, aus Genua stammende Figur eines *Cristo de los Dolores*, eines ›gemarterten Christus‹, von 1662. Auch die sehr schöne Artesanado- sowie die schwere Mudéjar-Decke aus Tea-Holz sind sehenswert. Dem sog. Inselbarock kann man die Putten der Hochaltarwand zuschreiben, deren Kopfschmuck an den der Indianer Mittelamerikas erinnert.

Der Kirche gegenüber steht das kleine Rathaus, **Ayuntamiento**, im kanarischen Stil mit Holzbalkon, umgeben von einem sorgfältig angelegten Garten. Wichtig zu wissen: So freundlich das Rathaus aussieht, so streng sind die Ordnungshüter des Ortes, in dem das Parken nur in den *Zonas Azul*, den Blauen Zonen, erlaubt und gebührenpflichtig ist (max. Parkdauer 2 Std.).

Jeden Samstag und Sonntag demonstriert Tacoronte seine Bedeutung als Landwirtschaftszentrum, wenn vormittags im nördlichen Ortsteil San Juan der **Mercado del Agricultor** stattfindet. Auf diesem großen Bauernmarkt werden hauptsächlich ökologisch angebaute Produkte aus der Region verkauft. Außerdem bieten lokale Weinproduzenten ihre Ware an und laden zur Weinprobe ein.

12 El Sauzal

Beliebtes Weinmuseum in malerischer Lage am Klippenrand über dem Meer.

Eine Überraschung dürfte El Sauzal für alle sein, die den Ort in den letzten Jahren nicht mehr besucht haben. Das einstige Fischerdorf ist auf 6200 Einwohner angewachsen und erfreut sich mittlerweile eines hervorragenden Weinmuseums. Dieses **Museo Casa del Vino La Baranda** (Di–Sa 11–22 Uhr, So/Fei 11–18 Uhr) erreicht man am besten über die Autopista del Norte. Es liegt direkt an der Landstraße, etwa 1 km hinter dem Rondell, und verfügt über einen großen Parkplatz. Das *Cabildo Insular*, die Inselregierung, hat für dieses Museum der Geschichte des Weinanbaus auf Teneriffa ein historisches Landgut aus dem

Ein Gläschen Wein gefällig? Im historischen Weinmuseum von El Sauzal kann man edle Tropfen verkosten und sich deren Herstellung in allen Einzelheiten erklären lassen

Verlierer der Geschichte

Tinerfeños haben es nicht gern, wenn man sie als Spanier bezeichnet. Sie verstehen sich als Canarios, abstammend von Altkanariern, **Guanchen** *genannt, und Festlandspaniern. Wer waren diese Guanchen, die die Kanarischen Inseln bevölkerten, als Portugiesen und Spanier dort im 13. Jh. bzw. auf Teneriffa im 14. Jh. landeten? Viel weiß man nicht über die hochgewachsenen, hellhaarigen Ureinwohner, denn zu den siegreichen spanischen Eroberern gehörten nur Soldaten und Missionare, keine Chronisten.*

Sicher ist, dass die Guanchen mit den nordafrikanischen **Berbern** *verwandt waren. Vermutlich kamen sie bereits um 1000 v. Chr. in mehreren Siedlungsschüben von Nordafrika aus in Binsenbooten auf die Kanaren. In ihrer neuen Heimat ging die Fertigkeit, Boote zu bauen, freilich verloren, so dass über die Inseln hinweg kein Kontakt gehalten wurde. Gleichwohl entwickelte sich überall eine gleichartige* **bäuerliche Kultur**. *Die Guanchen züchteten Ziegen, Schafe und Schweine, bauten Gerste, Weizen und Hülsenfrüchte an. Kleidung und Schuhe fertigten sie aus Tierfellen, Metallverarbeitung war unbekannt. Als Wohnstätten und Vorratslager bevorzugten die Guanchen kühle Berghöhlen, es wird aber auch von vereinzelten Hüttendörfern berichtet. Sozial organisierten sich die Altkanarier in Stämmen unter einem König, dem* **Mencey**. *Legendären Ruhm genießt der Mencey* **Tinerfe**, *der angeblich die gesamte Insel unter seiner Herrschaft vereint hatte und sie von Adeje aus kontrollierte. Nach seinem Tod wurde das Reich jedoch unter seinen Söhnen aufgeteilt. Als die Spanier im 15. Jh. Teneriffa erobern wollten, fanden sie neun untereinander zerstrittene Könige vor, denen es nicht gelang, sich gegen die Eindringlinge zusammenzuschließen. Bekannt wurden* **Anatervo**, *der Mencey von Güimar, der mit den christlichen Neuankömmlingen kooperierte, und sein ›Amtskollege‹* **Bencomo** *von Taoro bei La Orotava, der den Spaniern nachhaltigen militärischen Widerstand entgegensetzte. Doch keine dieser Strategien konnte das Überleben der Guanchen gewährleisten. Nach wechselndem Kriegsglück siegte Alonso Fernández de Lugo 1495 bei La Victoria endgültig über die tinerfenischen Ureinwohner. Die Überlebenden der Kriege vermischten sich schnell mit den spanischen Siegern und nahmen deren Religion an. So ging innerhalb kürzester Zeit eine einzigartige Kultur zugrunde, die reicher und vielschichtiger gewesen sein muss, als man lange Zeit annahm. Man fand z. B. Schädel, die deutliche Spuren einer Trepanation aufweisen. Auch mumifizierten die Guanchen ihre Toten, was auf den Glauben an ein Weiterleben nach dem Tode hindeutet.*

16. Jh. originalgetreu restauriert und ihm sogar den stierblutroten Anstrich wiedergegeben. Hier kommen die ausgestellten Winzerutensilien, Traubenpressen und Weinfässer sehr schön zur Geltung. Auch die zur *Finca* gehörende Kapelle *San Simone* mit wunderschön geschnitz ter Holzdecke wurde hergerichtet.

Der Eintritt ist frei, dafür werde Weinprobe und Verzehr angeboten. E gibt eine Bar, ein Café mit Aussichtster rasse und ein rustikal-feines Restauran auf drei Ebenen, das neben Weinen der Insel auch original kanarische Gerichte bietet. Im Museumsshop kann man einheimische Weine und fundierte Literatur über Teneriffa kaufen, darunter eine umfassende Auswahl an Kochbüchern, sowie Videofilme.

Bis zum Ortskern von El Sauzal sind es, auf dem Rückweg über das Rondell, nochmals 1,5 km, man fährt durch ein gepflegtes Neubaugebiet auf die Küste zu. Wo das alte El Sauzal beginnt, erkennt man an den hohen Indischen Lorbeerbäumen beidseits der Straße. Linker Hand taucht auf einer Vulkanterrasse über einem steilen Hang die hübsche Anlage des **Ayuntamiento** auf. Im gepflegten Garten um das Rathaus plätschern Kaskaden. Das propere weiße Gebäude mit kanarischem Balkon passt gut zu den gleichfalls hübschen Gassen des Städtchens und zu der unterhalb gelegenen Pfarrkirche **Iglesia de San Pedro**. Mit ihrer weißen Kuppel und dem dunklen Glockenturm ist sie eine schöne, arabisch anmutende Erscheinung.

Dahinter erstreckt sich der **Parque Los Lavadores**, den man über eine kurze, steile Gasse rechts vom Rathaus zu Fuß erreicht. 1998 war die Restaurierung dieser ehem. Waschplätze abgeschlossen. Sie wurden in einen Park mit kleinen Wasserläufen und Kaskaden zwischen plätschernden Brunnen integriert. Das Wasser kommt aus einer natürlichen Berggalerie, fließt also ohne ›Nachhilfe‹ durch Bohrungen, wie sie sonst auf Teneriffa in Ermangelung von Grundwasser notwendig sind. Hohe, schattenspendende Eukalyptusbäume entfalten im Frühjahr ihren sanften charakteristischen Duft, Blumenrabatten, kleine Brückchen und Terrassen sowie Schilf schmücken die Anlage. Sogar an ein Café hat man gedacht. Es liegt an der höchsten Stelle des Parks in herrlicher Aussichtslage mit Blick aufs Meer und zur Landzunge von **El Puertito**.

El Sauzal besitzt noch zwei weitere, ebenfalls sehr hübsche Erholungsparks. 30 m hoch über der Felsenküste lockt der **Parque Mirador La Garañona** mit unbegrenzten Aussichten über das Meer und das brandungsreiche Ufer. Etwas beschaulicher geht es im **Jardín Las Joquillas** zu. Auf einem Rundgang durch diesen Botanischen Garten können Besucher neben zahlreichen einheimischen Pflanzen auch rund 50 Palmenarten aus aller Welt bewundern.

La Matanza und La Victoria

Von El Sauzal nach Westen folgt die TF-224 in ständigem Auf und Ab der zerklüfteten Küste und führt, mal auf der einen, mal auf der anderen Seite der Autobahn, durch alte Dörfer. Man bewegt sich auf historischem Boden, fanden doch hier zahlreiche Kämpfe zwischen Guanchen und Spaniern statt. Die Ortsnamen sind entsprechend aufschlussreich. La Matanza etwa heißt ›das Gemetzel‹ und erinnert an die vernichtende Niederlage der Spanier am 31. Mai 1494. Von den 2000 Kriegern, die Alonso Fernández de Lugo mitgebracht hatte, blieben ihm nur etwa 200, nachdem die Guanchen sie in einen Hinterhalt gelockt hatten. Die Altkanarier trieben ihre angestachelten Viehherden über die Eindringlinge hinweg durch die enge Schlucht. Doch am 25. Dezember 1495 holten die Spanier zum Gegenangriff aus und schlugen die Guanchen dort, wo später die Siedlung La Victoria, ›der Sieg‹, gegründet wurde.

Neben Historie und längst verklungenem Schlachtenlärm macht ein weiterer Grund die Strecke zwischen El Sauzal und La Victoria vor allem für kulinarisch interessierte Reisende attraktiv. Hier gibt es zahlreiche gute Lokale, die vorwiegend Fleischspezialitäten vom Holzkohlengrill bieten, wovon sich der Beiname **Ruta de Carne**, ›Fleischstraße‹, ableitet.

Praktische Hinweise

Restaurants

TOP TIPP **Casa Juan,** Camino de Acentejo 77, La Matanza, vom Ortskern Richtung Küste ausgeschildert, Tel. 922577012. Hervorragende Küche des jungen deutschen Ehepaares Frind. Spezialitäten sind geräucherte Fische aller Art (stets frisch aus dem brüderlichen Betrieb vor Ort), wundervoll angerichtet und freundlich serviert (So, Mo geschl.).

La Cuadra de San Diego, La Matanza (beim Kirchlein San Diego an der Durchgangsstraße), Tel. 922578385. Freundliches Weinlokal mit Auswahl an *Tapas* auf einem historischen Landgut. Die ansässige Familie produziert außer einem guten, vollmundigen Rotwein seit 1998 auch einen süffigen Weißwein, den man kosten, zum Essen trinken und auch kaufen kann.

La Ermita, El Sauzal, Los Angeles (bei der Einsiedelei), Tel. 922575380. Ruhig gelegenes, familiäres Restaurant, auf Fleisch, Fisch und Meeresfrüchte spezialisiert (Mi geschl.).

La Parada del Sauzal, Carretera Los Angeles/Avenida Inmaculada Concepción 3 (gegenüber dem Rathaus), El Sauzal, Tel. 922571028. Einladendes helles Restaurant mit Meerblick und frischem Fisch (tgl. 12–24 Uhr).

Los Corales, La Victoria – Cuesta de la Villa, TF-131 No. 130, Tel. 922302261. Feines Restaurant mit Fischspezialitäten (Mo geschl.).

Museo Casa del Vino La Baranda, El Sauzal, Tel. 922638886. Sehr angenehmes Restaurant mit echt kanarischer Kost im wunderschönen Weinmuseum.

San Pedro, Carretera Los Angeles/Avenida Inmaculada Concepción 4, El Sauzal, kein Tel. Einfaches Bar-Restaurant mit gut ausgestatteter *Tapas*-Bar und etwas düsterem Speiseraum.

13 Bosque de la Esperanza

Ein herrlicher Kiefernwald in einer wilden Landschaft – Natur pur mit phantastischen Ausblicken.

Kleine weiße Schilder weisen von Tacoronte aus zur TF-226 nach Südosten, durch den dichten, herrlichen Wald von *Agua García* ins 7 km entfernte La Esperanza. Nur allmählich steigt die Straße zu den Bergen hin auf, anfangs umstehen sie breite Zypressen, hohe Baumerika, Eukalyptus und Indische Lorbeerbäume. La Esperanza liegt in ca. 850 m Höhe, mit Blick auf das sich 6 km südöstlich ausbreitende La Laguna und das Anaga-Gebirge. Die früher hier ansässigen Hirten nannten ihren ponchoähnlichen Umhang übrigens nach seinem Herstellungsort *ersperancera*. Abgesehen von dieser noch heute in bescheidenem Umfang betriebenen Textilproduktion hat sich das Städtchen in den letzten Jahren – wie so viele auf Teneriffa – enorm entwickelt. So ist dem neuen Rathaus in der Ortsmitte auch ein Kulturzentrum angeschlossen. Hier bemüht man sich um Erhalt und Wiederbelebung altkanarischer Traditionen, etwa des Stockkampfes *Palo* [s. S. 52].

Rechts vom Rathaus führt die TF-24 nach Südwesten, hinauf in den **Bosque de la Esperanza** mit seinen hohen, prächtigen Kanarischen Kiefern und den alten Eukalyptusbäumen. Am Ortsende stehen mehrere beliebte Ausflugslokale, denen der kräftige Duft von über Holzkohle gegrilltem Fleisch entströmt. Bald werden die Kiefernwälder immer dichter. Es gibt einige Rast-und Grillplätze, teilweise sogar mit einfachen Schutzhütten. Mehr als 50 km zieht sich die Straße durch den Wald, der sich beidseits des Gebirgszuges **Cumbre Dorsal** in Rich-

Krönender Abschluß eines Picknicks – schnell finden sich Tinerfeños zu einer spontanen Fiesta zusammen, an Musikinstrumenten und guter Laune fehlt es nie

Traumhaft ist der Blick über die Kiefernwälder beidseits des Bergrückens Cumbre Dorsal, zumal wenn sich darunter das Wolkenmeer scheinbar endlos ausbreitet

tung Pico del Teide und die Hochebene der Cañadas hinzieht.

Kurz hinter La Esperanza weist ein Schild nach links zu dem mit Graffiti übersäten Obelisken von **Las Raices**. Hier trafen sich am 18. Juli 1936 General Franco und andere Offiziere, um den Plan für den Putsch zu besprechen, der zum Spanischen Bürgerkrieg führte. Der umliegende Kiefernwald wurde mit Lorbeer als Unterholz aufgeforstet.

Zurück auf der Hauptstrecke genießt man von der **Montaña Grande** (1120 m) einen herrlichen Blick auf die Nordwestküste, ebenso wie vom nachfolgenden Aussichtspunkt **Mirador Pico de las Flores** (1310 m). Bei *Las Lagunetas* (1380 m) fährt man oft durch schwere Wolken. Hier oben kann es kühl und feucht sein, und Ausflügler sollten sich entsprechend kleiden.

Um den 1590 m hohen Berg **El Diablillo** besteht der Wald aus Kanarischen Kiefern, Baumheide und Fayal. Wo in rund 1800 m Höhe der Bosque de la Esperanza langsam seinem Ende zugeht, öffnet sich am **Mirador Ortuño** ein hinreißender Blick zur Ostküste. Der Aussichtspunkt wurde nach dem Ingenieur benannt, der mit seiner kühnen Straßenführung bereits im 19. Jh. die Bergwelt Teneriffas erschloss.

Observatorio Astronómico del Teide

Südöstlich vom Mirador Ortuño biegt die TF-523 zur Ostküste ab. 18 km sind es bis Arafo, 20 km bis Güimar. Die TF-24 aber führt weiter Richtung Parque Nacional del Teide. An den unteren Ausläufern des Pico del Teide erheben sich die strahlendweißen, futuristisch wirkenden kubischen Gebäude des *Observatorio Astronómico del Teide*, einige Kilometer weiter seine Zweigstelle *Izaña*. Das Observatorium kann freitags von 10 bis 14 Uhr oder an anderen Tagen nach Voranmeldung (Tel. 922605200, Internet: www.iac.es) besichtigt werden. Kaum ein anderer Ort der Welt bietet eine so reine Atmosphäre, so dass das hier ansässige Astrophysikalische Institut der Universität von La Laguna, *Instituto de Astrofísica de Canarias* praktisch störungsfrei das Weltall beobachten kann. Zu der ausgedehnten Anlage gehören u. a. zwei Nachtteleskope, ein Sonnenobservatorium und eine Sternwarte.

Der Nordwesten – Wasserspiele und schroffe Schluchten

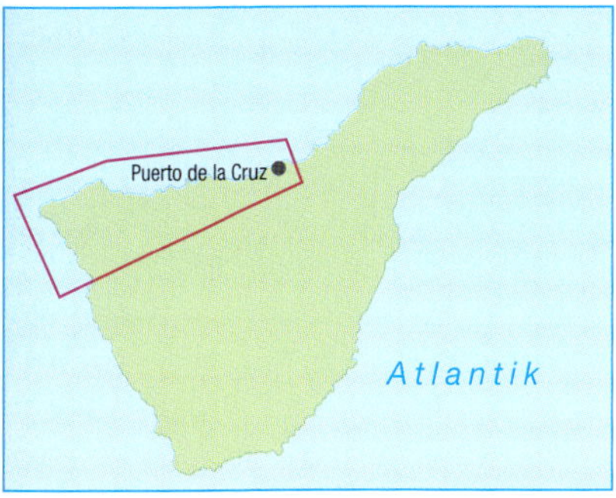

Die zunehmende Beliebtheit von Puerto de la Cruz als **Ferienstadt** könnte ihr die Führungsrolle im Tourismus wiedergeben, die sie allein schon wegen der sonnigeren Strände an den Süden der Insel abtreten musste. Die einstige Touristenhochburg des Nordens besinnt sich auf ihr kulturelles Erbe und distanziert sich von den Bausünden der 1970er-Jahre.

Dazu kommt die wundervolle Lage der alten Hafenstadt zwischen der herb-schönen, brandungsreichen Felsenküste und dem fruchtbaren Tal **Valle de la Orotava**. Seine sanften Höhen sind nicht nur ein ausgezeichnetes **Wandergebiet**, im Westen markant überragt vom Pico del Teide. Das Tal gilt mit seinen rund 2 Mio. Bananenstauden auch als der Welt größtes zusammenhängendes Anbaugebiet der ›krummen Frucht‹. In höheren Lagen gedeihen Gemüse, Obst und Wein, eingerahmt von ausgedehntem Wald.

Westlich von Puerto de la Cruz reihen sich an der lava-schwarzen Küste schmucke **Dörfer** aneinander, z. B. San Juan de la Rambla oder Garachico, dessen Hafen 1706 bei einem **Vulkanausbruch** unter Lava und Asche begraben wurde. Für den ältesten Drachenbaum Teneriffas ist Icod de los Vinos berühmt. In der äußersten Nordwestecke der Insel bietet das aufregend-schöne Teno-Massiv beliebte **Ausflugs-** und **Wanderziele**, u. a. das Bergdorf Masca, von dem aus der zerklüftete Barranco de Masca an die Meeresküste führt.

14 Puerto de la Cruz

Plan Seite 64/65

Sandstrände und Badelandschaft – die Urlaubsstadt zeigt sich liebenswert.

Entlang der felsenreichen Küste erstreckt sich, zum Meer hin sanft abfallend, Puerto de la Cruz, mit 29 000 Einwohnern drittgrößte Stadt der Insel und urbanes Zentrum des Nordens. Den alten Hafen umschließt eine ebenso charmante wie lebendige Altstadt. Diesen historischen Kern umgeben jedoch architektonisch wenig ansprechende Hotelbunker und mehrstöckige Apartmenthäuser aus den 60er- und 70er-Jahren des 20. Jh. Zu dieser Zeit war Puerto de la Cruz mit seiner romantischen Küste und den aufgeschütteten Stränden das bevorzugte Ziel ausländischer Touristen auf Teneriffa. Obwohl noch heute jedes Jahr mehr als 1 Mio. Gäste kommen, bereut die Stadt den damaligen unkontrollierten Bauboom und streicht ihre landschaftlichen und historischen Vorzüge heraus.

Noch heute ist Puerto de la Cruz berühmt für seinen **Carnaval**, der im März bzw. April stattfindet. In farbenprächtigen Umzügen, *comparsas* genannt, präsentieren die Mitwirkenden ihre phantasievollen Kostüme. Nicht immer orientieren sich diese am jeweiligen Karnevalsmotto. Das Wichtigste bleibt allemal, Spaß zu haben. Dasselbe gilt für das zweite große Stadtfest, das Puerto de la Cruz jedes Jahr am 15. Juli mit der **Fiesta del Gran Poder de Díos** begeht. Wieder sind alle Einwohner auf den Beinen, um die Feuerwerke, Musik- und Kleinkunstveranstaltungen etc. mitzuerleben, die in den Straßen stattfinden.

Einladend glitzern die klaren Wasser der phantasievollen Badelandschaft Lago Martiánez in Puerto de la Cruz

Geschichte Als Handelshafen für das etwas weiter landeinwärts gelegene La Orotava wurde die Siedlung 1603 angelegt. Damals hieß sie noch *Puerto de la Orotava*, erst 1813 erfolgte die Umbenennung in Puerto de la Cruz. Seine Bedeutung nahm rapide zu, nachdem einer der wichtigsten Häfen der Insel, das 26 km westlich gelegene Garachico, 1706 bei einem Ausbruch der *Montaña de Trebejo* von Lavamassen zerstört worden war. In der Not nahm man auch den hohen Wellengang um Puerto de la Cruz in Kauf, der das Anlegen großer Schiffe im Hafen verhinderte. Kleine Boote mussten zu den auf Reede ankernden Handelsschiffen hinausfahren, um z. B. den in England sehr beliebten Malvasia-Wein an Bord zu bringen. Erst als Ende des 19. Jh. der Weinhandel nachließ, löste Santa Cruz de Tenerife Puerto als bedeutendsten Hafen der Insel ab.

Die ›Königin des Nordens‹ geriet aber nicht in Vergessenheit, denn die Engländer hatten das gesunde, gleichzeitig sonnige und frische Klima schätzen gelernt. 1892 wurde mit dem ›Taoro‹ das erste Hotel eingeweiht.

Ab 1955 begann mit den aufkommenden Charterflügen ein wahrer Bauboom, jeder wollte vom verlockenden Kuchen des Tourismus etwas abhaben. Traditionelle kanarische Bausubstanz wurde bedenkenlos niedergerissen, stattdessen stampfte man Hotel- und Apartmenthochhäuser aus dem vulkanischen Boden. In den 1960er-Jahren glich Puerto de la Cruz einer Schreckensvision des Massentourismus. Diese Entwicklung hatte Puerto de la Cruz vor allem einem Mann zu verdanken, nämlich Isidoro Luz Carpenter, der die Stadt insgesamt 25 Jahre lang als Bürgermeister regierte. Der studierte Mediziner erkannte, dass die Zukunft der Stadt im Tourismus lag, und während seiner Amtszeit entstanden all die Bettenburgen, die das Gesicht der Stadt auch heute noch prägen. Jedoch entstanden auch städtebauliche ›Lichtblicke‹, etwa César Manriques Badelandschaft oder der Loro Parque (s. u.). Als Ende der 1970er-Jahre der noch sonnigere Süden entdeckt wurde und der Touristenstrom in den Norden abflaute, setzte ein Umdenken ein. Tatsächlich gelang eine städtebauliche **Erneuerung**. Dank ansprechender neuer Architektur, Verkehrsberuhigung, Stranderweiterungen und viel neu gepflanztem Grün ist Puerto de la Cruz heute wieder eine

Stadt, in der man gern seinen Urlaub verbringt.

Besichtigung Viele Hotels von Puerto de la Cruz stehen an den Hängen oberhalb der Hafen- und Strandzone in den stets etwas ›frischeren‹, da windigeren, östlichen Ortsteilen **La Paz** und **Jardín Botánico** unweit des Botanischen Gartens. Dazwischen drängen sich moderne Apartmenthäuser, Supermärkte und Restaurants, Bars und Cafés sowie zahlreiche Reiseagenturen, die abwechslungsreiche Ausflüge auf der Insel und ihren Nachbarinnen anbieten.

Autofahrer parken am besten in der Garage unterhalb des Einkaufszentrums *Centro Comercial Pirámides de Martiánez* (mit den Glaspyramiden auf dem Dach) am östlichen Stadtrand. Fußgänger kommen vom Ortsteil La Paz über den ihnen vorbehaltenen **Camino de San Amaro**, der an der gleichnamigen kleinen Kapelle beginnt. Der Weg führt zwischen schönen, teils im kanarischen

Stil errichteten Villen abwärts. An seinem Ende, kurz vor der Fahrstraße Calzada de Martiánez, geht er rechts in den engen **Camino de las Cabras** über. An der **Plaza Viera y Clavijo** beginnt rechts die hübsche, wie eine Rambla gestaltete **Calle Aguilar y Quesada** mit ihren Bänken, Palmen und anderen schattenspendenden Bäumen.

Entlang der Meerespromenade

Die Calle Aguilar y Quesada führt direkt zur Avenida de Colón bzw. auf die neu geschaffene **Playa Martiánez** 1. Der aufgeschüttete, breite Sandstrand ist frei zugänglich und bei den Einheimischen schon sehr beliebt.

TOP TIPP Westlich schließt sich der **Lago Martiánez** 2 (tgl. 10–17, im Sommer bis 19 Uhr) an, Teil des **Lido San Telmo**, ein idealer Ausgangspunkt für einen Stadtbummel. Man muss nicht unbedingt hinein, um die Schönheit der 33 000 m² großen, gartenähnlichen Badelandschaft mit ihren weißgekachelten Pools zu bewundern. Fast alles ist von der ebenfalls begrünten Promenade einsehbar. Originell wirken die kopfüber eingepflanzten Palmenstämme, deren wuseliges Wurzelwerk nach oben zeigt. Die Anlage ist das Werk César Manriques (1920–1992), der es 1977 als eines seiner aufwendigsten Landschaftsprojekte außerhalb seiner Heimatinsel Lanzarote schuf. Diese dem Meer abgetrotzte Pool-Fantasie ist mit Becken unterschiedlicher Größe ausgestattet, die bei hohem Wellengang von den überschwappenden Wogen des Atlantik gefüllt werden. Dazu kommen Cafés und Restaurants.

Folgt man der Meerespromenade nach Westen, stellt sich am Ende des Lido San Telmo eine kleine Kapelle fast in den Weg, die Fischerkirche **San Telmo** 3, in der auch in deutscher Sprache katholische Messen zelebriert werden. Das 1626 für den Schutzpatron der Fischer und Seeleute erbaute Gotteshaus wurde im 18. und 19. Jh. durch Feuer und Hagel schwer beschädigt und Ende des 20. Jh. umfassend restauriert. Im Inneren des schlichten, weißgetünchten Kirchenbaus mit dem offenen Glockentürmchen ist eine Holzstatue des *San Telmo* (1783) von Pedro Gonzáles zu sehen.

An der ausladenden Terrasse dieser Kapelle beginnt die **Playa San Telmo** 4, eine für die Insel typische Badebucht mit schwarzen Lavafelsen und betonierten Arealen für das Sonnenbaden. Angler jeden Alters stehen geduldig auf den Klippen, gegen die hohe Wellen schlagen.

Rund um die Plaza de la Iglesia

Die zur Fußgängerzone gehörenden Straßen Calle de San Telmo und Calle de Quintana führen zur **Plaza de la Iglesia**, einem kleinen Park mit Schwanen-Brunnen (1900) in der Mitte und Bänken ringsum. Umrahmt von Palmen, Oleanderbüschen und Aurokarien erhebt sich hier die 1681–97 erbaute Kirche **Nuestra Señora de la Peña** 5. Der lavaschwarze Turm des dreischiffigen Gotteshauses stammt vom Ende des 19. Jh. und ist dem Mittelschiff vorgeblendet, die Seiteneingänge werden von gedrehten Kordeln aus rötlichem Sandstein eingerahmt. In einer Seitenkapelle ist die Figur der *Virgen de las Dolores*, einer Schmerzensmadonna, zu sehen. Mit ihr schuf Ende des 18. Jh. der grancanarische Künstler Luján Pérez das wichtigste Kunstwerk der Pfarrkirche von Puerto de la Cruz. Er zeichnet auch für die Figur des *Santo Domingo* verantwortlich. Weitere schöne Holzfiguren, etwa *Virgen del Rosario* oder *Cristo del Gran Poder*, und die Silberschmiedearbeiten am Hauptaltar stammen von einheimischen und kubanischen Meistern.

Auf der gegenüberliegenden Seite der Calle de Quintana steht eines der traditionsreichsten Hotels der Stadt, das im Kolonialstil gehaltene, vierstöckige **Monopol** 6. Es hat einen winzigen, liebevoll bepflanzten und mit kleinen Bänken ausgestatteten Innenhof. Eine Besichtigung ist auf Anfrage möglich. Das Gebäude stammt aus dem Jahre 1742 und ist das Geburtshaus von Agustín de Betencourt y Molina (1758–1824), der später die Madrider Ingenieurschule für Straßenbau gründete und in Russland für Zar Alexander II. tätig war. Ab 1850 wurde in dem Gebäude ein Tanz- und Theatersaal betrieben, 1888 erfolgte der Umbau zum Hotel.

Nebenan steht das Hotel **Marquesa** 7, dessen Aufenthaltsräume um den Innenhof und Terrassenrestaurant zur Gasse man ebenfalls besichtigen kann. Das Gebäude wurde 1712 ebenfalls im Kolonialstil mit umlaufenden Holzbalkonen erbaut. Hier lebte damals die Kaufmannsfamilie Cólogans, deren irische Vorfahren noch McCologan geheißen hatten. 1799 war Alexander von Humboldt einige Tage in diesem Haus zu

Die Playa Martiánez wird geprägt von schwarzem Vulkansand, im Hintergrund locken die Meerwasserbecken des Lago Martiánez

Tradition verpflichtet – die gediegene Empfangshalle des Hotel Marquesa ist als überdachter Innenhof mit umlaufenden Balkonen im kanarischen Stil gestaltet

Gast, das schließlich 1820 zum Hotel umgebaut wurde.

Wendet man sich nun nach rechts, stößt man auf die **Ermita de San Juan Bautista** 8 aus dem 16. Jh. (tgl. 9–13 und 16–21 Uhr), die mit Mudéjar-Decken geschmückt ist. In der fein gearbeiteten Altarwand sieht man die barocke Sitzfigur des *Cristo sapiente*, eines auf den Kanaren häufig zu findenden ›Christus auf der Rast‹. Außer einem kostbaren Barockaltar mit Bildern von Jacobo Machado Fiesco (1662–1715) ist eine eindrucksvolle gotische Holzskulptur links an der Halbsäule des zweiten Joches (zum Eingang hin) sehenswert. Diesen ›Christus ohne Arme‹ (15. Jh.) schuf ein unbekannter spanischer Künstler aus Léon.

Die Anlage wurde im 18. Jh. zu einer zweischiffigen Doppelkirche erweitert. Damals baute man die **Iglesia de San Francisco** an die kürzere Eremitei an, wozu man die Seitenwand der älteren Kirche durchbrach und einzelne Mauerstützen stehen ließ. San Francisco hat eine durchgehende Holzdecke, nur die Chorkapelle besitzt eine fein gearbeitete Mudéjar-Decke und raumhohe, barocke Altarwände.

Genau gegenüber der Plaza del Iglesia, nahe seiner südwestlichen Ecke, liegt in der Calle San Juan die **Casa Iriarte** 9 der gleichnamigen Adelsfamilie aus dem 18. Jh. In diesem typisch kanarischen Wohnhaus mit seinem prachtvoll geschnitzten Holzbalkon und dem lauschigen *Patio* wurde 1750 Tomás de Iriarte († 1791) geboren, der sich als scharfer Kritiker der spanischen Oberschicht in literarischen Kreisen europaweit einen Namen machte. Heute werden in dem Gebäude Andenken und Stickereien aus der Region verkauft. Einige Räume sind dem Schiffahrtsmuseum **Museo Naval** (Mo–Sa 10–19 Uhr) vorbehalten. Es zeigt für eine bedeutende Hafenstadt eine erstaunlich kleine Sammlung mit Fotos, Modellen und nautischen Gerätschaften.

Von der Plaza del Charco zur Playa Jardín

Geht man zurück zur Calle de Quintana, gelangt man über flache Stufen abwärts zur **Plaza del Charco** 10. Der Name bedeutet ›Pfütze‹, denn hier sammelte sich Meerwasser, das bei Sturm vom Hafen herüberschwappte. Im 18. und 19. Jh. wurde der Platz – immerhin das Zentrum der Stadt – erhöht, mit Lorbeerbäumen und Palmen bepflanzt, mit Parkbänken und kleinen Kiosken geschmückt. In den 90er-Jahren des 20. Jh. wandelte die

Aus dem Puerto Pesquero laufen nur noch wenige Fischerboote aus, aber Charme und Ambiente sind ihm geblieben, und als Abenteuerspielplatz für Kinder ist er unübertrefflich

Stadtverwaltung die umliegenden Straßen in eine Fußgängerzone um, in der sich Cafés und Pubs ansiedelten. Zu den traditionsreichen Häusern an der Plaza gehört das ›Rincón de Puerto‹ (1739). In ihm befinden sich heute u. a. die Büros der deutschsprachigen Kanaren-Zeitung ›Der Wochenspiegel‹ sowie mehrere Restaurants, die auf den *Patio* blicken.

Nach Norden geht es hinunter zum alten Fischerhafen, dem **Puerto Pesquero**. An seiner Ostseite liegt das bereits vor Jahren sehr schön restaurierte Zollhaus, die **Casa de la Aduana** ⓫. Das zweigeschossige Gebäude mit kleinen Holzbalkonen besticht durch klare, harmonische Formen, markant heben sich die Ecken aus dunklen Lavasteinen von den weißen Mauern ab. Es wurde 1620 als ältester Profanbau von Puerto errichtet, aber erst 1706 zum Sitz der Zollbehörde erklärt, als die Stadt zum Haupthafen der Insel avancierte. Das Amt wurde schließlich 1833 nach Santa Cruz de Tenerife verlegt.

Nach Westen geht man die Calle de Mequinez entlang. Sie wird von Hafenkneipen und leerstehenden Lagerhäusern gesäumt. Dem Straßenzug würde eine Restaurierung gut tun, zumal an dem angrenzenden Küstenabschnitt der *Parque Marítimo Municipal* entstehen soll. Auf dem dafür vorgesehenen, durch Aufschüttung gewonnen Land kann man parken. Die Pläne für den ›maritimen Stadtpark‹ entwarf teils noch César Manrique, doch es mangelt seit Jahren an Geld für die Realisierung.

Biegt man links in die Calle Peñon ab, gelangt man zum 1991 eröffneten Archäologischen Museum, dem **Museo Arqueológico** ⓬ (Di–So 9–19 Uhr). In einem restaurierten Wohnhaus ist die interessante kleine Sammlung, u.a. mit schöner altkanarischer Keramik, untergebracht. Auch zum Gruseln gibt es etwas: durch einen schmalen Mauerspalt kann man in eine rekonstruierte Bestattungsgrotte sehen, in der die Kopie einer Guanchen-Mumie liegt. Der Museumsladen bietet eine gute Auswahl an internationaler Literatur über die Kanaren.

Neben dem Museum verläuft die Calle del Lomo. Sie ist ebenfalls Fußgängerzone, flankiert von Wohnhäusern, kleinen Läden und Kneipen. Nicht weit westlich von hier liegt der große Sportplatz der Stadt, zum Meer hin mit Fußballstadion und Freibad. Dahinter erhebt sich das hübsche, vieltürmige **Castillo de San Felipe** 13 (nur bei Ausstellungen geöffnet). Die Festung wurde Anfang des 17. Jh. errichtet. Heute veranstaltet das Kulturzentrum von Puerto de la Cruz in den historischen Räumen Wechselausstellungen und Konzerte.

Zu Füßen des Kastells erstreckt sich die frühere Playa de San Felipe mit ihrem ›Anhängsel‹ Playa Grande. Zusammen werden sie jetzt **Playa Jardín** 14 genannt, nach der gleichnamigen Urbanisation jenseits des breiten *Barranco San Felipe*. Die Playa Jardín wurde, den Plänen César Manriques folgend, möglichst wild und urtümlich belassen. So brandet unterhalb eines begrünten Küstenstreifens der Atlantik, nur durch einige versenkte Wellenbrecher abgemildert, gischtsprühend an das felsige, mit dunklem vulkanischem Sand durchsetzte Ufer.

Loro Parque

TOP TIPP

Bleibt man auf der Küstenstraße parallel zum Strand, kommt man bald, etwa in Höhe der *Playa Grande*, zur Urbanisation *Punta Brava* und dem **Loro Parque** 15 (tgl. 9–19 Uhr, Einlass 9–17 Uhr, Internet: www.loroparque.com). Dieser 1972 von dem Deutschen Wolfgang Kießling eröffnete *Papageienpark* vereint auf rund 125 000 m² zoologische und botanische Attraktionen [s. S. 70]. Eine kostenlose Bimmelbahn fährt alle 20 Min. von der Playa Martiánez zum Loro Parque.

Gärten im Süden

Im dichten Wald östlich oberhalb der Altstadt von Puerto de la Cruz entstand 1892 das ›Taoro‹, das erste Hotel der Stadt. Im 19. Jh. wurde das großzügige Herrenhaus inmitten eines ausgedehnten Gartens in ein Spielkasino umgewandelt, und noch heute lockt das **Casino Taoro** 16 jeden Abend zahlreiche in- und ausländische Gäste an die Roulette- und Black Jack-Tische.

Gegenüber der Einfahrt zum Casino führt eine schmale Gasse zum wunderschönen, auf Terrassen angelegten Park **Risco Bello** 17 (tgl. 9.30–18.30 Uhr) mit seinen Wasserläufen, Becken voller Seerosen und Kaskaden. Einen ›Park der Liebe‹ nennt ihn die betagte Bernadette, Tochter von René de' Rodriguès. Der spanische Adlige ließ Ende des 19. Jh. dieses Gartenidyll für seine kranke Frau schaffen, die mildes Klima und viel Ruhe brauchte. Es ist ein wahrlich ›schöner Fels‹ (*risco bello*), eine kleine Oase der Ruhe mit Blick auf das geschäftige Puerto darunter und einem angenehmen Café.

TOP TIPP

Seit 1788 besteht der Botanische Garten südöstlich von Puerto de la Cruz, der **Jardín Botánico** 18 (tgl. 9–18 Uhr). Mit 25 000 m² ist er nicht sehr groß, aber herrlich anzuschauen. In ihm gedeihen Pflanzen aus allen Kontinenten der Erde, z. B. Kaffee, Brotfrucht, Mangos, Zimt- und Pfefferbäume. Ursprünglich sollten hier tropische Pflanzen an das kühlere Klima Festlandspaniens gewöhnt werden, um dort den königlichen Hof in Madrid zu schmücken. Das Akklimatisieren funktionierte zwar bestens, nur am spanischen Hof gelang die Pflanzenhaltung nicht. Wegen dieses ›Misserfolges‹ geriet das Projekt in Vergessenheit. 1859 kam dann der Schweizer Gärtner Hermann Wildpret nach Teneriffa und nahm sich mit Hingabe und sichtlichem Erfolg des Gartens an.

Strelizien sind bei weitem nicht die exotischsten Pflanzen im Botanischen Garten

Tierische Attraktionen im Loro Parque

Am Anfang stand ein überschaubares Gelände, etwa so groß wie zwei Fußballfelder. Hier begann 1972 Wolfgang Kießling, Papageien zu züchen. Doch dabei blieb es nicht, es entstand vielmehr ein richtiger Zoo auf einer Gesamtfläche von 125 000 m². Hier leben rund 2000 Papageien aus 300 Arten. Von den fast ausgestorbenen Spix-Aras sind weltweit nur noch 35 Vögel registriert, davon zwei Paare hier im Loro Parque. Dazu kommen jedoch noch Delphine, Seelöwen, Krokodile, Schimpansen, Fledermäuse und viele andere Tiergattungen. Eine **Tigerinsel** *gibt es ebenso wie ein* **Gorilla-Gehege** *und ein* **Delphinarium**. *Bei Jung und Alt sehr beliebt ist die täglich mehrmals veranstaltete* **Papageienshow**, *in der die gelehrigen Tiere z. B. Flugkunststücke vorführen.*

Eine neue Attraktion ist das imposante **Haifischbecken** *mit Meeresaquarium, das man in einem Glastunnel unter Wasser durchschreiten kann, während die ›Räuber der Meere‹ über einen hinwegschwimmen. Ebenfalls jüngeren Datums ist das interessante* **Pinguinarium**. *Pinguine auf den Kanaren? Erstaunlicherweise fühlen sich diese Tiere sogar bei einer Temperatur von 12 °C noch wohl, wofür eine Klimaanlage sorgt. Auch bei größter Hitze draußen kann man im Pinguinarium ›ein richtiges Antarktis-Gefühl bekommen‹.*

Hauptaufgabe der 1994 gegründeten gleichnamigen Stiftung Fundación Loro Parque aber ist Rettung und Aufzucht der vom Aussterben bedrohten Papageienarten. Des weiteren widmet sie sich der **Umwelt-Erziehung** *junger Menschen und der weltweiten Förderung von Zucht- und Freilandprojekten mit Papageien. Besucher können durch die Glasscheiben der* **Aufzuchtstation** *die Pflegekräfte bei ihrer Arbeit beobachten, sich auch zeigen lassen, wie die stets hungrigen, frisch geschlüpften Vögel gefüttert, gewogen und gemessen werden. Drei bis sechs Eier brütet ein Papageienpärchen im Jahr aus, jährlich schlüpfen hier an die 800 Jungvögel. Von Menschenhand werden nur die schwächsten aufgezogen.*

Wer die Kleinen bei den Eltern sehen möchte, sollte den Besuch des Loro Parque im April oder Mai einplanen. Im August und September werden die Jungtiere flügge und kommen in die ›Reserve‹ des Loro Parque. Dieses Freigelände liegt Richtung Los Realejos in einer ehem. Bananenplantage und bietet naturnahe Lebensbedingungen.

Einige eindrucksvolle Zahlen aus diesem Zoo: 1000 Schulkinder kommen täglich mit ihren Lehrkräften auf Besuch, und alle vier Jahre (1998, 2002 etc.) findet hier ein einschlägiger Fachkongress mit jeweils rund 1000 Teilnehmern statt.

Allein die Beschriftung der Pflanzen lässt zu wünschen übrig. Leicht zu erkennen sind die Leberwurstbäume, die aussehen, als hätten sie lange Würste an ihren Ästen hängen. Die Hortensien haben Baumgröße erreicht, recht bescheiden wirkt dagegen der dichte Bananenhain, imposant sind wieder die Aurokarien und ein Riese namens Bunybunya aus derselben Familie. Nur die endemische Kanarische Kiefer wirkt etwas zerrupft, als fühle sie sich inmitten der vielen ›Fremdlinge‹ nicht allzu wohl.

TOP TIPP

Playa de Bollullo

Zur Playa de Bollullo, einem der hübschesten Strände von Puerto de la Cruz, führt eine Landstraße entlang der Küste oder vom Hotelvorort La Paz aus ein schmaler Fußweg. Auf diesem Steig geht es einen recht harmlosen Barranco abwärts und jenseits wieder hinauf. Oben lockt ein einfaches Terrassen-Restaurant, darunter breitet sich die schwarzsandige Bollullo-Bucht aus. Sie ist ideal zum Sonnenbaden, wegen der hohen Wellen und teils tückischer Strömungen jedoch weniger zum Schwimmen geeignet.

Praktische Hinweise

Information: Información Turistica, Plaza Europa, Puerto de la Cruz, Tel. 922386000 (Mo–Fr 9–20, Sa 9–13 Uhr, Juli–Sept. Mo–Fr 9–19, Sa 9–13 Uhr).

Nachtleben

Abaco, Ortsteil El Durazno. Nostalgische Piano-Bar in einem restaurierten Herrenhaus von 1502 mit schönen Mudéjar-Decken und üppiger Blumendekoration. Cocktails genießt man am Wochenende bei klassischer Musik, manchmal werden Konzerte gegeben.

FM, Avenida Venezuela 6, Edificio Biskal (Di – Sa, ab Mitternacht). Nachtschwärmer aus Puerto und Touristen finden sich hier ein, mit regelmäßigen Konzerten, Leseecke und Ausstellungen. Außerdem kann hier zu später Stunde auch getanzt werden.

Joy, Calle Obispo Perez Caceres s/n, laute Disko für jüngeres Publikum, ab 22 Uhr.

Victoria, Avenida de Colon s/n, Disko und Piano-Bar in gleichnamigen Hotel, heiße Musik ab 24 Uhr.

Café

Risco Bello, Taoro-Park (tgl. 9.30–18.30 Uhr). Zauberhaftes kleines Caféhaus inmitten des botanischen Wassergartens von Risco Bello. Man sitzt unter schattigen Bäumen an kleinen Tischen oder auf dem Rasen, trinkt Kaffee, frisch gepresste Säfte oder isst im Hause gebackene Leckereien.

Hotels

***** **Botánico,** Calle Richard J. Yeoward s/n, Urbanisación Botánico, Tel. 922381400, Fax 922381504, Internet: www.hotelbotanico.com. Seit dem umfassenden Umbau 1997 das Paradehotel von Puerto de la Cruz mit diversen Restaurants, großzügigen Suiten und einem sehr großen, herrlich angelegten Garten rund um den Pool.

**** **Atlantis,** Avenida Dinmarca 3, Tel. 922374545, Fax 922382153. Gegenüber der Playa Martiánez gelegenes, großes Haus mit Pool im ausgedehnten Garten und gut ausgestattetem Fitnessraum.

**** **Semiramis,** Calle Leopoldo Cologan Zulueta 27, Urbanisación La Paz, Tel. 922373200, Fax 922373193, Internet: www.besthotels.es. Über der schwarzen Felsenküste gelegenes, gediegenes Haus. Mit drei Pools, Tennisplatz, Fitnessraum etc. Hauseigener Zugang zum Meer.

**** **Tigaiga,** Parque del Taoro 28, Tel. 922383500, Fax 922384055, Internet. www.tigaiga.com. Traditionshotel in eigenem botanischen Garten mit hinreißendem Blick über Puerto vom Pool, an dem sonntags eine Folklore-Show gezeigt wird. Spezialitätenrestaurant ›Las Palmeras‹.

*** **Los Principes,** Plaza Dr. Victor Perez s/n, Tel. 922383353, Fax 922370001. Freundliches, sehr zentral an der Fußgängerpromenade gelegenes Hotel. 1992 völlig renoviert.

*** **Marquesa,** Calle Quintana 11, Tel. 922383151, Fax 922386950, Internet: www.hotelmarquesa.com. Beliebtes Traditionshotel an der Fußgängerzone. Stilvolle Ausstattung, nobles Ambiente.

*** **Monopol,** Calle Quintana 15, Tel. 922384611, Fax 922370310. Familiäres Hotel mit stolzer Geschichte in der Stadtmitte, das nach dem Grundsatz geführt wird, dass Tradition verpflichtet.

Restaurants

Barbacoa, Calle San Felipe 39, Tel. 9 22 38 59 64. Grill-Lokal im alten Fischerviertel am Hafen, alle Gerichte mit *Papas arrugadas* und *Mojo* serviert.

Bollullo, Playa Bollullo, östlich von Puerto de la Cruz, Tel. 9 22 33 21 05. Einfaches, aber einladendes Terrassen-Restaurant mit gutem Preis-Leistungs-verhältnis über der malerisch schönen, schwarzsandigen Bucht.

La Papa, Calle San Felipe 33, Tel. 9 22 38 16 63. Gemütliches, hafennahes Lokal mit internationaler Küche, aber nach eigenen Rezepten der deutschen Wirtsleute zubereitet.

Rancho Grande, Calle San Telmo 10 (an der Fußgängerzone oberhalb des Fischerhafens), Tel. 9 22 38 37 52. Restaurant, Café und Bäckerei mit deutschen Backwaren.

Régulo, Calle Perez Zamora 16, Tel. 9 22 38 45 06. In einem zauberhaften alten Stadthaus untergebrachtes, gutes Restaurant mit kanarischer Küche. Man sitzt im oder um den kleinen, von Holzbalkonen umgebenden *Patio* und in einzelnen Räumen im Obergeschoss der einstigen Zigarrenfabrik.

15 La Orotava

Plan Seite 75

Wundervolle Holzbalkone und die hinreißenden Ausblicke auf sein grünes Tal haben das Bergstädtchen berühmt gemacht.

4 km von der Küste entfernt liegt das 36 000 Einwohner zählende Städtchen in 345 m Höhe inmitten des fruchtbaren gleichnamigen Tales *Valle de la Orotava*. In das schmucke Ortszentrum auf halber Höhe am Hang führen steile Straßen mit teilweise nur sehr schmalen Bürgersteigen. Sie sind gesäumt von zahlreichen historischen Gebäuden und Palästen. Schön ist es, dem Auf und Ab zu folgen, sich treiben zu lassen und dabei weitere alte Häuser und Gassen zu entdecken. Wichtig für Stadtbummler ist gutes, gummibesohltes Schuhwerk, denn das Straßenpflaster besteht aus recht spitzen Kopf- und Kieselsteinen. Soviel Historie hat ihren Preis, denn in der Altstadt findet man nur schwer einen Parkplatz. Aber es empfiehlt sich ohnehin, mit dem Linienbus anzureisen, denn La Orotava ist tagsüber eine sehr geschäftige Stadt.

Geschichte *La Araotava*, wie der Platz bei den Guanchen hieß, war in vorspanischer Zeit Teil von Taoro, des größten und reichsten der neun Guanchen-Reiche Teneriffas. Während die Guanchen unter ihrem König Bencomo noch in Hütten und den Höhlen am Rande des fruchtbaren Tales lebten, bauten sich ab 1496 die vom *Adelantado* (Statthalter) Alonso Fernández de Lugo mit viel Land beschenkten spanischen Eroberer in der Senke bereits große Herrenhäuser. Doch schon 1506 beschloss Spanien, La Orotava stärker zu besiedeln, weshalb das Land teilweise wieder eingezogen und in kleineren Parzellen Neuankömmlingen zugeteilt wurde. Dies waren vor allem europäische Handelsleute, die auf der Insel gute Geschäfte machen wollten. Dank ihres finanziellen Polsters konnten sie es sich leisten, standesgemäß zu bauen. Damals entstanden herrliche Paläste und Villen, die zum Teil noch erhalten sind. Noch heute gehört La Orotava zu den wohnlichsten und reizvollsten Ortschaften der Insel. Den Titel *Villa*, ›Stadt‹, verlieh ihr übrigens König Felipe IV. 1648.

Besichtigung La Orotava gruppiert sich um die zu Beginn des 16. Jh. erbaute Kirche **Nuestra Señora de la Concepción** ❶ im Herzen der Altstadt. Sie steht mitten auf der abfallenden, mit hohen Palmen geschmückten *Plaza Casañas*. Das ursprüngliche Gotteshaus war 1704/05 durch ein Erdbeben zerstört worden. Der Nachfolgebau entstand 1768–88 in barocken Formen. 1948 erhielt die Pfarrkirche den Rang eines Nationaldenkmals. Die schwungvolle Fassade springt in der Mitte vor und ist hier durch die unverputzten Lavasteine und das balkonbekrönte Portal betont. Flankiert wird sie von zierlichen Glockentürmen, deren oberster Aufsatz jeweils auf einer Art balustradenumgebener Terrasse steht.

Das **Innere** der dreischiffigen Hallenkirche wird durch Säulen mit dreistöckigen Kapitellen gegliedert. Wunderschön

Impressionen aus La Orotava: Sandmaler gestalten den Bilderteppich für die Fronleichnamsprozession (**links oben**)*; traditionelles Kunsthandwerk wird in der Casa Torrehermosa gepflegt* (**rechts oben**)*; das Leben des 17. Jh. zeigt die Ausstellung in der Casa Fonseca* (**links unten**)*; reiche Bananenernte* (**rechts unten**)

in Alabaster und Marmor präsentiert sich der prächtige Hauptaltar, den Giuseppe Gagini schon für die alte Kirche schuf. Die nicht minder kostbaren Schnitzereien des linken *Retablo* vor dem Chor zeigen die ›Krönung Mariae‹, ›Verkündigung‹, ›Anbetung der Drei Heiligen Könige‹ und ›Vermählung Mariae und Josefs‹. Die üppigen Altarwände stammen aus dem Spätbarock, den reichen Skulpturenschmuck schufen der grancanarische Bildhauer Luján Pérez und der aus La Orotava stammende Künstler Fernando Estévez. Von ihnen stammen z. B. die sehenswerten Holzfiguren *La Dolorosa, San Juan Bautista* und *Virgen de la Concepción*.

Verlässt man die Kirche und geht rechts die Calle Tomás Peréz hinauf, stößt man nach Überqueren der Carrera del Escultor Estévez unweigerlich auf das spätklassizistische Rathaus, den **Palacio Municipal** (1871–91). Streng und majestätisch erhebt er sich über der breiten **Plaza General Franco** ❷. Auf diesem Platz werden während des Karnevals die schönsten Masken prämiert, und hier feiern die Einwohner dann bis in die frühen Morgenstunden. Später im Jahr wird auf dem Platz der berühmte **Bilderteppich** aus vielfarbigem Vulkanstaub für die Fronleichnamsprozession geschaffen. Er ist von vergänglicher Schönheit, die nur besteht, bis die Prozession über sie hinweggeschritten ist. Die aufwendige Herstellung des Teppichs ist auch als Sandmalerei bekannt, und schon Wochen vor dem Fest kann man die Künstler beobachten, die mit einer wahren Engelsgeduld prächtige Heiligenbilder, Blütenmotive und bunte Muster auf den Boden streuen.

Hinter dem Rathaus breitet sich zwischen den Altstadthäusern ein zauberhaft-verschlafener Park aus, die **Hijuela del Botánico** ❸. Das ›kleine Mädchen‹ wurde als Ableger des Botanischen Gartens von Puerto de la Cruz Ende des 19. Jh. auf dem Grund des ehem. Klarissinnenklosters San José geschaffen. In der überschaubaren Anlage kann man unter Lorbeerbäumen und zwischen Blumenrabatten spazierengehen, ohne einer Menschenseele zu begegnen.

Südöstlich des Parkes zeigt ein spitzes Häuserdreieck auf die Calle León. Schräg gegenüber zog neben dem empfehlenswerten Konditorei-Lokal ›Taoro‹ jüngst das private **Museo de Cerámica** ❹ (Mo–Sa 10–18, So 10–14 Uhr) in ein historisches Gebäude ein. Es dokumentiert die Produktion von Keramik, und man erfährt viel über die Tonverarbeitung auf der Insel. Im angegliederten Laden kann man besonders schöne Stücke erstehen.

Man kann auch durch die Calle Linares Rivas, die Gasse zwischen Hijuela

Unermüdlich arbeiten die Künstler in den Tagen vor Fronleichnam, bis die ganze Plaza General Franco mit einem prächtigen Teppich aus buntem Sand bedeckt ist

del Botánico und Rathaus, nach Westen bummeln und an ihrem Ende kurz nach rechts und gleich wieder links in die steil im Bogen aufsteigende, kopfsteingepflasterte Calle Rodapalla abbiegen. Sie stößt auf die Calle San Francisco, die links weiter ansteigt. Gleich linker Hand stehen zwei Musterbeispiele kanarischer Balkonhäuser: die **Casa Fonseca** 5 und das Geburtshaus des ersten Markgrafen von Candia und Sauzal, die **Casa Cristóbal de Franchy** 6. Sie stammen beide aus dem 17. Jh. und sind als **Casas de los Balcones** bekannt, wegen ihrer schön geschnitzten, dunklen Holzbalkone, die jeweils die ganze Breite der Hausfront einnehmen.

Die Casa Fonseca wurde 1632 für den reichen Kaufmann Don Pedro Méndoz de Castro erbaut. Vom Innenhof aus wunderbar zu sehen sind die reich geschnitzte zweistöckige *Loggia* über dem Eingangsbereich sowie der lange geschlossene *Balkon*, der über die Ecke geführt ist. Da in dem Haus der vor allem mit Stickereien vorzüglich bestückte Kunsthandwerksladen ›Artesania Eladia Machado‹ seine Geschäftsräume hat, kann man das Gebäude tagsüber besichtigen (Mo–Fr 8.30–18 Uhr, Sa bis 17 sowie So bis 13 Uhr). Durch den *Patio* gelangt man zum **Museo**, d. h. in die oberen, originalgetreu möblierten Räume, und kann sehen, wie die Oberschicht im 17. Jh. wohnte. Im Erdgeschoss lebte die Dienerschaft, im ersten Stockwerk die ›Herrschaft‹, die zweite Etage nahm Vorräte auf.

Die Casa Cristóbal de Franchy nebenan ist nicht zu besichtigen, da das Gebäude heute Sitz des *Centro de la Artesania de España y América* ist. Man kann höchstens einen Blick in den schönen *Patio* erhaschen, wenn man dieses *Dokumentationszentrum des Iberoamerikanischen Kunsthandwerks* besucht, dessen Museum sich im früheren Kloster San Domenico in der Calle Tomas Zerolo 34 [s. S. 76] befindet.

Gegenüber den Casas de los Balcones lockt ein weiterer Kunsthandwerksladen. Er ist in einem **Casa del Turista** 7 genannten Stadtpalast untergebracht, der 1590 im Renaissancestil mit schönem Portal erbaut wurde. Vor seiner werbewirksamen Umbenennung hieß das Gebäude *Casa de la Alfombra*. Der Palast war das Geburtshaus des Francisco de Molina Llanera Lugo y Ayala. Der Mann mit dem komplizierten Namen war im

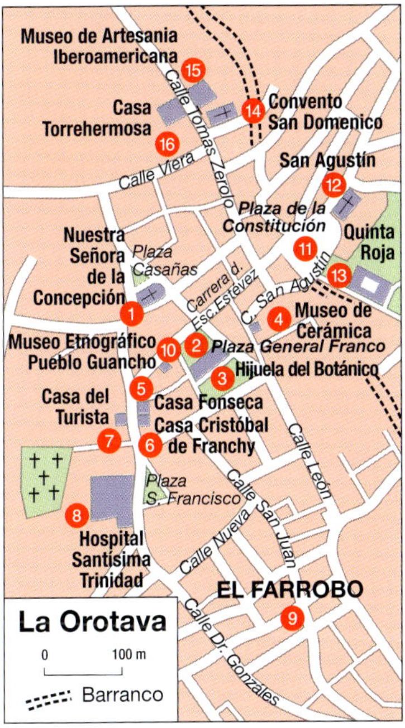

17. Jh. Ritter des Calatrava-Ordens und Markgraf von Vilafuerte.

Hinter der *Casa* liegt auf einer Terrasse mit herrlichem Talblick die **Plaza de la Alfombra**, auf der einheimische Künstler mit ruhiger Hand auf dem Boden vergängliche Bilder aus bunten Teide-Steinchen gestalten, ähnlich wie für die Fronleichnamsprozession [s. S. 74]. Eine schmale Gasse führt zum westlich gelegenen **Friedhof**, der in schönster Panoramalage zum Tal liegt.

Steigt man ein kurzes Stück weiter die Calle San Francisco hinauf, hat man rechts bald einen schönen Blick auf einen Drachenbaum und den Teide-Hang. Gleich danach gelangt man zur dreieckigen **Plaza San Francisco**. Auf ihrer westlichen Seite steht das ehem. Franziskanerkloster aus dem 16. Jh., in dem 1884 das **Hospital Santísima Trinidad** 8 eingerichtet wurde. Es fungierte zunächst als Waisenhaus. An diese Zeit erinnert die Drehwiege am Eingang, in die unerwünschte Kinder heimlich gelegt wurden. Heute ist das Gebäude ein Heim für geistig behinderte Menschen. Besucher können von der Terrasse auf der Rückseite des Hospitals die herrliche Aussicht auf das Orotava-Tal genießen.

Dem südlich anschließenden Stadtteil **El Farrobo** 9 sieht man an, dass er von jeher den Ärmeren vorbehalten war. Die Häuser sind niedriger und weit weniger prachtvoll als in der tiefer liegenden Altstadt. Entlang der Calle Dr. González Garcia standen im 17. und 18. Jh. die wasserbetriebenen Getreidemühlen der Stadt. Noch heute werden in einigen alten, mittlerweile jedoch modernisierten Mühlen Weizen und Mais zu *Gofio* gemahlen. Dieses Grundnahrungsmittel der Guanchen hat die moderne Küche Teneriffas wiederentdeckt.

Geht man den Weg zurück, kann man nach den Casas de los Balcones rechts in die abwärts führende Carrera del Escultor Estévez einbiegen. Nach wenigen Schritten erreicht man das vor kurzem eröffnete **Museo Etnográfico Pueblo Guancho** 10 (Mo–Sa 10–19 Uhr). Es befindet sich in einem der ältesten Paläste von La Orotava. Die Familie Banizez de Lugo ließ das äußerlich schlichte Gebäude 1580–90 errichten. Innen zeigen die Böden aus 40 cm breitem Teak-Holz, wie reich die Erbauerfamilie war – wer sonst konnte sich das teure Kernholz der Kanarischen Kiefer leisten.

Das Museum zeigt alte Gerätschaften wie Handmühlen und Tongefäße sowie Dokumentationen zum Leben der Altkanarier. Doch es zeichnet sich vor allem durch die Ruhe seines Innenhofes aus. Von einem zweiten *Patio* aus erreicht man einen **Ausguck** mit atemberaubendem Stadtpanorama. Im früheren Pferdestall bietet ein einfaches Restaurant Gerichte und Weine aus dem Valle de la Orotava, angeschlossenen ist ein Laden mit kanarischen Produkten.

Die Ecke Carrera del Escultor Estévez und Calle Tomás Zerolo nimmt ein schönes Haus mit Balkonen ein, der Sitz des städtischen Touristen-Informationsbüros *Oficina Municipál de Información Turistica*. Im Osten öffnet sich die ›Estévez‹ auf die grüne **Plaza de la Constitución** 11. Der weite Platz liegt an einem Hang über dem *Barranco de Araujo*, in seiner Mitte ein zierlicher Kiosk. Am Nachmittag treffen sich hier die Einheimischen, man promeniert und genießt die herrliche Aussicht über die Stadt vom ›Balkon von La Orotava‹, wie der Platz im Volksmund genannt wird.

Am nordöstlichen Platzende bilden die Kirche **San Agustín** 12 und ihr rechtwinklig angebauter ehem. **Konvent** eine hübsche Zweiflügelanlage, die man über Treppenaufgänge erreicht. Die schlichte Fassade der 1694 eingeweihten dreischiffigen Kirche mit drei Eingangsportalen ist nur in der Mitte etwas geschmückt. Der lavaschwarze Turm mit dreiteiligem, offenem Glockenstuhl ist zugleich der Eingang zum Kloster. Das **Innere** der Kirche mit ihren hellen Basaltpfeilern wirkt licht. Akzente setzen die dunkle *Holzempore* über dem Eingang und die raumhohe, reich geschnitzte *Hochaltarwand*. Im früheren Klosterkomplex hat die Stadt ein **Kulturzentrum** mit einer Musikschule sowie Räumen für Ausstellungen.

Auf der Bergseite der Plaza de la Constitución liegt das **Liceo de Taoro**. Das zweiflügelige Herrenhaus wurde 1928 für Don Tomás de Ascianio y Méndes de Lugo im eklektischen Stil erbaut. Daneben befinden sich die terrassenförmigen **Jardines Marquesado de la Quinta Roja** 13 (Winter tgl. 8–21, Sommer tgl. 8–22 Uhr). An der Spitze der Gartenanlage steht das Mausoleum für den Marquis de la Quinta Roja, einen Freimaurer, der nicht auf dem städtischen Friedhof begraben werden durfte.

Zwischen Rathaus und Plaza de la Constitución zieht sich die Calle Tomás Zerolo nach Norden, vorbei an schönen Patrizierhäusern aus dem 18.–20. Jh. Der Weg führt zum **Convento San Domenico** 14 aus dem 17. Jh., dem heute säkularisierten Dominikanerkloster mit seiner hübschen Dachlandschaft. Man trifft zuerst auf ein wahres Prunkstück, die **Klosterkirche**. Innen sind Gemälde aus der Rembrandtschule zu sehen und vor dem Chor links eine herrlich bemalte Kassettendecke mit dem hl. Dominikus (Mo – Sa 9.30–18 Uhr).

Im ehem. Konvent ist das **Museo de Artesania Iberoamericana** 15 (Mo–Fr 9–18, Sa 9–14 Uhr) untergebracht. Es dokumentiert in architektonisch ansprechendem Rahmen um den Kreuzgang die Entwicklung des lokalen Kunsthandwerks – etwa Töpferei, Klöppeln, Holzbearbeitung – im Zusammenspiel mit spanischen sowie mittel- und südamerikanischen Einflüssen.

Schräg gegenüber kann man in einem wunderschön restaurierten Patrizierhaus aus dem 17. Jh., der **Casa Torrehermosa** 16 (Mo–Fr 9.30–18.30, Sa 9.30–14 Uhr), Schauwerkstätten besuchen. Hier führen Spitzenhäklerinnen ihre traditionsreiche künstlerische Arbeit vor. Das zweistöckige Gebäude ist mit einem schönen Innenhof und einem geschlossenen Holzbalkon geschmückt.

Mirador Humboldt

Den schönsten Blick über das Orotava-Tal mit seinem grünen Meer aus Bananenstauden, im Osten die Kulisse des stolzen, oft schneebedeckten Pico del Teide inbegriffen, genießt man vom Mirador Humboldt auf der Fahrt zum östlichen Ortsteil La Cuesta de la Villa. Nicht nur La Orotava liegt einem zu Füßen, man kann auch die Küste und Puerto de la Cruz überblicken. An dieser Stelle soll der Weltreisende und Naturforscher Alexander von Humboldt 1799 bei angesichts der Schönheit der Landschaft, die sich ihm darbot, in die Knie gesunken sein . . .

Praktische Hinweise

Information: Oficina Municipál de Información Turistica, Carrera del Escultor Estévez 2, Tel. 9 22 32 30 41, Fax 9 22 32 11 42 (Mo–Fr 8.30–18 Uhr).

Hotel

TOP TIPP *** **Victoria,** Calle Hermano Apolinar 8, Tel. 9 22 33 16 83, Fax 9 22 32 05 19, Internet: www.victoria.teneriffa.com. Zauberhaftes Hotel mitten in der Altstadt. Nur 14 Zimmer, dazu ein wunderschön mit Azulejos ausgeschmückter Patio. Mit feinem Restaurant, in deutschem Besitz (unbedingt Tisch reservieren!).

Humboldt und Teneriffas Planzenwelt

Der deutsche Naturforscher Alexander von Humboldt (1769–1859) befand sich 1799 auf seiner Reise nach Südamerika. Auf dem Seeweg durch die kanarische Inselwelt fazinierte ihn der Anblick des Bergriesen Pico del Teide, so daß er einen Fünftage-Stopp auf Teneriffa einlegte, um den Gipfel zu erklimmen. Auf dem Weg von Santa Cruz de Tenerife nach La Orotava studierte Humboldt am heute nach ihm benannten **Mirador** *das faszinierende* **Profil der Insel**, *das von dieser Stelle auf einen Blick zu erfassen ist: Aus Meereshöhe steigt die Landschaft zügig über das Orotava-Tal und den Bergzug des Tigaiga hoch zu den Cañadas und zur in 3718 m scheinbar über der Passatwolke schwebenden Teidespitze. Alexander von Humboldt entdeckte bei seiner kurzen Inseltour eine bis dahin nicht erkannte Besonderheit, die Gesetze der* **Geobotanik**. *Bestimmte Pflanzen gedeihen nur in bestimmten Höhenlagen, und an den Berghängen können verschiedene Vegetationszonen deutlich unterschieden werden.*

Die Grundsätze der durch Humboldt begründeten Wissenschaft der Pflanzengeographie kann man auf Teneriffa auf engstem Raum nachvollziehen. In der unteren Zone, von 0 bis 600 m bzw. im Süden bis 1000 m, wachsen fleischige, wasserspeichernde **Sukkulenten** *aus den afrikanischen Halbwüsten. Hier gedeiht auch der für die Kanaren typische Drachenbaum und die schlanke Kanarische Dattelpalme. Nur im Norden wächst in 500–1000 m Höhe der immergrüne Lorbeer. Oberhalb seiner dichten,* **Laurisilva** *genannten Wälder folgt die Zone mit Gagelbaum und Baumheide. Ebenfalls nur im Norden breitet sich zwischen 1000 und 1500 m die* **Fayal-Brezal-Zone** *aus. Der Kiefernwald oberhalb von La Orotava und Güimar sowie in den südlichen Cañadas nimmt den Bereich von 1000–2000 m ein. Hier findet man auch Sprossenden Zwergginster und rosafarbene Zistrose. Die hochaufragenden Kiefern werden ›Wolkenmelker‹ genannt, denn an ihren Nadeln kondensieren die Passatwolken und tropfen als Wasser ab. Ohne dieses ›gemolkene‹ Nass, das im Boden versickert und in Vulkansteinblasen gespeichert wird, wäre Teneriffa eine Wüsteninsel.*

Deutlich niedriger wird der Pflanzenwuchs in der Region des **Retama** *und des* **Codeso** *(2000–2700 m). Zwischen Ende April und Anfang Juni blühen in den Cañadas die ginsterähnlichen Büsche weiß, rosa und leuchtend gelb. Über 2700 m erreicht man schließlich die Hochgebirgszone der* **Violeta**. *Nur Moose und Flechten gedeihen in diesem subalpinen Klima. Zwei Ausnahmen bilden lediglich das Teide-Samtpfötchen und das Teide- oder Pik-Veilchen, das noch in 3700 m Höhe lila aus dem Schotterfeld des Berges leuchtet.*

*****Villa Alhambra,** Calle Nicandro Gonzáles Borges 19, Tel. 9 22 32 04 34, Fax 9 22 32 34 33, Internet.: www.alhambra-teneriffa.com. Restauriertes Stadtpalais, arabesker Stil, deutsche Leitung, ruhige Lage im Zentrum, Pool, Fitnessraum, autogenes Training.

Restaurants

Bar Parada, Calle San Agustín 3/Plaza de la Constitución, Tel. 9 22 33 02 57. Freundliche Bier-Bar am beliebten Platz vor dem Kloster San Agustín.

Casa Egon (Taoro), Calle León 5, Tel. 9 22 33 00 87. Das nette Restaurant mit Café betritt man durch den Verkaufsraum der besten Konditorei der Stadt.

Sabor Canario, Calle Carrera del Escultor Estévez 17, Tel. 9 22 32 27 25. Einfaches, typisch kanarisches Restaurant im Museo Etnográfico. Alle Zutaten für die bodenständigen Gerichte und der Wein stammen von der Insel.

Eine Knospe in der Mitte, ringsum die Blütenblätter – wie eine Blume aus Basalt öffnet sich die Piedra la Rosa

16 Aguamansa

Wandern und Forellenangeln in den Bergen südlich von La Orotava.

Das in 1000 m Höhe malerisch gelegene **Bergdörfchen** ist ein beliebtes Ausflugsziel. Auf seine Attraktion weist schon der Name hin: *agua* (Wasser) und *mansa* (sanft, mild). Dieses nutzt die hier ansässige **Forellenzucht**, in der man gegen Gebühr auch angeln kann (Mo–So 10 – 15 Uhr). Die Spezialität der umliegenden Restaurants ist natürlich frische Forelle.

Südlich des Ortes steigen die Berge steil an. Herrlich ist hier die Landschaft, die Hänge sind bestanden mit hohen Kiefern, Lorbeerbäumen und Baumerika. Nach etwa 1 km empfiehlt sich ein Abstecher nach links zum Erholungspark in dem eingesunkenen Vulkankrater **Caldera de Pedro Gil** (1200 m). Die urtümliche Szenerie lädt zu Wanderungen ein, zumal **Los Organos** locken, die senkrecht abfallenden Steinformationen einer Basaltfelswand, die tatsächlich wie die Pfeifen einer Riesenorgel aussehen. Die Zufahrtsstraße dorthin endet mitten im Wald an einem riesigen Picknickplatz. Zu Fuß geht es auf breitem Forstweg durch den schönen Kiefern- und Laurasilva-Wald auf die *Montaña de la Crucita* (2054 m) mit Los Organos zu. Bevor man bei ihnen anlangt, überquert man eine alte Steinbrücke, die den tiefen *Barranco de los Llanos* überspannt. An dessen Wänden tut sich eine große Lavagrotte auf. Nach der Brücke bieten die ›Orgelpfeifen‹ einen herrlichen Anblick und ziehen einen magisch an. Die kürzeste, untere Route hat man in 10 Min. bewältigt. Die 15 km lange, ausgeschilderte Tour dauert ca. 4 ½ Stunden.

Piedra la Rosa

Die kurvenreiche Bergstraße TF-21 führt von Aguamansa in Richtung Teide-Nationalpark. An ihr entlang sind zahlreiche Schutzhütten errichtet, von denen aus sich immer wieder herrliche Panoramablicke bieten. Zwischen den Unterständen *Bermeja* und *Wildpret*, bzw. zwischen km 22 und 23, kann man die einzigartige Naturschönheit der *Piedra la Rosa*, der ›Rose aus Stein‹, bewundern. Die 7 m breite und 5 m hohe Basaltformation sieht tatsächlich wie eine Blume aus! Sie liegt jenseits des engen *Barranco de la Zarza*, nach der Brücke kann man parken, eine Unterführung geht zum Basaltstein.

An eine spanische Missionsstation erinnern die Gebäude des Restaurants Mesón El Monasterio in Los Realejos, ihre weißen Mauern leuchten in der strahlenden Mittagssonne

Praktische Hinweise

Restaurants

Aguamansa, Carretera General de las Cañadas, Km 15, Aguamansa, Tel. 922330638. Wer keinen Fisch mag, bekommt in dem beliebten Forellen-Restaurant auch Speisen mit Fleisch.

La Caldera, Carretera General de las Cañadas, Km 16, Aguamansa. Kleines Terrassenlokal direkt an der Caldera Pedro Gil und dem Wanderweg zu Los Organos. Spezialitäten sind Kaninchen- und Forellengerichte.

17 Los Realejos

Steil an die Abhänge des Teide gebauter Doppelort mit hinreißend schönen Ausblicken.

In dieser Gegend, 5 km südwestlich von Puerto de la Cruz, ergaben sich die geschlagenen Guanchen endgültig der spanischen Übermacht. Daraufhin gründete Alonso Fernández de Lugo die Siedlungen Realejo Bajo und Realejo Alto, die gemeinsam Los Realejos, ›die Königlichen‹, heißen. Trug der Doppelort früher diesen edlen Namen zu Recht, so hat er mittlerweile aufgrund zunehmender Zersiedelung – vor allem in Realejo Bajo – viel von seinem einstigen Charme eingebüßt.

Fährt man die schöne Landstraße von La Orotava nach Westen, stößt man unvermittelt auf die Pfarrkirche von Realejo Alto, die **Iglesia de Santiago**. Bereits 1498 errichtet, gilt sie als eines der ältesten Gotteshäuser der Insel und Taufkirche vieler Guanchen. Aus der Gründungszeit der Kirche ist nach mehreren Umbauten nicht viel übrig geblieben. Auf der Talseite ist ein Renaissanceportal beachtenswert, rechts davon erhebt sich der Glockenturm von 1775. Die ältesten Teile im Innern sind der Chor mit dem Hauptaltar (1667) und die Mudéjar-Decke darüber.

Hübsch angelegt ist die Terrasse, auf der die Kirche steht, mit hohen Palmen, Lorbeerbäumen, Ruhebänken und historischen Laternen, vor allem auf der Berg- und der Westseite zum *Barranco del Terrero* hin. Von hier aus genießt man einen großartigen **Rundblick** zum einen in die Schlucht, zum anderen über den Friedhof und Realejo Bajo hinweg auf die Küste. Im Süden schmiegt sich Realejo Alto harmonisch an den Hang des Teide.

Oben erblickt man die alten, teils sanierten Wohnhäuser, die das Zentrum von Realejo Alto bilden. Dazwischen schiebt sich das hübsche, in kanarischem Stil neu erbaute *Rathaus* mit dem obligatorischen Balkon.

Realejo Bajo ist im Unterschied zur Schwestersiedlung nicht nur ›modern‹, sondern auch stark zersiedelt, ein Ort, der mit dem wachsenden Tourismus an der Küste als Wohnplatz zu schnell Schritt halten musste. Doch auch Realejo

Bajo besitzt eine schöne Kirche, die **Iglesia de la Concepción**. Ihre später vergoldete Artesonado-Decke stammt aus dem 17. Jh. Überdies ist das Gotteshaus mit interessanten Heiligenskulpturen kanarischer Künstler des 18. Jh. ausgestattet, etwa von Luján Pérez oder Fernando Estévez. Über der Stadt, dort wo der Lavarücken Ladera de Tigaiga etwas flacher wird, liegt der neu angelegte *Mirador de la Corona*, ein fantastischer Ausguck über das Orotava-Tal und zur Küste. Ein Abstecher auf der TF-221 nach Icod el Alto führt zu einem weiteren Ausblick, zum *Mirador El Lance*. An dieser Stelle sollen sich Mencey Benitomo und seine Getreuen in die Tiefe gestürzt haben, um nicht in Gefangenschaft zu geraten.

Praktische Hinweise

Information

Plaza de la Union s/n, gegenüber der Kirche San Sebastian, Tel. 9 22 35 54 71, Mo–Do 9–11 Uhr.

Restaurants

Las Chosas, Carretera El Jardin 64, Vorort El Jardín, Tel. 9 22 34 20 54. Gemütliches Lokal, dessen Küche eine gelungene Mischung aus deutschen, spanischen und kanarischen Rezepten bietet.

Mesón El Monasterio, Carretera General 12, Ortsteil La Montañeta, Tel. 9 22 34 07 07. Ein liebevoll restauriertes ehem. Kloster von 1646 wurde zu einem ›Weindorf‹ mit verschiedenen Restaurants umgestaltet. Auch für Familien mit kleinen Kindern geeignet.

18 San Juan de la Rambla

Ländliche Ruhe und gischtsprühende Brandung an der Vulkanküste.

Die landschaftlich reizvolle Küstenstraße TF-82 verbindet Puerto de la Cruz mit dem gesamten Westen der Insel und führt bis zum aufregend-schönen Teno-Massiv. An der rauhen, lavaschwarzen Küste liegt San Juan de la Rambla. Von dem Strandbad *Piscina Municipal* im Ortsteil Las Aguas reicht der Blick im Osten über das 8 km entfernte Puerto de la Cruz bis zu den Höhen des Anaga-Gebirges.

Auf den Klippen, knapp 60 m über dem Meer, erstreckt sich das langgestreckte Dorf um seine zweischiffige Kirche **San Juan Bautista**. Der Ort wurde zu Beginn des 16. Jh. als Teil von Los Realejos angelegt. Damals hieß er noch *San Juan del Malpaís*, wegen des mageren Lavabodens der Gemeinde. Die aus der Neuen Welt eingeführte Kartoffel gedeiht hier aber prächtig, wovon auch heutzutage die grünen Terrassenfelder ringsum zeugen. Seinen neuen Namen legte sich die Siedlung Ende des 16. Jh. zu, ›de la Rambla‹ bezieht sich auf die erhöhte Lage am Rand des *Barranco Ruiz*. Im 18. Jh. erlebte San Juan seinen größten wirtschaftlichen Aufschwung, der sich im Bau geschmackvoller Häuser mit den typischen Holzbalkonen niederschlug. Im alten, atmosphärereichen Ortskern stammen die meisten der zweistöckigen Wohngebäude aus dem 17.–19. Jh. Einen Besuch wert sind in der Calle Estrecha zwei gegenüber liegende Kunstgalerien, *La Colmena Estudio* und die *Biblioteca Expresion Contemporanea Antonin Artaud*.

Playa del Socorro

Einige Kilometer östlich von San Juan de la Rambla breitet sich die Playa del Socorro aus schwarzem Sand und Kies aus. Die langgestreckte hübsche Bucht ist mit einer asphaltierten Straße, Parkplätzen und Strandbar gut erschlossen und eignet sich hervorragend zum Sonnenbaden. Auf das Schwimmen im Meer muss man aber meist verzichten, denn der Atlantik brandet ungestüm an, und fast immer mahnt eine rote Flagge im Wasser zur Vorsicht.

Praktische Hinweise

Restaurant

Las Aguas, San Juan de la Rambla, Ortsteil Las Aguas, Tel. 9 22 36 04 28. Hervorragendes Restaurant am Hang über dem Strandbad. Spezialitäten sind Reis- (*Arroces*) und Fischgerichte (*Cazuelas*). Alles wird frisch zubereitet. Von den Preisen darf man sich nicht abschrecken lassen: Sie gelten für eine Doppelportion für zwei Personen.

Die ganze Majestät seines biblischen Alters strahlt der Drago Milenario aus, der angeblich 1000-jährige Drachenbaum von Icod de los Vinos. Als Wahrzeichen der Stadt wird er liebevoll gehegt und gepflegt

TOP TIPP 19 Icod de los Vinos

Winzerstädtchen über schöner Lavaküste mit dem ältesten Drachenbaum der Insel.

In einem fruchtbaren, schmalen Tal über der Küste liegt die Altstadt von Icod de los Vinos. Autofahrer sind hier auf die gebührenpflichtigen blauen Parkzonen angewiesen. Das Städtchen wirkt geradezu urban, die Wohnhäuser entlang der engen, geschäftigen Hauptstraße sind durchweg vierstöckig. Gleich dahinter beginnen aber schon die terrassierten **Weingärten**, die dem Ort seit seiner Gründung im Jahr 1501 seinen Beinamen gegeben haben.

Seinen inselweiten Ruhm verdankt Icod jedoch nicht dem Wein, sondern dem **Drago Milenario**, einem ›tausendjährigen Drachenbaum‹. Als Liliengewächs bildet diese Pflanze kein Holz, die äußere verfilzte Faserschicht umschließt einen hohlen Innenraum. In Ermangelung von Jahresringen lässt sich folglich das genaue Alter dieses Riesen nicht feststellen. Mit 20 m Höhe und 6 m Stammumfang ist dieses Prachtexemplar sicher der mächtigste Drachenbaum der Insel! 1998 legte man rings um ihn den blühenden **Parque del Drago** (tgl. 9.30 –19 Uhr) an, eine Art botanischer Garten mit endemischen Pflanzen. Auch ein Restaurant mit Teide-Blick gibt es.

Sehenswert ist auch die im 16. Jh. errichtete Pfarrkirche **Iglesia de San Marcos** (tgl. 9.30 – 19 Uhr), deutlich erkennbar an dem kurzen Viereckturm mit sei-

Blüte oder Schmetterling? Manchmal kann man das im grünen Blätterwald des Mariposario del Drago erst sagen, wenn sich der Farbfleck bewegt und durch die Lüfte segelt

nem unverputzten Aufsatz. Sie erhebt sich auf einer mit tropischen Bäumen bepflanzten Gartenterrasse, der *Plaza de la Iglesia*. Die dreischiffige Kirche stammt aus dem 15./16. Jh., wurde aber im Laufe der Jahrhunderte häufig erweitert und umgebaut. Das **Innere** ist mit zahlreichen Kunstschätzen ausgestattet. Der Blick fällt auf die schönen *Artesonado*-Decken im Langhaus und die barocken Altäre. In der Sakristei wird der größte Schatz der Kirche aufbewahrt. Das 2,45 m hohe und 48,3 kg schwere **Silberkruzifix**, die größte je aus Silber geschaffene Filigranarbeit, kann man täglich von 9.30–19 Uhr sehen. Das Kreuz entstand zwischen 1663 und 1668 auf Cuba als Auftragswerk für den aus Icod stammenden Bischof von Santiago de Cuba. Doch die Schatzkammer hat noch mehr zu bieten. In ihren Vitrinen stehen u. a. ein Elfenbeinkruzifix und mehrere kleine Silberschiffchen sowie wertvolle liturgische Gefäße.

Wie aus dem Leben gegriffen – erschöpfter ›Christus auf der Rast‹ in San Marcos

Am oberen Ende der Kirchenterrasse steigt man ein paar Stufen hinauf zur langgestreckten **Plaza de la Constitución**, die dem Namen des Städtchens alle Ehren macht: Hier stehen allein vier *Bodegas*, überall wird Wein zum Verkosten angeboten und verkauft. Die schönen alten Häuser rings um den Platz sind mit reich geschnitzten Holzbalkonen versehen. Wer sich für kanarische Architektur interessiert, wird an ihnen seine helle Freude haben. Der Platz wird wegen seines säulenförmigen Springbrunnens auch *Plaza de la Pila* genannt.

Unterhalb der Plaza de la Iglesia glitzert in der Sonne das Dach des Schmetterlingshauses **Mariposario del Drago** (tgl. 9.30–18 Uhr). Gleich beim Betreten der tropischen Gewächshäuser umflattern zutrauliche Schmetterlinge den Besucher. Der Rundgang durch die kleine Anlage wird auch durch die mehrsprachigen Schilder zu einem lehrreichen Erlebnis. Das geschulte Personal gibt zusätzliche Informationen.

Praktischer Hinweis

Restaurant

Carmen, Calle Hercules 2, Tel. 9 22 12 24 32. Freundliches Restaurant in netter Atmosphäre mit kanarisch-spanischer Küche, unterhalb der Kirche.

TOP TIPP 20 Garachico

Nach dem verheerenden Vulkanausbruch Anfang des 18. Jh. mauserte sich der Küstenort zu einer der hübschesten Städte Teneriffas.

Im Jahr 1496 gründete der Genueser Bankier Cristóbal de Ponte die kleine Stadt an einer Bucht der Nordküste. Der geschützte Naturhafen florierte und zog bald neben Seefahrern viele Aristokraten, Geistliche, Politiker und Militärs an. Die Siedlung blühte – bis zum Vulkanausbruch der *Montaña de Trebejo* am 5. Mai 1706, in dessen Verlauf die Lavamassen das Hafenbecken verschütteten. In der Folgezeit verlagerte sich die Handelsschiffahrt nach Puerto de la Cruz, und die Bewohner von Garachico widmeten sich der Landwirtschaft und Fischerei. Von dem Ausbruch waren glücklicherweise viele der schönen Stadtpaläste ebenso wie einige Kirchen verschont geblieben.

Vom Aussichtspunkt **Mirador de Garachico** an der Höhenstraße TF-82 genießt man einen grandiosen Blick auf die heute 6000 Einwohner zählende Stadt, die auf einer fast runden Landzunge, ein Werk des Lavastromes, zu Füßen der steilen Teide-Abhänge liegt. Der Ort präsentiert sich als weißes Häusermeer mit meist roten Ziegeldächern. Vor der Küste erhebt sich der malerische **Roque de Garachico**, ein einsam aus dem Meer aufragender Fels.

Im Zentrum entpuppt sich Garachico als eine schöne, wohlgeordnete kleine Stadt. Sie bekam 1980 vom spanischen König Juan Carlos I. die *Medalla de Oro de Las Bellas Artes* verliehen, die ›Goldmedaille der Schönen Künste‹, als Anerkennung dafür, wie sorgfältig die Gemeinde ihre historischen und künstlerischen Schätze pflegt, aber auch ihre kopfsteingepflasterten Plätze, Straßen und blühenden Gärten. Auch die Neubauten sind der historischen Bausubstanz angepasst, die überwiegend aus dem frühen 18. Jh. stammt. Gemeinsam

Vielbesucht sind die abendlichen Gottesdienste in der Klosterkirche San Francisco

demonstrieren sie pure städtebauliche Harmonie.

Am östlichen Ortseingang liegt auf einer großen Freifläche am Meer die leider meist geschlossene **Ermita de San Roque**. Die Kirche entstand bereits zu Beginn des 17. Jh. und wurde 1736 umgebaut. Jedes Jahr am 16. August ist sie das Ziel der *Romería de San Roque*, einer in der Region beliebten Wallfahrt.

Links thront auf einem leicht erhöhten Plateau der **Convento Santo Domingo de Guzmán**. Man kann das ehem. Kloster von der Hauptstraße über eine Treppe zu Fuß erreichen oder über eine Straße, die direkt an den Haupteingang führt. Dominikanermönche begannen mit dem Bau des Konvents 1601, nachdem Don Nicolo de Ponte dem Orden das Land geschenkt hatte. In der zweiten Hälfte des 17. Jh. war der Komplex weitgehend vollendet und erhielt im 1. Stockwerk zum gepflegten Garten hin sieben hölzerne Balkone. Heute dient er als Altersheim. Die ehem. Klosterkirche beherbergt das **Museo de Arte Contemporaneo** (Mo–Sa 8–19, So 9–13 Uhr), das Museum für zeitgenössische Kunst. Die modernen, teils abstrakten Gemälde sind so in die hohen Kapellen integriert, dass der große Kirchenraum seinen sakralen Charakter bewahrt hat. Zu sehen sind Werke von Manolo Millares, Oscar Dominguez, Pedro González u. a.

Nun fährt oder geht man hinunter zur Küstenstraße, die über den Lavaklippen dem Halbrund des Städtchens folgt. Linker Hand steht in einer Vertiefung mehrere Meter unter dem Straßenniveau ein kleines altes Gezeitenmühlenhaus, **Los Molinos,** das kürzlich renoviert wurde und nun von einem Geländer aus betrachtet werden kann. An ihm vorbei kann man wieder in den Ort schlendern, um bald darauf rechts in die schmale Calle Estéban de Ponte einzubiegen. Sie führt entlang der hohen Umfassungsmauer des **Convento de San Francisco**, in dem Franziskanerinnen in strenger Klausur leben. Die Abendmesse in der Kapelle ist allerdings öffentlich zugänglich. Die Klosteranlage wurde 1643 erbaut, beim Vulkanausbruch 1706 stark beschädigt und 1749 mitsamt dem höheren Ausguck (*Ajimez*) an der Ostecke erneuert.

Nicht weit vom Konvent steht auf derselben Straßenseite der frühere **Palacio de Ponte**, der seit 1997 eines der schönsten Hotels der Insel beherbergt, das ›San Roque‹. Jeder Aufenthaltsraum, jedes der 20 Zimmer ist mit Möbeln von Charles-Édourard Le Corbusier oder Charles Rennie Mackintosh, von Antonio Citterio (Korbsessel) oder Josef Hoffmann (Salonmöbel), Gerrit Rietveld oder Ludwig Mies van der Rohe u.a.m. ausgestattet, Namen, die Designfans auf der Zunge zergehen. Zudem ist das Haus mit zahlreichen modernen Kunstwerken dekoriert, u. a. dem 9 m hohen Springbrunnen ›Centinela‹ des Valencianers Miguel Navarro (1996). Auch der Palacio de Ponte besitzt einen hohen, über zwei Stockwerke laufenden Ausguck, in dem die schönste Suite des Hotels untergebracht ist. Aus den querovalen Fenstern hat man einen herrlichen Blick auf die Stadt.

Die Calle Estéban de Ponte folgt der Küstenlinie, über die erste Querstraße kommt man schnell zu dem kleinen Platz im Zentrum von Garachico. Im dortigen Komplex des früheren Franziskanerklosters sind heute städtische Ämter beheimatet. So teilen sich das über Stufen erreichbare **Rathaus** und die angegliederte *Casa de la Cultura* eine Terrasse mit der über Eck angebauten Kirche **Nuestra Señora de los Angeles**, die ebenfalls zu dem früheren Kloster gehört. Während die Fassade des Rathauses edel aber schlicht gehalten ist, prahlt die Kirche geradezu mit ihren beiden lavasteinernen Eingangstoren im Renaissancestil und dem ebenfalls dunklen Turm, den ein verputzter offener Glockenstuhl ziert. Cristóbal de Ponte, der Gründer der Stadt, hatte den Bau der Kirche 1524 in Auftrag gegeben, doch 1706 wurde auch sie stark in Mitleidenschaft gezogen, obwohl der Lavastrom vor dem Gotteshaus zum Stillstand kam. Im **Inneren** blieb leider nur noch die wunderschöne, aufwendig gearbeitete Mudéjar-Decke im Chorraum original erhalten.

Brückenschlag zwischen Alt und Neu – die frühere Klosterkirche von Santo Domingo bietet einen stilvollen Rahmen für die moderne Kunst des Museo de Arte Contemporaneo

Hübsch ist auch das Zentrum von Garachico um die Plaza de Libertád gestaltet. Über die schattenspendenden Bäume erhebt sich der Glockenturm der Pfarrkirche Santa Ana

Um so schöner präsentiert sich in den beiden Kreuzgängen des Klosters die **Casa de la Cultura** mit ihren herrlichen Holzdecken. Die ständige Ausstellung (tgl. 9–13 u. 16–19 Uhr) zeigt Fotos aus dem alten Garachico. Auch ein kleines Naturkundemuseum, das **Museo de Ciencias Naturales**, mit ausgestopften Tieren gibt es hier. Im offenen *Patio* finden Wechselausstellungen und Konzerte statt.

Vor der Kirche breitet sich die leicht erhöhte **Plaza de Libertád** aus. In ihrer Mitte steht ein Denkmal (1970) für Simón Bolivár, den Befreier Südamerikas. Rechts davon, unterhalb des Platzes, erhebt sich die **Casona de los Marqueses de la Quinta Roja** (16./17. Jh.), das vom Vulkanausbruch verschont wurde. Anfang des 21. Jh. wurde das Haus sensibel restauriert und in ein Hotel mit viel Atmosphäre umgewandelt [s. S. 86].

An der Schmalseite des Platzes erhebt sich die **Iglesia Parroquial Santa Ana** aus dem 16. Jh., die Pfarrkirche von Garachico. Die Besichtigung ist durch unregelmäßige Öffnungszeiten erschwert. Das Gotteshaus wurde 1506 erbaut und brannte 1706 vollständig aus. Trotz Wiederaufbaus blieb von der einst sehr reichen Ausstattung der dreischiffigen Basilika nur ein Bruchteil übrig. Sehenswert sind vor allem die Altarretabeln, die aus der 1637 gegründeten *Escuela de Escultura de Garachico*, der Kunst- und Bildhauerschule der Stadt, stammen. Neu kam die wundervoll gearbeitete Statue des *San Joaquíno* (1798) von Luján Pérez hinzu.

Die Calle Montes de Oca y García führt von der Plaza de Libertád zum hübschesten Platz von Garachico, der **Plaza Juan González de la Torre**. Eine 1996 aufgestellte Bronzebüste erinnert an den Stadtgründer Cristobál de Ponte. Die Freifläche ist umgeben von gepflegten Häusern, in der Platzmitte steht eine alte Weinpresse. Dahinter wurde der Parque de la Historica angelegt, hinter ihm wiederum steht die **Puerta de Tierra**, das Landtor des alten, vom Lavastrom verschütteten Hafens. Früher reichte also das Meer bis hierher.

Auf dem Weg hinunter zum heutigen Hafen stößt man auf das sehr fotogene, quadratische **Castillo de San Miguel** aus dem 16. Jh. Es ist eine Bilderbuchschönheit, ganz aus wuchtigen schwarzen Lavasteinen gebaut, mit einem hübschen Glockenaufsatz an dem weißen Erker, der fast keck auf einer Ecke hockt. Das Eingangstor schmücken die Wappen mehrerer Adelsfamilien von Garachico sowie von Kaiser Karl V., der als Carlos I. auch spanischer König war. Innen ist ein kleines Naturkundemuseum, das **Museo Naturales** (tgl. 10–18 Uhr), mit Mineralien und Fossilien eingerichtet. Das Innere der kleinen Festung mit ihren dicken Mauern und Verliesen ist aber auch für sich genommen ausgesprochen sehenswert!

An der Strandpromenade vor dem Castillo werden an jedem ersten Sonntag im Monat frühmorgens Stände für den *Mercadillo*, den Kunsthandwerksmarkt von Garachico, aufgebaut. Daneben liegen die in die schwarze Lavaküste eingelassenen **Piscinas Naturales**, Meerwasserbecken, in denen man bei ruhigem Seegang herrlich schwimmen kann.

Die Schokoladenseite von Garachico ist vom Westen jenseits der tiefen Hafenbucht am besten zu sehen. Auf der Weiterfahrt zum Teno-Gebirge sollte man daher am Aussichtspunkt mit dem **Monumento para los Emigrantes Canarios**, dem ›Denkmal für die kanarischen Emigranten‹, unbedingt halten und aus luftiger Höhe den Anblick des romantischen Küstenstädtchens noch einmal in sich aufnehmen.

Praktische Hinweise

Information: CIT, Calle Estebán de Ponte 5, Tel. 922133434 (Mo–Sa 11–15 Uhr).

Hotels

TOP TIPP *** **San Roque,** Calle Estéban de Ponte 32, Tel. 922133435, Fax 922133406, Internet: www.hotelsanroque.com. Wunderschönes Designer-Hotel in einem historischen Gebäude mitten in der Altstadt. Bei gutem Wetter wird um den kleinen Pool im zweiten Hof das Frühstück bzw. das Abendessen serviert – ein Erlebnis.

El Patio, Finca Malpaís, Vorort El Guincho, Tel. 922133280, Fax 922830089, Internet: www.hotelpatio.com. Zauberhaftes, feines Landhotel mit großzügigen Zimmern in historischem Gutshof (1565). Teilweise bewirtschaftet die Familie del Ponte noch die weitläufige Finca.

Malpaís Trece, Finca Malpaís 13, Vorort El Guincho, Tel. 922830064, Fax 922133068, Internet: www.malpaistrece.com. Freundliche Hotelanlage mit nur 8 Zimmern in kleinen Gebäuden oberhalb des ›El Patio‹. Mit einer eigenen, fast geschlossenen Meeresbucht unterhalb (etwa 500 m entfernt) sowie einigen natürlichen Meerschwimmbecken.

Restaurants

El Asadero/Aristides, Plaza de Libertád s/n, Tel. 922133412. Nettes Restaurant direkt am schönen Platz mit spanisch-kanarischen Spezialitäten.

Casa Gaspar, Avenida República de Venezuela 2, Tel. 922133106. Gepflegtes und preiswertes Restaurant, frischer Fisch und Fleisch wird von der Kühlvitrine ausgesucht. Mo geschl.

El Guincho, an der Landstraße des östlichen Vorortes El Guincho kurz vor Garachico, Tel. 922830540. Einfaches Restaurant in Panoramalage. Es werden u.a. Fischspezialitäten geboten.

Kinder bei der feierlichen Prozession am Palmsonntag in Garachico

21 Buenavista del Norte

Ein hübsches, ruhiges Städtchen und Eingangstor zum wild-schönen Macizo de Teno, dem Teno-Massiv.

Auf dem Weg nach Westen erreicht man zunächst Los Silos, wo sich alles am Kiosk in der Ortsmitte trifft. Weiter geht es dann in das weit verstreut auf einer Hangterrasse liegende Buenavista del Norte (5700 Einwohner). Der Ort wirkt auf den ersten Blick fast schon städtisch und doch ist er recht verschlafen. Mittelpunkt ist der Kiosk auf der zentralen *Plaza*, an deren Rand steht die wieder eröffnete **Nuestra Señora de los Remedios** stehen. Die Kirche war 1996 völlig ausgebrannt, mit Hilfe der Regierung und

Ruhig und gemächlich verläuft das Leben in Los Silos. Abends treffen sich die Einwohner zum Paseo am Hauptplatz rings um den achteckigen Pavillon

mit großen Opfern der Bevölkerung konnte sie aber originalgetreu nachgebaut werden. Sehr hübsch ist das klassizistische Portal der Kirche, die bereits 1513, damals einschiffig, begonnen und 1588 dreischiffig vollendet wurde. Sie erhielt auch jetzt wieder kostbar gearbeitete Mudéjar-Decken.

Man sieht es dem Ort an, dass in seiner Umgebung Ferienhäuser vermietet werden und auch viele Einheimische hier ihr Wochenenddomizil haben: Es gibt überraschend gute Einkaufsmöglichkeiten und Restaurants. Am westlichen Ende des Ortes wurde eine neue Golfanlage (Teno Golf) mit Meerwasser-Hallenbad gebaut und der Küstenstreifen **Playa de las Arenas** als bequemer Uferweg entlang der vulkanischen Küste angelegt.

Punta de Teno

11 km westlich von Buenavista schiebt sich eine kleine Landzunge in den Atlantik. Herrlich ist es, im flimmernden Licht des späten Nachmittags auf diese Punta de Teno zuzufahren! Dies allerdings auf einer Straße (TF-455), an deren Rand Schilder wegen Steinschlaggefahr und Erdrutsch vor der Weiterfahrt warnen. Die Einheimischen kümmern sich nicht darum. Eine schmale Straßenschleife führt um die Felsnadel namens **Fraile**, ›Mönch‹. Die Biegung ist auch unter dem Namen **Mirador Don Pompeyo** bekannt, wegen der sich bietenden Aussicht über die Nordküste und das in grüne Bananenplantagen eingebettete Buenavista del Norte.

Schließlich erreicht man die Punta de Teno mit dem **Faro de Teno**, dem Leuchtturm. Er steht, wie stets in Spanien, auf unzugänglichem Militärsperrgebiet, soll aber zugänglich gemacht werden. Liebespaare und Landschaftsfans verlassen manchmal unerschrocken die schmale Straße und suchen sich ein schönes Plätzchen am Meer, um den Sonnenuntergang zu genießen.

Praktische Hinweise

Unterkunft

Finca El Castillo, Nähe Golfplatz, Buchung über Canary Homes, Tel. 922389814, Fax 922383396, E-Mail: info@canaryhomes.com. 7 gut eingerichtete Apartments inmitten eines Obstgartens, ruhige Lage, kleiner Pool, Mückenschutz nicht vergessen!

Restaurant

La Cabaña, Calle El Puerto 26, Buenavista del Norte, Tel. 922127922. Sehr einfaches, blitzsauberes Restaurant mitten im Ort, auf dem Weg zum Strand, mit hervorragender Fischküche.

22 Durch den Macizo de Teno nach Masca

Eine aussichtsreiche Bergstraße erschließt die einsamen Weiten des Teno-Massivs.

An den zentralen Gebirgszug des Teide schließt sich im Westen das ältere, im Durchschnitt ca. 1000 m hohe Teno-Massiv an, der Macizo de Teno. In vielen Kehren steigt die Landstraße TF-436 von Buenavista del Norte über das *Valle El Palmar* hinauf und bietet immer wieder faszinierende **Ausblicke**. Es ist ein weites Tal mit Feldern und Terrassen, auf denen Kartoffeln und etwas Wein angebaut werden. Teils verwildern die landwirtschaftlichen Flächen auch wieder und geben der natürlichen Flora Raum zurück. Die zackige Bergwelt ist bedeckt mit Tabaibas, kleinen Drachenbäumen, Agaven und Dattelpalmen.

Der an seinen Hängen ebenfalls von Palmen gesäumte Ort **El Palmar** (622 m) zeigt sich als propere Siedlung mit zahlreichen Lokalen, denen man es ansieht, dass ihre Besitzer recht gut vom Ausflugsbetrieb leben. Am oberen Dorfrand steht in bester Klima- und Aussichtslage eine von der Inselregierung gebaute neue Urbanisation. Der angenagt wirkende Hügel im Osten ist ein Vulkankegel, dessen mineralienhaltige Asche (*Picón*) als Taufänger für den Trockenfeldbau der umliegenden Plantagen abgebaut wurde [s. S. 108].

Auf der Landstraße, vorbei an den Streusiedlungen *Las Lagunetas* und *Las Portelas*, geht es südwärts weiter zum **Mirador de Baracán** mit Blick nach allen Seiten. Von dort führt die gewundene Straße wieder abwärts zur Ortschaft Masca.

Unterwegs öffnet sich am **Cruz de Gilda** ein grandioser Blick nach Süden und Osten – vor allem auf das Dorf **Masca** mit seinen verstreuten Bauernhäusern in einem weiten Talkessel, an dessen Hängen neben Palmen auch Feigen- und Mandelbäume, Opuntien und Agaven wachsen. Es gedeihen auch Avocados, Orangen, dichte Brombeerbüsche sowie hohes Schilf. Unterhalb zieht sich der schroffe **Barranco de Masca** bis zum Meer hin. Er ist ein beliebtes Ausflugsziel für anspruchsvolle Bergwanderer [s. S. 89].

Aufgrund des regen Betriebes hat sich in Masca in den letzten Jahren einiges geändert. Die markierten Parkplätze an der Hauptstraße z. B. sind ein Beweis dafür, wie beliebt das Dorf in 650–800 m Höhe als Ausflugsziel ist! Deshalb lebt hier kaum noch jemand von der Landwirtschaft, zumindest nicht mehr direkt. Trotzdem werden Produkte der Region, wie etwa die sehr schmackhaften Feigen oder Ziegenkäse, auf den Dorfgassen zum Verkauf angeboten. Inselweit berühmt sind auch Honig und Bienenwachs aus Masca.

Ausflug

Man kann von Buenavista oder Garachico aus folgende Rundtour fahren, die prachtvolle landschaftliche Ausblicke garantiert: Garachico – El Tanque – Erjos – Puerto de Erjos – Santiago del Teide – Masca – El Palmar – Buenavista del Norte – Los Silos – Garachico. Dafür sollte man allerdings einen ganzen Tag einplanen, mit einer Pause in El Palmar oder Masca. Den weitesten Blick der ganzen Fahrt hat man kurz vor Santiago del Teide über dem grünen Valle de Ariba. Geradeaus schaut man auf Santiago und im Osten auf den Pico del Teide selbst. Rechts, jenseits der Straße ist in der Weite des Meeres auch die Nachbarinsel La Gomera zu erkennen.

Praktische Hinweise

Restaurants

Casa Fidel (Bar Blany), Masca, Tel. 922 86 34 57. Wohl das bekannteste und urigste Lokal des Dorfes mit freundlichem Service und gutem Essen zu relativ normalen Preisen.

El Palmar, Carretera General Buenavista del Norte, Km 6, Tel. 922 12 78 35. Familiäres Restaurant an der Durchgangsstraße, mit leckeren, knoblauchduftenden Hähnchen vom offenen Holzfeuergrill. Es gibt auch andere Fleischgerichte, ebenfalls in Riesenportionen für wenig Geld (Mo geschl.).

La Fuente, Masca, Tel. 922 86 34 66. Lokal in schöner Panoramalage unterhalb der Aussichtsterrasse nahe dem Parkplatz, mit langer Bar und Souvenirverkauf, mit eigener Terrasse (Fr geschl.).

La Pimentera, Masca, Tel. 922 86 34 38. Feineres Restaurant in einem grünen Garten mit weiten Ausblicken über Dorf und Schlucht. Das englische Wirtspaar serviert köstliche kanarische Spezialitäten (Di geschl.).

Über Stock und Stein durch die Masca-Schlucht

TOP TIPP

Man unterschätzt ihn leicht, den **Barranco de Masca**. *Die tiefe Rinne im Basalt des Teno-Gebirges, der ältesten geologischen Formation Teneriffas, fordert Kraft und Kondition. Wer alleine oder zu zweit die Wanderung durch die Schlucht von Masca zur Küste unternimmt, sollte Proviant im Rucksack haben, reichlich Wasser vor allem. Für den Notfall raten Wanderexperten zu einer Trillerpfeife.*

Es gibt mehrere Einstiege in den Barranco, einer liegt kurz vor Fidels Bar im unteren Teil von Masca. Der **Abstieg** *erfolgt über ein schmales Brückchen und nackte, glatte Felsplatten am schrägen Hang. Weiter unten wuchert Indisches Schilfrohr, ein paar Palmen wedeln im leichten Wind, verlassene Terrassen mit verwilderten Mandelbäumen schauen durchs Gebüsch. Mehrfach überquert der Weg das mit dicken Basaltkieseln gefüllte Bachbett, dann, etwa eine halbe Stunde vom Brückchen entfernt, stehen die Wanderer an der Sohle des Barrancos. Weit oben zeigt sich ein schmaler Himmelsstreifen, die mächtigen Felsen scheinen die Menschen erdrücken zu wollen. Am schwarzen und tiefblauen, manchmal auch gelbbraunen Urgestein klammern sich leuchtend-grüne Rosetten des Aeoniums senkrecht fest. Aus den Ritzen kleiner Steinkonsolen schießt der Sonchus seinen Blütenstil nach oben, seine gelben Blüten und die gezackten Blätter erinnern an Löwenzahn, doch er gehört zur Gattung Gänsedistel.*

Weiter geht es durch die Schlucht aus Lava und Basalt. Wo große Brocken des Gesteins den Weg versperren, quetscht man sich durch Spalten, geht in die Knie, sucht Halt, um die tiefer liegende Fortsetzung des Pfades mit gebremstem Sprung zu erreichen. Allmählich weichen die steilen Wände des Barranco zurück, man glaubt, schon das **Meer** *zu riechen. Helles Licht fällt auf die purpurnen Blütenkränze der Cinerarie und die rosaroten Wollknöpfe der Skabiose. Das Geröll wird kleiner, die Schlucht breiter. Dann endlich ist das rauschende Meer erreicht, etwa drei Stunden sind seit dem Einstieg vergangen.*

Eine Strecke ist geschafft, geschafft sind auch die strapazierten Wanderer. Manchem wird erst jetzt klar, dass hier unten an der **Punta de la Galera** *kein Wassertaxi wartet. Wieder denselben Weg zurück, vier Stunden, für viele hat bei diesem Gedanken der Spaß ein Ende. Besser dran sind Wanderer, die sich einer* **geführten Gruppe** *anvertrauen. Diese Touren sind so organisiert, dass ein Boot aus Los Gigantes die Wandergruppe an der Mündung der Schlucht aufnimmt und an der gigantischen Steilküste entlang zum Hafen schippert.*

23 Santiago del Teide

Ausgangspunkt für Wanderungen ins Teno-Gebirge und für Fahrten zum Teide-Nationalpark.

Touristen sehen den Bergort Santiago del Teide am Kreuzungspunkt zweier wichtiger Landstraßen normalerweise nur als Durchgangsstation an, obwohl die kleine, maurisch-andalusisch wirkende Kirche **Santiago de Compostela** (1678) schön restauriert wurde und das *Rathaus* ebenfalls in neuem Glanz erstrahlt. Bekannter ist Santiago aber als letzter **Haltepunkt** mit Einkaufsmöglichkeit, Bars und Bank für Urlauber, die sich auf eigene Faust zu Fuß das Teno-Massiv von Süden her erschließen wollen. Oder für Leute, die einen ungewöhnlicheren Weg zum Teide-Nationalpark einschlagen möchten.

Wenig südlich von Santiago muss man sich nämlich entscheiden, ob man auf der kurvenreichen TF-82 weiter nach Puerto de Santiago und Los Gigantes fährt oder die – leichter zu fahrende – Straße TF-375 nach Arguayo und Chio nimmt. Dort zweigt die noch holprige TF-38 zum Teide-Nationalpark ab, eine weitere Strecke führt über Guía de Isora nach Süden.

Arguayo

Welchen Weg man auch wählt, man sollte einen Abstecher in das 5 km südöstlich von Santiago del Teide gelegene Dorf Arguayo mit seinem kleinen privaten Töpfermuseum einplanen. Dieses TOP TIPP **Museo Alfarero de Arguayo** (Di–Sa 10–13 und 16–19 Uhr, So 10–14 Uhr, Eintritt frei) befindet sich in einem alten, schön restaurierten Bauernhaus direkt an der einzigen Bushaltestelle des Ortes. Töpferkunst nach traditioneller Art der Guanchen wird hier demonstriert, in mühsamer Handarbeit ohne Drehscheibe. Zunächst werden dünne Tonwülste ausgerollt, vorsichtig übereinander aufgetürmt und zusammengedrückt. Dann wird die Außenfläche Schicht um Schicht mit einem scharfen Messer abgetragen, bis eine glatte Wand entsteht. Das kann an einem einzigen Gefäß mehrere Stunden dauern! Anschließend wird das Gefäß im einfachen Steinofen gebrannt. Im Museumsshop kann man eines dieser handgefertigten Unikate erstehen.

Eine enge Serpentinenstraße verbindet Masca mit Santiago del Teide. Die Strecke ist zwar malerisch, aber die Haarnadelkurven sind nicht jedermanns Sache

Der Südwesten – Sonne, Strand und Urlaubsfreuden

Südlich des 1117 m hoch gelegenen Erjos-Passes im Teno-Massiv, der Wetterscheide des Westens, verdecken weniger Passatwolken den Himmel. Öfter als im Norden und Osten der Insel scheint die Sonne ungehindert vom blauen Himmel über die Südwestküste von **Los Gigantes** bis zur **Costa del Silencio** und ihr Hinterland.

Die Ländereien in Meeresnähe fielen als Erbe den jüngeren Brüdern einer Familie zu. Es war minderes Ackerland, *malpaís*, aus dem sich mit Landwirtschaft kein Gewinn erzielen ließ. Da waren auch die Schönheiten der Natur nur ein schwacher Trost, wie z. B. die steil aus dem Meer ragenden, atemberaubenden Felswände des **Acantilado de los Gigantes**.

Mit dem in den 1970er-Jahren aufkommenden **Tourismus** wurde dies schlagartig anders. Genau hier fühlten sich die sonnenhungrigen, unternehmungslustigen Nordeuropäer wohl, das ›schlechte Land‹ erzielte Höchstpreise. Man baute **Urlaubsstädte** und **Ferienwohnungen**, **Golfplätze** und **Jachthäfen**. Phantasievolle Attraktionen wie der Tier- und Landschaftspark **Áquilas del Teide** bei Playa de las Américas, **Terrarien**, **Wasserparks** und **Kakteengärten** entstanden. Doch die größte Attraktion sind neben der fast das ganze Jahr vom wolkenlosen Himmel brennenden Sonne die größtenteils künstlich aufgeschütteten **Strände** der Touristenhochburgen um die Costa Adeje, Las Americas und Los Cristianos. Ein Großteil der jährlich rund 5 Mio. Besucher Teneriffas tummeln sich an ihnen.

24 Los Gigantes

)ie steilsten Felsen der Insel beschützen len Hafen des modernen Ferienortes.

)ie Landschaftsszenerie in der Bucht ördlich von Los Gigantes ist grandios, ·00–600 m fallen die Steilwände des **\cantilado de los Gigantes**, die ›Felstürze der Riesen‹, senkrecht ins Meer b. Sehr abrupt endet hier das Teno-Gebirge, südlich davon wird die flache, ulkanschwarze Küste sandiger, im Lanesinneren höchstens noch von Hügeletten begleitet. An dem wahrhaft ›gigantischen‹ Küstenbruch aber zeigt sich ie Bergwelt noch einmal in all ihrer beindruckenden Majestät.

Bei weitem nicht so faszinierend ist as, was der Mensch um das einstige ischerdorf Los Gigantes geschaffen hat. Venig attraktive Apartmenthäuser, vielfach auf immer höher in den Berg geschlagenen Terrassen angelegt, zu ihren Füßen der große Jachthafen **Puerto Deportivo**. Die winzige, schwarzsandige **Playa Los Guios** liegt versteckt hinter ihm, teilweise begrenzt durch das an sich sehr hübsche ›Poblado Marinero‹, eine Apartmentanlage im kanarischen Stil. Dem Poblado gegenüber breitet sich die zugehörige neue, phantasievoll mit Felsen und Grünanlagen gestaltete Poolanlage **El Laguillo** aus (tgl. 9.30–17.30 Uhr), die auch Gäste von außerhalb gegen Eintritt besuchen können.

Um den Hafen findet man zahlreiche, tagsüber durchgehend geöffnete Restaurants. Diverse Anbieter offerieren **Wassersport** von Tauchen bis Hochseeangeln, und auch **Bootsausflüge** sind sehr beliebt, etwa zur Steilküste oder auf der Suche nach Delphinen hinaus auf den

Atlantik. Trotz solchen Ferienbetriebs ist Los Gigantes wie der Nachbarort Puerto de Santiago eher ruhig und familiär.

Praktische Hinweise

Hotels

**** **Los Gigantes,** Calle Flor de Pascua 12, Tel. 922861020, Fax 922100475, Internet: www.hotellosgigantes.com. Direkt am Meer erheben sich südlich von El Laguillo die 10 Stockwerke des Hotels. Es bietet zahlreiche Sportmöglichkeiten, Pool, Tennisplätze, Volleyball und Squash.

** **Poblado Marinero/El Hotelito,** Calle Los Guios, Tel. 922110966, Fax 922860679. Am Aufbau eines kanarischen Dorfes orientierte Apartmentanlage am Hafen. Die zwei- bis dreistöckigen Häuser sind um bepflanzte Innenhöfe mit Springbrunnen gruppiert.

Café und Restaurant

Bamboo, Calle Flor de Pascua 25, Tel. 922860373. Einladende Konditorei bietet in netter Atmosphäre Kuchen und warme Kleinigkeiten im *Tea Room* (tgl. 8.30–22 Uhr).

El Pescador, Calle Flor de Pascua s/n, Tel. 922860074, preiswertes Restaurant mit Fisch- und Fleischgerichten, im 1. Stock des Hauses.

Miranda, Flor de Pascua 29, Tel. 922860207. Kleines Restaurant in nachempfundenem kanarischen Haus. Auf den Holzbalkonen kann man abends stimmungsvoll kanarische Gerichte genießen, etwa eintopfartigen *Puchero* oder gegrillten Fisch.

25 Puerto de Santiago

Pechschwarz ist der Sandstrand des früheren Fischerortes, der sich zu einem modernen Urlaubszentrum entwickelt hat.

Der schwarze Lavasand des Hauptstrandes **Playa de la Arena** glitzert kristallin in der gleißenden Sonne. Allerdings heizt er sich schnell auf, so dass man darauf kaum barfuß gehen kann. Wie ein Samtband säumt er auf rund 200 m die kleine längliche Bucht von Puerto de Santiago. Parallel dazu verläuft die schmucke **Promenade**, von der Stufen zum Strand hinabführen. Auf den Hängen ringsum bestimmen zwar Apartmenthäuser und hohe Hotelbauten das Bild, aber das einstige Fischerdorf gehört trotzdem zu den gepflegtesten Ferienorten der Insel. Kleinere Villen verstecken sich in üppigen Gärten zu Füßen der dicht heranrückenden Hänge. Die **Oficina de Turismo**, das Informationsbüro oberhalb der Promenade, ist sehr gut ausgestattet und bietet Wanderkarten, Buchungshilfe, Urlaubstips etc.

Neu ist nördlich des Hauptstrandes Richtung Los Gigantes die Badelandschaft **Lago Santiago**, die man in der kleinen, schwarzsandigen Bucht kunstvoll angelegt hat. Ihm folgt am früheren Fischerhafen, der trotz der alten Häuser an seiner Kaimauer kaum noch auszumachen ist, eine größere schwarzsandige Bucht, gerahmt von stilvollen Apartmenthäusern. Hier geht der Ort quasi nahtlos in die südlichen Ferienanlagen des benachbarten Los Gigantes über.

Praktische Hinweise

Information: Oficina de Turismo, Avenida Marítima 36–37, Playa de la Arena, Tel. 922100348, Fax 922863212 (Mo–Fr 9.30–15.30, während der Saison bis 19 Uhr, Sa 9.30–12.30 Uhr).

Hotels

**** **Barcelo Santiago,** auf der Landzunge zwischen Puerto de Santiago und Los Gigantes, Tel. 922860912, Fax 922101808, E-Mail: santiago@barcelo.com. Großartig gelegenes, 1997 renoviertes Hotel direkt über der felsigen Küste. Vielseitiges Sportangebot (Pool, Tennis, Squash, Fitnessraum).

*** **Aparthotel Tamaimo Tropical,** auf der Landzunge neben dem Hotel ›Barcelo Santiago‹, Tel. 922860638, Fax 922860761. Angenehme Apartmentanlage direkt am Meer. Großer Pool in ausgedehntem Garten.

Restaurants

Casa Pancho, Playa de la Arena, Tel. 922861323. Feines Traditionsrestaurant, internationale Spezialitäten wie Kaviar aus dem Iran oder Leberpastete aus Frankreich ebenso wie kanarische Köstlichkeiten, z. B. Täubchen in Malvasia (Mo u. Juni geschl.).

Salzburg, Avenida Marítima, Tel. 922860505. Der Name ist Programm: Auf der Speisekarte stehen österreichische Spezialitäten von Nockerln über Kaiserschmarren bis Szegediner Gulasch.

Der Strand besteht aus schwarzem Vulkansand, doch ansonsten lässt die palmenumstandene Playa de la Arena an karibische Traumbuchten denken

26 San Juan

Fischerei wird groß geschrieben in dem kleinen Küstenort mit seinem geschützten Naturhafen.

Das an der Küstenstraße TF-47 gelegene San Juan ist für seine Fischlokale weithin bekannt. Bereits an der Zufahrtsstraße locken sie mit ihren Gerichten aus fangfrischer Ware. Dank des Tourismus kann der Ort heute wieder gut vom Fischfang leben.

Die kleinen Häuser des Dorfes liegen um den von einer Mole geschützten Hafen rings um die kleine Bucht. Hier entstand 1998 die Meerespromenade *Paseo Marítimo* vor der grau-steinigen **Playa de San Juan**. Zur Bereicherung der Szene trägt der 1918 gebaute Schoner Nostramo bei. Früher verkehrte er zwischen Barcelona und Mallorca, jetzt bricht er täglich um 10 Uhr zu den Gigantes-Felsen und der Masca-Schlucht auf (Tel. 922 75 00 85, Fax 922 75 10 41).

Im Hinterland von San Juan erstrecken sich ausgedehnte **Bananenplantagen**, meist hinter hohen Steinmauern verborgen und mit sandfarbenen Netzen vor allzu viel Sonne und Wind geschützt. Nicht gerade schön, aber nützlich und für diese Region typisch. In der ersten Kurve südlich von San Juan liegt die Gärtnerei **Agua Dulce**, die vielleicht bekannteste Blumenzucht der Insel. Seit Jahrzehnten werden hier vor allem Chrysanthemen für den Export gezüchtet.

Praktische Hinweise

Restaurants

Brisas del Mar, Carretera General s/n, Tel. 922 86 57 60. Die Köstlichkeiten aus dem Meer sind ihre hohen Preise wert. Der Thunfisch z. B. zergeht auf der Zunge, und die gemischte Fischplatte *Frito Misto* ist ein Gedicht.

La Marina, Carretera General 2, Tel. 922 86 50 62. Freundlich-familiäres Restaurant, auf fangfrischen Fisch spezialisiert. Große *Tapas*-Auswahl und reelle Preise.

27 Guía de Isora

Eine Wohltat für das Auge sind die üppig grünen Gärten und Felder des wohlhabenden Bergstädtchens.

Die kurvenreiche TF-463 verbindet San Juan mit dem 10 km im Landesinneren auf rund 600 m Höhe an einem Hang gelegenen Guía de Isora (7000 Einw.). Der Ort ist nicht nur ein wichtiger *Straßenknotenpunkt*, sondern das bedeu-

tendste *landwirtschaftliche Zentrum* des Westens der Insel. In der an sich regenarmen Region wurde dies durch das Erschließen ausgedehnter Wasservorkommen möglich, die in großen unterirdischen Becken des östlich aufragenden Teide-Gebirges gespeichert sind. Um Guía blühen Mandelbäume, es gedeihen Tomaten und Kartoffeln. Versorgt werden die Terrassenfelder und Plantagen durch ein Gewirr von **Wasserleitungen**, die kilometerlang aus den Berggalerien hierher führen.

Neben seinen fruchtbaren Feldern besitzt Guía de Isora in seinem Zentrum auch eine sehenswerte Kirche, die **Iglesia de la Virgen de la Luz**. Sie liegt auf einer schönen Terrasse mit uralten Indischen Lorbeerbäumen auf der Bergseite der Hauptstraße. Wie so oft, ist eine Legende Anlass für die hiesige Marienverehrung. Ein Schäferhund soll 1670 eine Dame aus dem Adelsgeschlecht del Ponte in eine nahe Höhle geführt haben, in der sie ein Marienbild fand. Zwar kam dieses ins Klarissinnenkloster nach Garachico, aber eine Kopie des Gemäldes blieb in Guía. Dieser Darstellung Marias als Lichtbringerin wurde Ende des 17. Jh. eine Kirche im Neorenaissancestil errichtet. Der vierjochige Bau besitzt kein Querhaus, seine Chorkapelle mit raumhoher, spätbarocker Altarwand gipfelt in einer dunklen Mudéjar-Decke. Die gleichartigen, sorgfältig geschnitzten Decken der drei Schiffe wirken seit der Restaurierung in den 50er Jahren noch immer frisch. Sie ruhen auf Rundpfeilern aus rötlichem Vulkanstein mit auffallend hohen Sockeln und schlichten Kapitellen. Die Seitenaltäre sind neoklassizistisch, im linken Seitenschiff zeigen sich sogar Anklänge an den Jugendstil. Die schönsten der zahlreichen Madonnenfiguren schuf der grancanarische Barockkünstler Luján Pérez. Am 21. September wird das *Patronatsfest* ›Unserer Lieben Frau vom Licht‹ mit einer Prozession und anschließendem Fest auf dem Kirchplatz gefeiert.

Auch das ist der Süden: Ruhige Ausblicke von der Uferpromenade in Puerto de Santiago über die Playa de la Arena (**oben**)*; blühende Chrysanthemenfelder der Gärtnerei Agua Dulce bei San Juan* (**Mitte**)*; das dichte Grün der Bananenplantagen prägt in weiten Teilen das Hinterland der Küste* (**unten**)

Ausflug

In Richtung Osten kann man von Guía aus den Teide-Nationalpark ansteuern – wenn man schmale, sehr (!) steile Straßen fahren möchte. Die Strecke führt erst durch ein Gewirr von Wasserleitungen hindurch bzw. daran vorbei, über den *Camino Viejo* durch den winzigen Ort *Chirche* und durchquert dann eine wilde, schwarze Vulkanlandschaft. Oben an der Hauptstraße TF-38 wendet man sich nach rechts zum Teide. In weiten Kehren geht es fast gemütlich immer weiter hinauf, teils durch dichte Kiefernwälder wie den hohen **Pinar de Chio** mit Rastplatz und zum **Mirador de Chio**, der den Blick auf den Pico del Teide freigibt. Beidseits der Straße steigen die Berge des Teide-Massivs auf über 2000 m Höhe an.

Praktische Hinweise

Einkaufen

Perfumes Naturales, Hauptstraße von Guía de Isora nach San Juan. Großer Laden, in dem man neben vielen anderen Souvenirs (etwa 1/2 m lange Zigarren) hauptsächlich aus natürlichen Ingredienzen hergestellte Parfums u. a. Düfte kaufen kann.

Restaurant

Bar Central, Guía de Isora. Einladendes Lokal mit kanarischer Hausmannskost am stimmungsvollen Kirchplatz

28 Adeje

Die Naturschönheiten der ›Höllenschlucht‹ locken zahlreiche Wanderer in den reichsten Ort des Südens.

12 km sind es auf der stark befahrenen Landstraße TF-82 von Guìa de Isora bis Adeje. Empfehlenswerter ist die etwas längere Route auf der TF-47 über San Juan, Marazul und Calao Salvaje, die teilweise parallel zur Küste läuft.

Weil Adeje in 310 m Höhe an einem Hang liegt, fährt man von Meereshöhe in sanften Kurven leicht bergauf. Auch die Hauptstraße des Dorfes steigt an, ist aber schnurgerade, wie mit dem Lineal gezogen. Sie führt, von Lorbeer- und Jacaranda-Bäumen auf kleinen, mit Lavasteinen gefassten Terrassen gesäumt, zwischen schmalbrüstigen, drei- bis vierstöckigen Häusern zur Pfarrkirche Santa Úrsula (s. u.).

Zum insgesamt 15 000 Einwohner zählenden Gemeindegebiet von Adeje gehört die Costa Adeje und die im Norden folgenden Ferienorte. Die daraus erwachsenden Einnahmen machten Adeje zum reichsten Ort der Region, wenn nicht der ganzen Insel. Glücklicherweise ließ man den alten Dorfkern, trotz großer Bauvorhaben ringsum, fast unangetastet, verschönerte ihn im Laufe der letzten Jahre sogar mit jungen Bäumen, frischem Anstrich seiner Häuser und neuer Pflasterung. Nette kleine Bars, Cafés und Restaurants stehen entlang der Hauptstraße und laden zu einer Pause ein.

Adeje war Sitz des legendären Guanchen-Herrschers Tinerfe, der im 14. Jh. ganz Teneriffa beherrschte. Eine Siedlung wurde Adeje aber erst durch die europäischen Eroberer um Cristóbal de Ponte, dem der spanische König 1497 das Gebiet als Lehen übergab. Die Neuankömmlinge nutzten den Wasserreichtum der von den Bergen herabführenden *Barrancos*, um ihre in Küstennähe geschaffenen Plantagen zu bewässern. Adeje entwickelte sich zu einem Zentrum des Zuckerrohranbaus. Im 16. Jh. ließ Pedro del Ponte, Kaufmann und Sohn des Gründers von Garachico [s. S. 83], hier afrikanische Sklaven auf seinen Feldern arbeiten. Bald gesellte sich zu diesem einträglichen Wirtschaftszweig der Handel mit Sklaven und englischem Tuch. Heute bringen Tomaten- und Bananenpflanzungen sowie der Tourismus der Gemeinde reiche Erträge.

Aus der Glanzzeit Adejes im 16. Jh. stammt die **Casa Fuerte** genannte Festung der Grafen von La Gomera im Nordwesten des Ortes. Pedro del Ponte ließ sie 1555 zum Schutz vor Piratenüberfällen errichten. Ein Feuer verwandelte das ›feste Haus‹ im 19. Jh. jedoch in eine Ruine.

Ebenfalls aus dem 16. Jh. stammt die Pfarrkirche **Santa Úrsula** (unregelmäßige Öffnungszeiten) am oberen Ende der Dorfstraße. Sie harmoniert baulich mit dem *Rathaus* auf der gegenüberliegenden Seite des Platzes. Schon von außen bietet die 1998 restaurierte, zweischiffige Kirche mit dem offenen dreiteiligen Glockenstuhl und ihren beiden Portalen einen angenehmen Anblick. Durch das rechte Portal gelangt man in das später angebaute Hauptschiff. Die frühere Eremitei (links) dient heute als Sakristei. Hier befindet sich in einer Nische eine kleine Madonna mit Kind, die man **Virgen de la Candelaria** nennt.

Über eine breite Treppe jenseits des Platzes erreicht man den säkularisierten **Convento San Francisco**. Juan Bautista de Ponte hatte das Kloster 1678 erbauen lassen. Original erhalten ist lediglich die

◁ *Hoch aufragende Felsformationen begleiten Wanderer auf ihrem Weg durch den vergleichsweise grünen Barranco del Infierno, der von Adeje abwärts in die Schlucht führt*

einschiffige Klosterkirche, in der das **Museo de Arte Sacro**, ein Museum sakraler Kunst, eingerichtet wurde. Sollte es geschlossen sein, kann man im benachbarten Rathaus nachfragen, denn die Sammlung ist sehenswert. In der einstigen Kirche mit der wunderbar gearbeiteten Mudéjar-Decke aus kostbarem Teak-Holz sind sakrale Bilder und ziselierte *Prozessionskreuze*, u. a. eines aus Katalonien (14. Jh.), *Wandteppiche* französischer Herkunft und *Altäre* aus dem 15.–17. Jh. zu sehen.

Die unbestrittene Hauptattraktion von Adeje ist allerdings eine Naturschönheit. Vor der Casa Fuerte geht es rechts ab zum **Barranco del Infierno**, der sich rund 7 km teils als breite Schlucht, teils als Hohlweg durch den Berg zieht. Bewässert durch das Flüsschen *Infierno*, sind Hänge und Talsohle auf weiten Strecken dicht bewachsen. Diese im Süden seltene, üppige Vegetation ließ den *Barranco* zu einer beliebten **Wanderstrecke** werden, zumal an seinem abrupten Ende ein *Wasserfall* kühle Erquickung verspricht. Übrigens ist die Höllenschlucht seit 1984 Teil des Naturschutzgebietes *Parque Natural* um den sich 3 km südlich anschließenden Bergzug des *Roque del Conde*.

Praktische Hinweise

Hotel

Fonda Central, Calle Grande 26, Tel. und Fax 9 22 78 15 50. Restauriertes Herrenhaus mit Atmosphäre, mitten im Ort, nur 8 Zimmer, mit Restaurant und Weinstube.

Restaurants

España, Calle Grande 18, Tel. 9 22 71 00 02. Angenehmes Restaurant an der Hauptstraße des Dorfes, Spezialität des Hauses ist Knoblauch-Hähnchen mit *Papas arrugadas* und Salat.

Otelo, Calle Los Molinos 10, Tel. 9 22 78 03 74. Traumhaft gelegenes Lokal genau über dem Eingang zum Barranco del Infierno mit Blick auf die Schlucht, Adeje und die Küste. Neben Knoblauch-Hähnchen bekannt für den zarten Kaninchenbraten (Di geschl.).

Taller de Cocina, Calle Manuel Bello Ramos 74, Tel. 9 22 78 10 72. Hochpreisiges Restaurant, in dem das Speisen zelebriert wird; fantasievolle Spezialitäten (So geschl.).

Einmal Hölle und zurück

TOP TIPP

Keine Angst, so schlimm ist eine Wanderung durch den berühmten **Barranco del Infierno**, *die Höllenschlucht, nordöstlich von Adeje auch wieder nicht. Festes Schuhwerk, Proviant und ein wenig Abenteuerlust braucht man allerdings schon. Die Tour ist ausgesprochen beliebt, und deshalb sind die Wege durch die Schlucht inzwischen ausgebaut worden. Nun, bequem ist höchstens das erste Viertel der Strecke.*

Trotzdem sollte man sich diese Höllenschlucht nicht entgehen lassen. Am schönsten ist es, am frühen Morgen aufzubrechen, denn ab etwa 10 Uhr stürmen wahre Menschenmassen den Barranco. Nahe des stein- und geröllreichen Eingangs öffnen sich hoch oben in den Felswänden mehrere dunkle **Höhlen**. *Die in ihnen gefundenen Guanchen-Mumien weisen auf die frühe Besiedelung dieses Teils der Insel hin. Je weiter man in die Schlucht eindringt, und das ist zu Beginn ein ziemliches Auf und Ab, desto wilder wird sie, desto dichter schieben sich ihre immer steiler werdenden Felswände zusammen. An ihnen gedeiht eine überraschende* **Pflanzenvielfalt**. *Die herrlich grüne Natur verdankt ihr Dasein dem zum Teil kanalisierten Bächlein, das den Wanderer auf seinem manchmal mühsamen, doch ungefährlichen Weg begleitet. Ein Bergbach ist auf Teneriffa eine Seltenheit, denn hier muss man Wasser meist aus tiefliegenden Basaltblasen heraus pumpen.*

Gemessen an diesen Verhältnissen ist auch der **Wasserfall** *ein Naturwunder, der sich am Ende der Schlucht in drei Rinnsalen 80 m tief in ein Basaltbecken ergießt.*

Die Wanderung durch den Barranco del Infierno kann im Winter nach starken Regenfällen durch den angeschwollenen Bach behindert werden, man läuft sogar Gefahr, vom Wasser eingeschlossen zu werden.

Die **Wanderzeit** *für Hin- und Rückweg beträgt insgesamt 4–5 Std., je nach Kondition.*

29 Arona

Gepflegtes Städtchen mit schöner Kirche.

630 m hoch, zu Füßen des von den Guanchen als heilig verehrten Tafelberges *Roque del Conde* (1020 m), liegt das hübsche Arona. In dem weiten Kommunalgebiet des Ortes leben über 30 000 Menschen. Da dazu auch die Touristenhochburgen Las Galletas mit der *Costa del Silencio*, Los Cristianos sowie ein Teil von Las Américas gehören, fließt das Geld reichlich in die Gemeindekasse. Es diente u. a. dazu, das historische Zentrum mit Bausubstanz aus dem 17./18. Jh. zu sanieren und einiges an Infrastruktur für die Bewohner zu schaffen. So wurde am unteren Eingang des Dorfes eine **Panorama-Terrasse** mit Springbrunnen, schlanken Palmen und moderner Steinskulptur angelegt, eine neue Schule gebaut und vieles mehr. Arona ist Ziel zahlreicher Besucher, die von der Küste heraufkommen, um ein Stück authentisch gebliebenes Teneriffa zu genießen.

Die an einem flachen Hang gelegene **Plaza Santísimo Cristo de la Salud** vor der Pfarrkirche San Antonio Abad bildet das Herz des Ortes. Hier steht auch das hübsche zweistöckige Rathaus (1979), das im Stil den historischen Gebäuden angepasst wurde. Es ist ein herrliches, mittags ruhiges Plätzchen für eine Pause unter Indischen Lorbeerbäumen!

Die Kirche **San Antonio Abad** (ca. 9–12 Uhr, Mi/Fr zusätzl. 17–19 Uhr) wirkt zunächst relativ schlicht. Die Fassade des Gotteshauses (1627) ist mit zierlichen Voluten geschmückt. Doch im **Inneren**, unter der Mudéjar-Decke, präsentiert sie interessante Kunstschätze, die z. T. aus Klosterauflösungen stammen. Man kann z. B. einen prächtigen barocken *Altaraufsatz* aus Adeje bewundern oder die Figur des **Santísimo Cristo de la Salud**, des über den Tod triumphierenden Christus, aus La Orotava. Die aus Silber getriebenen liturgischen Gefäße bekommt man jedoch nur an hohen Festtagen zu Gesicht.

Praktische Hinweise

Restaurants

Bar Sindical Arona, Avenida La Constitución 16, Tel. 922 72 56 21. Langgestreckte Bar an der Hauptstraße mit Restaurant im Nebenraum. Es gibt kanarische Spezialitäten, auf rechtzeitige Vorbestellung auch *Paella*.

El Patio Canario, Calle Dominguez Alfonso 4, Tel. 922 72 55 03. In der angenehmen Atmosphäre des historischen Hauses nahe der Pfarrkirche genießt man solide einheimische Küche (So abends/Mo geschl.).

30 Playa de las Américas und Costa Adeje

Urlaubszentrum unter ›ewiger Sonne‹, das jährlich Millionen Gäste aufsuchen.

Um den unübersichtlichen Urlaubskoloss Playa de las Américas etwas zu entzerren heißt das zu Adeje gehörende Gebiet nördlich des Barranco del Rey nun **Costa Adeje**, südlich der Schlucht bzw. unterhalb der Playa de Troya kurz **Las Americas**.

Der Name Las Américas geht auf eine Geschichte zurück, die besagt, dass auswanderungswillige Tinerfeños angeblich hier am westlichen Rand der Insel warteten, bis sie ein Schiff in ihr Sehnsuchtsland Amerika mitnahm. Diesen Traum hegten viele, denn der Boden konnte die Bauern nicht ernähren. Billigstes Brachland war aber genau das richtige für die Bauideen einiger Großinvestoren, die in den 70er- und 80er-Jahren des 20. Jh. am sonnenreichen Atlantikufer mitten im Nirgendwo **Playa de las Américas** aus dem Boden stampften. Sie wurden damit wohlhabend, ebenso die Gemeinden von Adeje und Arona, zu deren Gebiet die regellos gebaute Urlaubsstadt gehört.

Die Sonne war also schon da, der hier vorkommende, dunkle Sand wurde für die Strände einfach mit hellem aufgeschüttet, den Wellenbrecher und Molen vor dem anbrandenden Atlantik schützen. Fertig war das **Urlaubsparadies** für Mitteleuropäer. Längst sind die Costa Adeje und Las Américas keine Billigreiseziele mehr, denn auch im sonnigen Süden Teneriffas setzt man heute auf Qualität. Das bedeutet Hotels und Restaurants für gehobene Ansprüche sowie

Die Costa Adeje und Las Americas bieten kunterbunte Ferienattraktionen: Jung und Alt amüsieren sich im Aguapark Octopus (**oben rechts und links**)*; Apartment- und Hotelanlage Santiago* (**Mitte**)*; Falknerei des Parque Águilas del Teide* (**unten links**)*; gelungene Innenarchitektur zeichnet das Hotel Bahía del Duque aus* (**unten rechts**)

Golf- oder Tennisanlagen. Außerdem werden Straßen, Promenaden und Strände durch Parkanlagen und autofreie Zonen aufgewertet.

Zur Verschönerungskampagne gehört, dass man jetzt von der mit Sand aufgeschütteten, nördlichen *Playa del Duque* vor dem Luxushotel ›Bahía del Duque‹ über die *Playa Fañabe* mit der kleineren *Playa Torviscas* ›im Arm‹ und der *Playa San Eugenio* mitsamt dem Jachthafen **Puerto Colón** auf einer langen **Promenade** oberhalb der Küste und der Strände bis nach Los Cristianos gehen kann. Selbstverständlich ist die Straße gesäumt von zahlreichen Läden und Lokalen, belebt von Eisverkäufern und Agenten, die Bootsausflüge anbieten.

Costa Adeje und Las Americas sind umtriebige, vielbesuchte Badeorte, die wie ihre Nachbarstädte von der touristischen Landkarte nicht mehr wegzudenken sind. Die **Infrastruktur** ist perfekt, jeder findet das, wonach es ihn im Urlaub gelüstet. Neben Luxushotels und Ferienwohnungen sind Restaurants und Supermärkte reichlich vorhanden. Zahlreiche Veranstalter organisieren inselweite Ausflüge. Neben familienfreundlichen Wasser- und Tierparks gehören zum Vergnügungsangebot auch Nachtclubs, Shows, Theater und Casino (s. u.).

Praktische Hinweise

Information: Oficinas Información y Turismo: Costa Adeje, Calle Rafael Puig de Lluvia 1 (gegenüber Hotel Troya), Tel./Fax 922750633, Internet: www.costa-adeje.es; Centro Comerciál City Center (Gemeinde Arona), Playa de las Américas, Tel. 922386660 und 922797668, Fax 922757198.

Tagesausflüge

Aguapark Octopus, Urbanisación San Eugenio, 2 km nördlich der Costa Adeje (Ausfahrt 29 der Autopista del Sur), Tel. 922715266. Wasservergnügen mit mehreren hundert Meter langen Rutschen und Wildwasserbahnen in weitläufiger Poollandschaft. Angegliedert ist ein Delphinarium (tgl. 10–18 Uhr).

Cactus Park Desierto Feliz, jenseits der Autopista del Sur, Ausfahrt 69, Tel. 922795424. Tropischer Naturpark mit Kakteengarten und vor allem einem fantastischen **Amazonia**. Hier begeht man eindrucksvolle Schmetterlingshäuser, in denen die Entwicklung dieser wunderbaren Tiere vom Kokon über Raupe und Puppe beobachtet werden kann (tgl. 10–18 Uhr).

Parque Ecológico Águilas del Teide, ca. 3 km östlich von Las Américas Richtung Arona (Ausfahrt 72 der Autopista del Sur), Tel. 922753001. Adler, Falken, Bussarde und viele weitere ›Könige der Lüfte‹ leben hier neben anderen, teils seltenen Vögeln, etwa Flamingos, in einer künstlich geschaffenen, 7,5 ha großen tropischen Oase an den Abhängen des Teide-Nationalparks. Flugvorfüh-rungen der Raubvögel (tgl. 10–18 Uhr).

Nachtleben

Bananas Garden, im Zentrum unterhalb der Strandpromenade. Nachts sorgen südamerikanische Rhythmen in der Diskothek für Stimmung. Eine Pause vom Tanzen kann man sich im Pub oder auf der ruhigeren Terrasse zum Garten hin gönnen. Mittags werden mexikanische Köstlichkeiten wie *Tacos* oder *Nachos* serviert (tgl. ab 12 Uhr).

Píramide de Arona, Avenida de las Américas s/n, Tel. 922757500. Supermodernes, pyramidenartiges Mehrzweck-Auditorium, in dem ab 22 Uhr anspruchsvolle Shows, manchmal auch klassisches Ballett geboten werden (Abendkleidung vorgeschrieben! Mo geschl.).

Casino Playa de las Américas, Avenida Rafael Puig Lluvina s/n (im Souterrain des Hotels Gran Tinerfe), Tel. 922793712. Spielcasino mit Roulette, Black Jack und Glücksspielautomaten. Zutritt nur mit Personalausweis oder Pass, Gäste der meisten Hotels haben gegen Gutschein freien Eintritt (tgl. 20–2/3 Uhr).

Hotels

***** **Gran Hotel Bahía del Duque,** Playa Fañabe/Costa Adeje, Tel. 922746900, Fax 922746916, Internet: www.bahia-duque.com. Luxushotel in Form von Einzelhäusern um eine zentrale Poollandschaft. Mit eigenem Abschnitt am aufgeschütteten Strand vor dem Hotel, mehreren Restaurants im Haus, viel Sport und Unterhaltung. Butlerservice, Konferenzzentrum.

**** **Bahia Principe Costa Adeje,** Urb. Playa Paraiso, Carretera El Puertito s/n, Tel. 922723100, Fax 922723300, Internet: www.bahia-principe.com.

Große Hotelanlage (7 Gebäude) in kanarischem Stil, ausgedehnte Pool-Landschaft, Kinderzone mit Pool sowie Mini-Club, Squash, Fitnesscenter, Mountainbikeverleih.

TOP TIPP **** **Jardín Tropicál,** Costa Adeje, Playa de las Américas, Tel. 922746000, Fax 922746060, Internet: www.tropical-hoteles.com. Ein Juwel unter den luxuriösen Hotels der Insel, das seinem botanisch klingenden Namen gerecht wird mit einem üppigen Garten. Große Poollandschaft. Jenseits der Fußgänger-Promenade (Tunnel) für die Hausgäste reservierte Uferzone über den schwarzen Lavafelsen mit Brückchen und pagodenähnlichen Duschen.

**** **RIU Palace Tenerife,** Playa Fañabe (nördlich bei La Caleta), Tel. 922714191, Fax 922719045, Internet: www.riu.com. Luxushotel mit großem Garten und zwei Pools, Kinderbecken, Sand-Liegebereich, über die Strandpromenade nur 300 Meter zur Playa del Duque.

Restaurants

Buffalo, Puerto Colón, San Eugenio Bajo, Tel. 922795568. Bekannt für seine Grillspezialitäten, ob T-Bone-Steaks oder Fisch.

Mesón Las Tapas, Pueblo Canario, Tel. 922792269. Kanarische Küche, Fleisch und Fisch, große Tapas-Auswahl, abends Flamenco.

Doña Juana, Edificio Playa Azul, Local 16, Tel. 922796653. Sehr gute kanarische Küche in einem unscheinbaren Lokal mitten im Häusergewirr des oberen Teils von Playa de las Américas.

TOP TIPP **El Patio,** Hotel Jardín Tropicál, Tel. 922746000. Eines der besten Restaurants des Südens, internationale Küche in herrlichem Ambiente eines grünen Innenhofes. Mehrfach preisgekrönt, z. B. für seine *perdiz asada* (Wild). Angeschlossen ist eine stimmungsvolle Pianobar.

Masía del Mar, La Caleta, Tel. 922710241 und 922710895. Erstklassiges Fischrestaurant direkt über der schmalen Bucht (tgl. 12–23 Uhr).

31 Los Cristianos

Aus dem bescheidenen Fischerdorf wurde eine gigantische Urlaubsstadt.

Um Los Cristianos begann man Anfang der 70er Jahre Feriensiedlungen zu bauen, die mittlerweile mit denen des nordwestlich gelegenen Playa de las Américas zusammengewachsen sind. Dennoch hat man in Los Cristianos noch einiges aus der Entstehungszeit erhalten können, etwa das kleine Viertel um den ausge-

Die Uferpromenade von Los Cristianos ist zugleich Flaniermeile und Einkaufsboulevard

Sonnenbaden, Schwimmen, Tretbootfahren – an der Playa de las Vistas genießen Gäste in vollen Zügen die erholsamen und geselligen Angebote des Strandurlaubs

dehnten Hafen. So hat der Ferienort im Kern noch einigen Charme zu bieten und wirkt nicht ganz so modern wie die nordwestliche Nachbarin. Schön ist es vor allem an der **Strandpromenade** und in der benachbarten Fußgängerzone in den hübschen Gassen. Hier gibt es nette Restaurants, Bars und natürlich viele Geschäfte, die von Kinderspielzeug bis Mode alles anbieten, was das Herz begehrt. Stimmungsvoll sitzt man in einem der Cafés mit Blick auf das Meer. Im Scheitelpunkt der Bucht breitet sich auf rund 400 m der relativ hellsandige Stadtstrand **Playa de los Cristianos** aus. Allenthalben kann man auf dem bis zu 100 m breiten Sandstreifen von Sonnenschirmen beschattete Liegestühle mieten.

Die Promenade führt, im nordöstlichen Teil mit Palmen geschmückt, um die Bucht herum bis zu Apartmenthäusern und dem ›Arona Gran Hotel‹. Hohe Klippen schließen sie nach Süden ab. Leider bevölkern immer mehr Boote aus dem Hafen die Gewässer vor dem Strand, was der Wasserqualität nicht zugute kommt. Schöner und sauberer ist im Nordwesten, jenseits des Hafens, die lange **Playa de las Vistas** mit neu angelegtem Palmen-Park, die schon zu Playa de las Américas gehört.

Praktische Hinweise

Schiffsverbindungen

Abfahrt der Fährschiffe der *Fred. Olsen Lines* (Tel. 922790556, Internet: www.fredolsen.es) nach La Gomera und La Palma sowie der *Trasmediterránea* (Tel. 922796178, Internet: www.trasmediterranea.es) nach La Gomera und El Hierro, die auch Tragflügelboote einsetzt. Buchungen sind auch in jedem Reisebüro vor Ort möglich.

Hotels

******Arona Gran Hotel,** Avenida Los Cristianos, Tel. 922750678, Fax 922750243, Internet: www.aronahotel.com. Elegantes ›Parade-Haus‹ des Urlaubsortes, direkt am Meer. Großer Pool im Garten.

**** **Reverón Plaza,** Calle General Franco 26, Tel. 922757120, Fax 922757052, Internet: www.hotelesreveron.com. Stilvoll renoviertes Hotel in der Stadtmitte, Pool auf der Dachterrasse, Fitnessraum, Schönheitssalon, Sauna, Massage.

Restaurants

Bar El Bote, in der Fußgängerzone nahe dem Rincón Canario. Winzige

Tapas-Bar, im kleinen Boot namens ›Ma. Dolores‹ eingerichtet (Sa geschl.).

Fortuna Bratislava, Calle Juan XXIII s/n/Edificio Marcos, Tel. 922791714. Feines Restaurant mit von der Bummelmeile aus einsehbarer Küche. Fleisch- und Fischspezialitäten der gehobenen Preisklasse.

Rincón del Marinero, Calle El Cabezo (Durchgang zur Mole), Tel. 922793553. Kleines Lokal mit kanarischen Spezialitäten wie Ziegenfleisch und Kaninchen zu moderaten Preisen. Auch frischer Fisch steht auf der Tageskarte.

Steakhouse El Cardenále, Little Italy, Calle Juan XXIII 14, Tel. 922753057. Schönes, teures Restaurant mit Terrasse zur Gasse. Spezialitäten sind Fleischgerichte vom Holzkohlengrill.

The Fountain Bar, Patio La Fontana. Nette kleine Bierbar mit britischem Frühstück von 10–15 Uhr.

32 Las Galletas

Segler und Surfer lieben den Ferienort.

Noch in den 1960er-Jahren trug die äußerste Südspitze Teneriffas ihren Beinamen ›Costa del Silencio‹, stille Küste, zu Recht. Mit dem zehn Jahre später fertiggestellten Bau der Ferienanlage **Ten-Bel** – die Kurzform für ›Teneriffa Belgica‹ – östlich des ehemaligen Fischerdorfes Las Galletas hielt aber auch hier der Massentourismus Einzug. Die kubischen Bettenbunker von Ten-Bel sind inzwischen so von ihren Gärten umwachsen, dass man die Bausünden kaum noch sieht. Ringsum aber werden weiterhin Apartmenthäuser oder kleinere Villenanlagen gebaut. So entstand auch die neue Feriensiedlung *Costa del Silencio*, die wie Ten-Bel mit Las Galletas zusammengewachsen ist.

Im einst einsamen Dorf Las Galletas baute man mit viel Beton. Um den großen **Fischerei-** und **Jachthafen** mit seinem kleinen alten Siedlungskern wertet eine kleine *Fußgängerzone* den Ort auf. Einige der Skipper, die mit ihren Segelbooten im Hafen auf günstige Passatwinde warten, um den Atlantik zu überqueren, haben vor ihrer großen Fahrt die lange **Mole** mit bunten Bildern ihrer Schiffe bemalt. Beidseits des Hafens kann der ausgedehnte und verkehrsreiche Ferienort Las Galletas mit der zweigeteilten **Playa de la Ballena** aufwarten. Die beiden kleinen, natürlichen Strände sind größtenteils kiesig, zwischen den Steinchen sammelt sich dunkler Vulkansand. Wer hier einen Liegeplatz zum Sonnenbaden ergattert, kann in aller Ruhe den **Windsurfern** zusehen, die draußen in der kleinen Bucht Wind und Wellen genießen.

Praktische Hinweise

Restaurant

Vai Moana, am alten Fischerhafen Richtung Los Cristianos, Tel. 922732540. Rustikales, restauriertes Steinhaus mit stilvollem Ambiente, spanisch-französischer Küche. Abends auch mit Café-Pub bis 3 Uhr (Mo geschl.).

33 El Médano

Längster Strand der Insel in der windigsten Ecke Teneriffas, ideal für Surfer.

Jedes Jahr nutzen rund 5 Mio. Passagiere den internationalen Flughafen Reina Sofia. Inzwischen ließ die Inselregierung ein neues Terminal errichten, das bis zu 10 Mio. Reisende pro Jahr verkraften soll. Viele Ankommende reisen per Schiff zu den Nachbarinseln La Gomera und El Hierro weiter. Die Mehrzahl bleibt jedoch in den Touristenzentren des Südens und Nordens von Teneriffa. 3 km östlich des Südflughafens trennt an der Küste der pyramidenähnliche, rote Aschekegel der 171 m hohen **Montaña Roja** die hellsandige *Playa de la Tejita*

Ob Anfänger oder Fortgeschrittene – für Wellenreiter sind Wind und Wogen vor El Médano das pure Vergnügen

Hier bedeutet das Surfbrett die Welt, auch wenn es die Sportler einmal für eine kurze Erholungspause am Strand ablegen

Richtung Los Abrigos von El Médanos dunklerer *Playa de Leocadie Machado*.

Wer El Médano ein paar Jahre nicht gesehen hat, wird sich wundern, wie städtisch sein Charakter geworden ist, mittlerweile leben hier 4000 Menschen. Der Hafen liegt im Scheitelpunkt der beinahe halbkreisförmigen Bucht *Bahía del Médano*. Hier soll 1519 der als Magellan bekannte portugiesische Weltumsegler Fernão Magalhães vor Anker gegangen sein. Den mittlerweile ausgebauten **Hafen** umstehen einige ältere hohe Häuser mit Kneipen im Erdgeschoss, das Ganze strahlt noch den Charme eines Fischerdorfes aus. Vom Fischfang lebt jedoch im touristisch vollkommen erschlossenen El Médano heute niemand mehr, die Küste ist durchgehend mit Großhotels und kleineren Anlagen bebaut, im flachen Umland entstehen noch immer zahlreiche Apartmenthäuser.

Besonders phantasievoll wurde die **Strandpromenade** angelegt, die entlang des bräunlichen, feinen Sandstrandes den natürlichen Kurven der Küstenlinie folgt. Sie verläuft zwischen dem Meer und niedrigen, hellen Tuff-Konglomerat-Felsen, die farblich schön mit dem dunklen Sand kontrastieren und diesen zudem dekorativ vor dem allgegenwärtigen Wind schützen. Diese **Playa de Leocadie Machado**, in ihrem westlichen Teil **Playa del Médano** genannt, ist zwar schmal, aber wunderschön und zieht sich zwischen Hafen und *Montaña Roja* etwas mehr als 3 km lang hin, der längste natürliche Strand von Teneriffa! Man spaziert über Holzstege, ein paar Boote sind an das Ufer gezogen, Liegen werden vermietet, Cafés laden zu einer Pause ein. Dem einzigartigen Sandstrand verdankt das einstige Fischerdorf auch seinen Namen, denn El Médano heißt ›die Düne‹.

Am westlichen Strandende, wo vor der *Punta del Bocinegro* der Sand mit Kieseln vermischt ist, treffen sich die **Windsurfer**. Der Wind, der hier beständig bläst, mag Sonnenanbetern auf die

Nerven gehen – für Wassersportler ist er ideal. So avancierte El Médano zum **Surfer-Dorado** der Insel.

Praktische Hinweise

Wassersport

Surf Center Playa Sur, am Hotel Playa Sur Tenerife. Einschlägiger Sportlertreff, das Richtige zum Fachsimpeln und für solide Beratung. Surfkurse für Anfänger und Fortgeschrittene, Ausrüstungsverleih (tgl. 10–13.30 und 16– 18 Uhr).

Hotels

**** **Calimera Atlantic Playa,** Avenida Europa 2, Tel. 9 22 17 62 52, Fax 9 22 17 61 14. Unprätentiöses Hotel am östlichen Ortsrand. Neben Fitnessraum und Pool auch mit Surfschule an der kleinen Bucht. Die hauseigene **Disco La Barca** ist ein vielbesuchter Treffpunkt.

*** **Playa Sur Tenerife,** La Plaza 11b, Tel. 9 22 17 61 20, Fax 9 22 17 63 37. Angenehmes Hotel mit Meerwasserpool. Die angegliederte Surfschule mit Brettverleih erfreut sich großer Beliebtheit.

** **Monica del Sur,** Avenida Santa Cruz 171, San Isidro (an der Durchgangsstraße nach Granadilla), Tel. 9 22 39 00 36, Fax 9 22 39 01 56. Sehr freundliches, renoviertes Stadthotel mit guter Küche.

Restaurant

Agua Viva, Calle A. Miguel El Pescador. An der Strandpromenade gelegen, öffnet sich von der Terrasse ein weiter Blick über das Meer. Fischgerichte sind die Spezialität, empfehlenswert ist besonders die reichhaltige *Paella Marisca.*

… und den Strom liefert der Wind

Ein geradezu pompöses Kunstwerk in Form eines schlanken Flügels kündigt über der Autobahnbrücke bei Ausfahrt 52 das Industriegebiet von Granadilla de Abona (Poligono Industrial) an. An seinen hochaufragenden Windrädern ist der dortige **Parque Eólico** *schon von weitem zu erkennen. Dieser technische Park mit einem 1998 eingerichteten* **Freilichtmuseum** *für erneuerbare Energie (Di–Sa 9–17 Uhr) ist schön angelegt, mit künstlicher Bachlandschaft und ausgedienten Windradrotoren zum Anfassen. Die Schautafeln erläutern die Ausstellungsstücke in spanischer und englischer Sprache. Sachkundige Mitarbeiter des Instituts führen Schulklassen und andere Wissbegierige ein in die Technologie* **erneuerbarer Energien** *und in ihre Anwendung. Auch städtebauliche Fragen, etwa zur Integration von Solardächern, werden beantwortet. Die etwa 1 Std. dauernden Führungen, auch mehrsprachig, sind kostenlos, man muss sich allerdings für sie anmelden. (Tel. 9 22 39 10 00).*

Der Parque Eólico ist eigentlich ein Ableger des hier ansässigen Forschungsinstitutes der Inselregierung **I.T.E.R.** *(Istituto Tecnológico y de Energías Renovables). Es untersucht verschiedene Formen erneuerbarer Energien von Meeresströmungen bis zu Photovoltaik, vor allem aber die* **Windkraft** *– bei der Nähe zum oft geradezu stürmischen Surferparadies El Médano kein Wunder!*

Der Südosten – Höhenstraße entlang der Küste

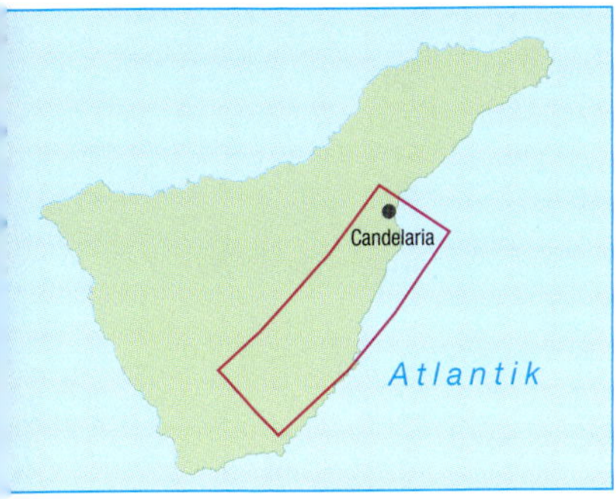

Wunderschön ist die alte TF-28, auch **Carretera del Sur** genannt, die über weite Strecken am Fuß des zentralen Teide-Massivs von Los Cristianos bis nach Santa Cruz de Tenerife führt. Bis zum Bau der küstennahen Südautobahn Autopista del Sur war sie die einzige Verbindung zwischen den in **piratensicherer** Entfernung vom Meer entstandenen **Bergdörfern**. Die aussichtsreiche Höhenstraße verläuft von Süden nach Nordosten, vom bedeutenden **Landwirtschaftszentrum** San Miguel über Granadilla de Abona mit seinem zauberhaft hergerichteten Ortskern zum für seinen Ziegenkäse berühmten, dreigeteilten Arico. Weiter geht es nach Fasnia mit seinen weißsteinigen **Terrassen** und nach Güimar, dessen ungewöhnliche **Stufenpyramiden** weltweit bekannt sind. Auf der Fahrt bieten sich Abstecher an zum waldumgebenen Städtchen Arafo oder zum **Wallfahrtsort** Candelaria, wo die ›Lichtbringende Madonna‹ als Schutzpatronin der Kanarischen Inseln verehrt wird.

Von der Höhenstraße wie von der Südautobahn aus kann man immer wieder schmale Stichstraßen zum Meer hinunterfahren. Sie führen zu kleinen, bei den Einheimischen beliebten **Küstenorten** wie Las Maretas, Porís de Abona oder El Tablado. Ihre meist dunklen, kiesigen Strände sind touristisch noch wenig erschlossen, wenngleich auch hier verstärkt gebaut wird. Die Küste bietet in weiten Teilen einen ungestüm-wilden Anblick, und die Gischt des anbrandenden Atlantik lässt den grünlich-sandfarbenen Tuff und den dunklen Basalt der Klippen geheimnisvoll schimmern. Besonders steil fallen die Felsen am **Acantilado de la Hondura** ab, wo sie allerdings kaum Buchten, geschweige denn Strände aussparen.

34 Mirador de la Centinela

Weiter Blick über die Vulkankegel des Südens, am Horizont nur vom Meer begrenzt.

Auf der schnell aufsteigenden Landstraße TF-28 erreicht man von Playa de las Américas kommend nach rund 7 km **Valle San Lorenzo**. Die ca. 300 Einwohner sind in der Landwirtschaft tätig, das Dorf ist umgeben von Obstplantagen und Gemüsegärten, die einen erstaunlich grünen Kontrast zur eher kargen Hügellandschaft bilden. Diese ist eine bei jüngeren Vulkanausbrüchen entstandene geologische Formation.

Entdeckungen im Nordosten: Steinpyramiden von Güimar (**oben**)*; gepflegte Gastlichkeit in der Finca Salamanca bei Güimar* (**Mitte links**)*; Prozession der Virgen de la Candelaria* (**Mitte rechts**)*; Ziegenherde im Morgennebel auf dem Weg zur Weide* (**unten**)

Genauer ist das vom **Mirador de la Centinela** aus zu erkennen, der auf einer Terrasse in einer langen Rechtskurve etwa 2 km hinter Valle San Lorenzo Richtung San Miguel liegt. Im Rücken hat man den steilen **Roque de Jama** (783 m). Vor einem breitet sich die aus Vulkankegeln bestehende Ebene **Aldea Blanca del Llano** aus, die bis zum ebenfalls sichtbaren Meer hin abfällt. Ihre hügelartigen Erhebungen von 100 bis 200 m Höhe bestehen teils aus Schlacke, teils aus fast schwarzer oder weißlicher

Frisches Grün aus leichtem Stein

Im trockenen Süden Teneriffas gedeiht von Natur aus nur Wüstenflora. Hier haben es die Bauern schwer, ihre Äcker zu bestellen, denn es gibt weder Grundwasser noch nennenswerte Flüsse. Ringsum steht vulkanisches Gestein an, entweder harter Basalt oder leichter poröser Tuff bzw. Bims und Lavaschlacke. Aus der Not haben die kanarischen Bauern, nicht nur auf Teneriffa, eine Tugend gemacht. Sie setzen den sog. **Trockenfeldbau** *ein, wofür sie den graugelben Tuff abbauen, ihn zu Jable zerkleinern und über ihre Terrassenfelder verteilen.*

Wie ein Schwamm saugt der **Jable**, *ein altspanisches Wort für Sand, den Tau der Nacht und jeden Regentropfen auf, der fällt. Das so gespeicherte Wasser gibt er tagsüber an den Humus und die darauf wachsenden Pflanzen ab. Nach derselben Methode funktioniert die in Europa bekannte* **Hydrokultur**.

Die Feldbearbeitung mit Jable ist sehr teuer und mühsam, denn die dünne Steinschicht kann nur dann die Bewässerung ersetzen, wenn sie obenauf bleibt und sich nicht mit dem fruchtbaren Humus darunter vermischt. Wenn der Boden gepflügt und gedüngt wird, muss die Schicht jedesmal vorher abgetragen und hinterher wieder aufgelegt werden. Alle 5–6 Jahre muss man den Jable ersetzen, den gleichartigen **Picón** *aus härterem Gestein alle 10 Jahre. Mit dem Trockenfeldbau erzielen die Bauern rings um Valle San Lorenzo, San Miguel und Granadilla de Abona im Durchschnitt* **zwei Ernten** *pro Jahr, wobei sie Kartoffeln, Hülsenfrüchte und Weizen im Fruchtwechsel anbauen.*

Will man weniger Handarbeit anwenden, geht man nach der **Sahorra-Methode** *vor. Eine bis zu 10 cm dicke Schicht aus grob geschrotetem Bims wird mit dem Humus vermischt, muss jedoch zusätzlich bewässert werden. Dafür wird in San Miguel de Abona das geklärte Wasser des Canal del Sur von Puerto de la Cruz bis Granadilla de Abona genutzt.*

Vulkanasche. Wo sie abzubröckeln scheinen, baut man Lavakiesel für den Trockenfeldbau ab, wie er in der Umgebung von Valle San Lorenzo betrieben wird. Meist sind es weite, flache und steingemauerte Terrassen, die mit einer Schicht von sehr hellem Bimsstein belegt sind, dem *Jable*. Solange die Felder nicht bepflanzt sind, bieten sie daher ein merkwürdiges Bild, ähnlich einem Steingarten. Doch wenn das erste Grün aus dem zerkleinerten Bims sprießt, ändert sich die Landschaft völlig, dann wirkt sie zart, geradezu zerbrechlich.

Praktische Hinweise

Restaurant

Mirador de la Centinela, am gleichnamigen Aussichtspunkt, Tel. 922691284. Neu und naturnah mit steingemauerten Wänden unterhalb der Stichstraße gebaut. Eine breite Glasfront zum Tal garantiert weite Ausblicke, während man deftige Gerichte, etwa *Cazuela de Merluza*, verzehrt (Mo geschl.).

35 San Miguel de Abona

Kontrastreiches, lebhaftes Dorf, Geburtsort des Historikers Juan Béthencourt Alfonso.

San Miguel liegt 550 m hoch zu Füßen der *Montaña del Pozo* (1294 m) auf einem schmalen Höhenzug zwischen den beiden wilden Schluchten *Barranco de Archiles* und *Barranco de la Orchilla*. Spektakulär ist der Blick vom der ausladenden, mit Lorbeerbäumen geschmückten und nächtens von Laternen beleuchteten Terrasse der **Iglesia Parroquial de San Miguel** in das sich westlich und östlich erstreckende Tal. Wunderhübsch sind viele der alten Häuser des Dorfes mit ihren grünen Fensterläden. Zu den schönsten gehört an der Südwestecke des Kirchplatzes das ebenerdige **Geburtshaus** des Historikers und Arztes Juan Béthencourt Alfonso (1847–1913). Es besitzt raumhohe Fenstertüren, die meistens leider mit Holzläden verschlossen bleiben, auch wenn eine gelbe Fahne mit der spanischen Krone das Gebäude als nationales historisches Monument ausweist.

Am Rand des Barranco führt ein schmaler Weg zu den fruchtbaren Terrassenfeldern an seinen Hängen. Auf ihnen gedeihen Obst und Wein, Getreide und

Karger Boden, reiche Frucht – der Trockenfeldbau macht's möglich. Allerdings ist der wasserspeichernde Jable kostbar, und die Bauern arbeiten hart für ihre Ernten

Kartoffeln. In der Tat ist San Miguel ein bedeutendes Landwirtschaftszentrum. An den zahlreichen Wasserreservoirs sieht man, wie viel die Bauern hier bewässern müssen, damit ihr Land Früchte trägt, wenngleich sie auch den Trockenfeldbau nutzen [s. S. 108]. Die meisten der 5800 Einwohner arbeiten jedoch nicht auf den Feldern, sondern in der Tourismusbranche an der Küste.

TOP TIPP 36 Granadilla de Abona

Der Ort, idealer Ausgangspunkt für Wanderungen ins Gebirge, öffnet sich nur langsam dem Tourismus.

Am Kreuzungspunkt der Straßen zwischen Santa Cruz de Tenerife und der Südwestküste (TF-28) sowie dem Südosten und dem Teide-Nationalpark (TF-21) erreicht man in 650 m Höhe das in seinem historischen Kern ausgesprochen hübsche Dorf. Insgesamt leben in dem sehr ausgedehnten Gemeindegebiet – von der *Paisaje Lunár* [Nr. 42] im Norden bis zum Parque Eólico [s. S. 105] im Süden – mehr als 19 000 Einwohner.

Granadilla de Abona ist ein guter Aufenthaltsort für Urlauber, die Ruhe suchen in intakter **Natur** und vor allem wandern möchten. *Senderos* heißen auf spanisch die entsprechenden Wege und Pfade – genau solche, und zwar historische, führen, gut ausgeschildert, von Granadilla aus in alle Richtungen.

Von San Miguel de Abona kommend, fährt man zunächst durch neuere Ortsteile. Kurz vor dem Zentrum passiert man eine hohe Umfassungsmauer, an deren Ende sich die langgestreckte **Plaza San Francisco** öffnet. Geradeaus steht das Rathaus, rechts erheben sich das Portal und die Ruine von **San Francisco**. Das ehem. Konventsgebäude aus dem 17. Jh. wurde ein Jahrhundert nach der Grundsteinlegung durch ein Feuer zerstört. Jahre nach dem Wiederaufbau begann die Anlage jedoch zu verfallen. Seit Jahrzehnten ist eine gründliche Restaurierung geplant, aber wegen Geldmangel geschieht nichts. Schade ist es vor allem um das schöne Portal aus schwarzen Lavasteinen und um die reich geschnitzte Mudéjar-Decke.

Andere Bereiche des Zentrums sind jüngeren Datums. Es lohnt sich, die steilen Gassen von Granadilla bergan zu steigen, sie werden von hübschen alten Dorfhäusern gesäumt. Die Pfarrkirche **San Antonio da Padova** steht in einer Kurve etwas erhöht über der Straße auf einer Terrasse. Der Turm des 1711 geweihten, einschiffigen Gotteshauses kam 1885 hinzu, sein oktogonaler Turmaufsatz wirkt wie ein Spitzhelm. Das Innere wird von mehreren neoklassizistischen Altären beherrscht.

Praktische Hinweise

Hotel

Senderos de Abona, Calle de la Iglesia 5, Tel. 922770200, Fax 922770308. *Turismo rural* in einem Landhotel mit 17 unterschiedlich ausgestatteten Zimmern, direkt an der Pfarrkirche. Angeschlossen ist das nette Restaurant El Terrero (nur abends).

37 Arico

Dreigeteilter Ort in wilder Landschaft an den Teide-Abhängen.

Die 17 km von Granadilla bis Arico schlängelt sich die TF-28 an unendlich vielen Barrancos vorbei. Die meist tiefen Taleinschnitte an den Teide-Abhängen zeigen teilweise beeindruckende Basaltformationen. Zuerst begleiten noch Kanarische Kiefern den Weg, der immer wieder herrliche **Ausblicke** sowohl auf das Meer als auch auf das Teide-Massiv freigibt. Aus den Steinterrassen wachsen über den Rand hinaus Rebpflanzen als Windschutz für Kresse, Gemüse oder Kartoffeln. Die unbebauten Hänge ringsum sind bedeckt von kleinblühenden weißen Zistrosen.

Beim *Barranco de la Vijigua* beginnt der Ort **Villa de Arico**. Den Titel *Villa*, ›Stadt‹, verlieh 1906 Alfons XIII., der damit die Siedlung in fast 600 m Höhe wegen seiner Verdienste um die Landwirtschaft auszeichnete. Arico besteht aus mehreren Ortsteilen, die Hauptdörfer sind *Lomo de Arico* an der TF-28 sowie 4 km weiter nordöstlich *Arico Nuevo* und *Arico Viejo*. Nur knapp 400 Menschen leben in diesen drei Bezirken von Villa de Arico, der Rest der rund 4600 Einwohner verteilt sich auf die zugehörigen Weiler, die in Richtung Meer liegen. Viele der Bewohner leben von der **Ziegenzucht** sowie der damit verbundenen Milchwirtschaft und Käserei.

Lomo de Arico hat seinen Namen von dem Bergrücken (span. *lomo*), auf dem es sich mitsamt der hübschen barocken Pfarrkirche **San Juan Bautista** ausbreitet. Links vor ihr steht ein prachtvoller *Drachenbaum*, wie man ihn sonst eher im Norden der Insel findet. Das einschiffige, an den Ecken mit dunklen Lavasteinen eingefasste Gotteshaus wurde 1590 erbaut und 1747 barockisiert, der Turm stammt aus dem 19. Jh. Schön sind die dunklen Mudéjar-Decken der langgestreckten Kirche, über der Chorkapelle und dem Querschiff sind sie farbig gefasst. In einer Nische an der rechten Wand steht die spätgotische **Virgen de Abona**. Die etwa 40 cm hohe Figur der Gottesmutter wird als Patronin des Südens von Teneriffa verehrt. Die kleine

Nicht immer sind es die großen Tiere, die die süßesten Früchte bekommen – in Arico werden Ziegen oft mit Tomaten gefüttert, die es zur Erntezeit in Hülle und Fülle gibt

Holzmadonna im roten Kleid mit langem, blauem Mantel trägt den Jesusknaben auf dem linken Arm.

Weil **Arico Viejo** – heute durch Neubauten wiederbelebt – im 18. Jh. vom Verfall bedroht war, überließen es die Bewohner seinem Schicksal und gründeten gleich nebenan **Arico Nuevo**. Dieses wiederum wurde wegen seiner Schönheit unter Denkmalschutz gestellt. Die gepflegten weißen Häuser, schöne einstöckige Bauten mit grünen Fensterläden und Holztüren, sollte man sich bei einem gemütlichen Bummel anschauen. Dafür bietet sich etwa die Calle XIII. Septiembre rechts vom kleinen zentralen Platz mit seinem unscheinbaren Kirchlein an.

Praktische Hinweise

Shopping

Queseria de Arico, an der Autopista del Sur, Ausfahrt 40, etwa 200 m Richtung Arico. Mustergültige Käserei mit Direktverkauf, deren Produkte auf der ganzen Insel geschätzt werden. Man entwickelt stets neue Kreationen, etwa geräucherten oder mit Gofio bzw. rotem Paprika eingeriebenen Ziegenkäse.

Bodega Cumbres de Abona, am Rand von Arico Nuevo, Richtung Lomo de Arico (nach dem zweiten Barranco). Winzergenossenschaft mit süffigen Weinen, auch Direktverkauf.

Hotels

(Buchung über Canary Homes & Hotels, s. S. 134)

La Plaza, Arico el Nuevo, am Hauptplatz. Renoviertes Haus (19.Jh.) mit bepflanztem Innenhof, Wohnzimmer, 2 Schlafzimmer, Küche, Bad.

Villa Dolores, Arico el Nuevo, am Hauptplatz. Renoviertes Haus (19. Jh.) mit Halle und Dachterrasse mit Grill; Esszimmer, 2 Schlafzimmer, Küche, Bad.

39 Fasnia

Paraglider schweben in leichtem Aufwind über den fruchtbaren Feldern.

Das im 17. Jh. gegründete Dorf Fasnia (2200 Einw.) kann als kleines landwirtschaftliches Zentrum der Region gelten, deren Verwaltung hier ihren Sitz hat. Der Ort liegt am Hang des stetig zum Meer hin abfallenden *Lomo de los Pinos*, umgeben von grünen Terrassenfeldern, auf denen Obst, Gemüse und Wein gedeihen. Die Stützmauern sind aus dem grünlichen, ockerfarbenen und gräulichen Tuffstein der Gegend aufgeschichtet.

Im Himmel über Fasnia – Paraglider wissen die Thermik am Hausberg zu schätzen

Überragt wird Fasnia im Südosten von dem ebenmäßigen Aschekegel des 403 m hohen Hausbergs **Montaña de Fasnia**. Von seiner Spitze lassen sich **Paraglider** hinabgleiten und ziehen dann wie bunte Raubvögel über dem Ort ihre Kreise. Neben der Abflugstelle thront oben auf dem ›Berg‹ die weiße Kapelle **Nuestra Señora de los Dolores**. Die Dorfbewohner hatten die Kapelle zum Dank dafür errichtet, dass ihre Häuser beim letzten Ausbruch des 2176 m hohen **Volcán de Fasnia** im Jahr 1705 nicht zerstört wurden.

Mirador de Don Martín

In ihrem weiteren Verlauf drückt sich die Straße teilweise eng an die Abhänge des Teide-Massivs bzw. der Cañadas oder ist aus dem Fels herausgehauen worden. Nach 7 km kurvenreicher Fahrt genießt man vom Mirador de Don Martín einen großartigen Blick auf die Küste. Hinter dem 276 m hohen Vulkankegel jenseits der Autobahn erstreckt sich das *Malpaís de Güimar*, das ›schlechte Land von Güimar‹. Im Norden übersieht man das weite, trockene *Valle de Güimar* bis nach Candelaria, an klaren Tagen ist sogar das 25 km entfernte Santa Cruz zu erkennen.

39 Güimar

Residenz eines Guanchenkönigs und Schauplatz einer der aufregendsten Entdeckungen auf den Kanaren: der Pyramiden von Güimar.

Die Gegend um Güimar war in vorspanischer Zeit Sitz eines Guanchen-Mencey, eines Königs der Altkanarier. Es war wohl auch das erste Gebiet Teneriffas, das christianisiert wurde, was den Bewohnern damals Vorteile brachte, ihrem letzten König Acayomo aber den Ruf eines Verräters eintrug. Das Gemeindegebiet (15 000 Einw.) reicht vom Höhenzug *Cumbre Dorsal* [s. S. 61] bis ans Meer. Das heute wirtschaftlich bedeutende Güimar wirkt, als sei es zu schnell und planlos gewachsen. Es ist aber ein lebhafter Ort mit vielen Geschäften und Bars an der Hauptstraße.

Im Zentrum von Güimar steht nahe der Kreuzung die Pfarrkirche **San Pedro** aus dem 17. Jh. Die dreischiffige Hallenkirche wirkt sehr hoch, weil sie nur aus drei Jochen besteht, also relativ kurz ist. Außer in der Chorkapelle sind die Decken aus schwarzbraunem Holz im Mudéjar-Stil gearbeitet. Die neoklassizistischen Seitenaltäre zeigen recht grobe Strukturen. Der Kirchenschatz ist reich mit wertvollen **Silberarbeiten** ausgestattet, z.B. Altartische und filigrane Sakramentshäuschen.

Am oberen Ortsrand, im Viertel *Chacona*, liegt die Hauptattraktion des Ortes, die **Pyramiden von Güimar**. Es handelt sich um sechs regelmäßige Stufenpyramiden, die den Guanchen einst als Kultstätte bzw. Plattformen für astronomische Beobachtungen dienten. Lange Zeit galten die regelmäßigen Steinsetzungen als ›Zufallsprodukte‹ der Bauern, die auf diese Weise die Steine von ihren Äckern systematisch aufgehäuft haben sollen. 1990 jedoch rief der norwegische Ethnologe Thor Heyerdahl die internationale Fachwelt mit seiner Hypothese auf den Plan, es könne sich bei diesen Steinsetzungen um das Bindeglied zwischen den Pyramiden Ägyptens und denen Mittelamerikas handeln. Ausgrabungen bestätigten zumindest, dass Guanchen die Bauwerke in planvoller Absicht errichteten.

TOP TIPP Rings um die Pyramiden wurde 1998 der **Parque Etnográfico Piramides de Güimar** eröffnet (tgl. 9.30–18 Uhr/Einlass nur bis 17.30 Uhr), ein beeindruckender archäologischer Park mit einem interessanten Museum. Hervorragend aufbereitet ist der *Audiovisionsraum* mit Filmvorführungen, deren Ton man in 5 Sprachen hören kann. Die *Multivisionsschau* informiert eindrucksvoll über 5000 Jahre Inselgeschichte. Im Museum wird die Frage transatlantischer Kulturbeziehungen aufgegriffen. Außerdem ist als Hom-

Bronzene Guanchenkönige halten in Candelaria Wacht vor der Plaza de la Patrona de Canarias. Den Platz beherrscht die Basilika für die ›Lichtbringende Madonna‹

Rätselhafte Pyramiden

Fans von spannender Forschungsgeschichte könnten schon auf dem Parkplatz zum **Parque Etnográfico Pirámides de Güimar** *Herzklopfen bekommen, denn am Platz Nummer 1 steht der bescheidene Hinweis ›Reservado Thor Heyerdahl‹. Der archäologische Park wurde Weihnachten 1997 eröffnet, offiziell jedoch erst 1998 eingeweiht. Finanziert wurde er vor allem durch Heyerdahls Freund, den Reeder Fred Olsen und seine Stiftung.*

Skandinavische Hobby-Archäologen entdeckten die merkwürdigen Steinbauten im nördlichen Bereich von Güimar. Sie schickten **Thor Heyerdahl** *(1914–2002) einen 1990 erschienenen Zeitungsbericht mit dem Abbild der stufenförmigen Pyramiden. Der norwegische Ethnologe war sofort Feuer und Flamme und vermutete Verbindungen zu den verblüffend ähnlichen Pyramiden der Mayas in Mittelamerika sowie den älteren Bauten in Ägypten und im Zweistromland.*

Manche Historiker taten Heyerdahls Theorie als Phantasterei ab, doch wer auf dem 950 m langen Weg durch die **Pyramidenanlage** *geht, kann sich davon überzeugen, dass dies keine willkürlich aufgetürmten Steinberge sein können. Auffällig ist z. B., dass die akkurat gearbeiteten Kanten aus einem helleren Gestein bestehen, das nur im oberen Bereich des Teide-Massivs vorkommt. Als wichtigstes Argument zählt, dass die Pyramiden sonnengerichtet sind, sich nach ihnen die Tag-und-Nacht-Gleiche bestimmen lässt und sie jeweils eine Prozessionstreppe besitzen.*

Hier führte eine Prozessionstreppe hinauf, davon ist Thor Heyerdahl überzeugt

In einer **Grotte** *an der Nordostecke des 65 000 m² großen Grabungsfeldes fanden Archäologen zahlreiche Beweise für eine frühere Besiedelung: Gefäßfragmente, Obsidian-Werkzeuge, Kohlereste und einen Basaltball. Letzterer erinnerte Thor Heyerdahl sofort an rituelle Spiele im präkolumbianischen Mittelamerika, für ihn ein neuerlicher Beweis für die Plausibilität seiner Theorie!*

mage an Thor Heyerdahl eine originalgetreue Nachbildung des berühmten Schiffes **Ra II** zu sehen, mit dem sich der Forscher 1947 von Afrika, vorbei an den Kanaren, nach Amerika treiben ließ.

Praktische Hinweise

Hotel

Finca Salamanca, El Puertito, 1,5 km östlich von Güimar (an der Straße zur Küste, rechts in einer Kurve leicht zu übersehen), Tel. 922514530, Fax 922514061, Internet: www.hotel-fincasalamanca.com. Landhotel (12 Zimmer, 4 Suiten) in einem Gutshof (18. Jh.) im Kolonialstil mit schönen Aufenthaltsräumen. Zur *Finca* gehören 50 000 m² Land mit Avocado-, Zitrus- und Mangobäumen. Großer Pool im Garten und anspruchsvolles Restaurant in der früheren Tabaktrockenhalle.

40 Candelaria

Heimat der Virgen de la Candelaria, der Schutzheiligen der Kanarischen Inseln.

Das an der Küste gelegene Candelaria (12 500 Einw.) ist der wichtigste **Wallfahrtsort** der Kanaren, denn hier wird ihre Schutzheilige verehrt, die *Virgen de la Candelaria*. Am 2. Februar und vor allem am 14. und 15. August strömen die Pilger von den Inseln hier zusammen, um ihr die Ehre zu erweisen.

Oberhalb des langgezogenen, dunklen Hausstrandes *Playa de Candelaria* bildet die **Plaza de la Patrona de Canarias** eine riesengroße Terrasse. Man erreicht sie über die Umgehungsstraße, an der auf einen Parkplatz über der Basilika hingewiesen wird. Die bisherige Zufahrt über die Calle Obispo Pérez Càceres mit Fischrestaurants und Boutiquen ist für Fahrzeuge gesperrt und wurde zur Fußgängerzone umgestaltet. Niedrige Häuserzeilen folgen dem Halbrund der *Plaza* im Norden und Westen, rechts klettern hübsche kleine Gebäude im kanarischen Stil mit Holzbalkonen den Hang hinauf. Aus ihrer Mitte ragt die kleine Kapelle **Santa Ana** (18. Jh.) auf, die aber nur selten zugänglich ist.

An der Meerseite der *Plaza* stehen auf schweren Vulkanbrocken neun bronzene **Standbilder** der berühmtesten *Menceys* der Insel. Der Tinerfeño José Abad schuf 1993 diese übermannshohen Guanchenkönige. Von der Kirche aus gesehen, handelt es sich der Reihe nach um Tegueste und Romen, Pelinar und Pelicar, Beneharo, den glatzköpfigen Bencomo, Anatervo, Adjona und Acayomo.

Mit ihrem Anbau am Meer bildet die weiße Wallfahrtskirche **Basílica de Nuestra Señora de la Candelaria** (tgl. 7.30–13 u. 15–19.30 Uhr), 1958 im neoklassiszistischen Stil errichtet, eine langgestreckte Front zum Platz. An dem selten benutzten, platzseitigen Nordportal kontrastiert rötlich-brauner Sandstein mit weißem Verputz. Hoch ragt der Glockenturm mit umlaufendem Balkon auf, gedrungener wirken die beiden, das Westportal flankierenden Türme. Im **Inneren** gibt sich die dreischiffige und dreijochige Basilika mit Querhaus schlicht, an die neuzeitlichen Fresken muss man sich erst gewöhnen. Hinter dem Chorraum befinden sich die Räume der Schutzheiligen, die man normalerweise nicht betreten darf. Sehr gepflegt ist dieser sakrale Bau, seine im Mudéjar-Stil geschnitzten Holzdecken sind petrol-blau und grau-weiß gefasst.

Auf der Rückseite der Basilika steht, dem Meer zugewandt, die Grottenkapelle von **San Blas**. Hier wurde die Figur der Candelaria aufbewahrt, bevor man eine eigene Kirche für sie errichtete. Die übrigen Gebäude sind Reste eines ehem. Dominikanerklosters.

Vom Hauptplatz führt die neue Fußgängerzone nordöstlich zum **Fischerhafen**. Dort steht der Neubau der Fischereigenossenschaft *Cofradía de Pescadores Nuestra Señora de Candelaria.* Ein Stück weiter erhebt sich das Rathaus **Ayuntamiento** im postmodernen Stil.

Schutzpatronin der Kanaren

Die dunkelhäutige **Virgen de la Candelaria**, *die ›Lichtbringende Jungfrau‹ mit dem Jesusknaben auf dem Arm, wirkt trotz ihrer Größe von ca. 1,5 m in dem hohen Raum hinter dem Altar der Wallfahrtskirche klein und zerbrechlich. Bei der alljährlichen* **Procesión de la Virgen de la Candelaria** *am 14. und 15. August zu ihren Ehren wird sie rechts vom Altar ausgestellt bzw. mehrmals unter einem kostbar geschmückten Baldachin um den Platz getragen.*

TOP TIPP

Man erzählt sich, zwei Guanchenhirten hätten die Figur 100 Jahre vor Ankunft der Spanier in einer Grotte am Strand bei El Socorro gefunden. Historiker meinen, sie könnte von einem gekenterten Schiff christlicher Seeleute an Land gespült worden sein. Aufgrund der ihr zugeschriebenen **Wunder** *begannen die Guanchen, die Madonna zu verehren, ohne wirklich zu wissen, was es mit ihr auf sich hatte.*

Allerdings wurde die wundertätige Skulptur 1826 von einer Sturmflut aus der Kapelle San Blas weggerissen. Die heutige, dunkel ›geschminkte‹ Madonna schuf Fernando Estévez 1830 nach einer älteren Kopie.

Praktische Hinweise

Information

Urb. Las Caletillas, Venida del Generalísimo s/n, Tel. 922500415, unregelmäßig geöffnet.

Restaurants

Casa Sindo, Calle Obispo Pérez Càceres 10. In mehreren kleinen Räume hinter der langen Bartheke werden preiswerte, einfache Fischgerichte serviert.

Bar Pedro/El Revisór, Calle Obispo Pérez Càceres 44, Tel. 922500109. In dem rustikalen Lokal versammeln sich die wallfahrenden Bauern aus dem Umland. Sie schätzen den kross gebackenen Fisch, der in Riesenportionen auf den Tisch kommt.

Das Zentrum – im Reich des Gipfelkönigs

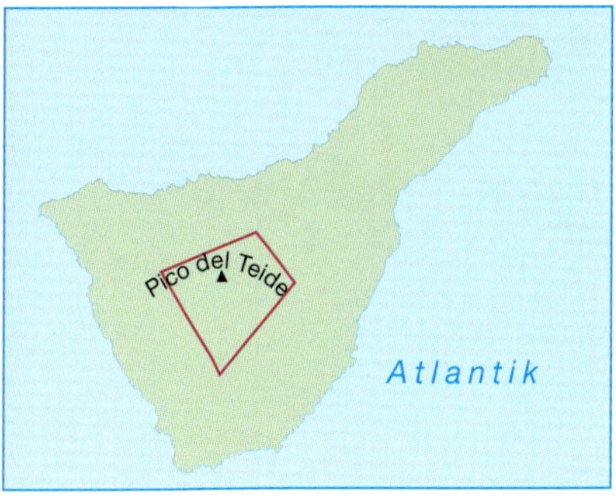

An welchem Ort man auf Teneriffa auch seinen Urlaub verbringt, das gebirgige Innere der Insel mit dem **höchsten Berg** Spaniens, dem 3718 m hohen Pico del Teide, muss auf dem Ausflugsprogramm stehen. Um ihn wurde der **Parque Nacional del Teide y de las Cañadas** eingerichtet. Der Gipfel selbst wird zwar streng gehütet, aber mit Erlaubnis der Parkverwaltung und einem Führer kann man ihn besuchen. Viele Wege führen zum Nationalpark, ob von Puerto de la Cruz im Norden über La Orotava, von Santa Cruz de Tenerife und La Laguna im Osten durch den Kiefernwald Bosque de la Esperanza oder von Westen über Chio bzw. Guía de Isora. Von der Südküste führen alle Straßen zum Pico del Teide über Vilaflor, Teneriffas höchstgelegenes Dorf.

Parkeingang im Nordosten ist in 2020 m Höhe bei den vereinzelten Häusern von El Portillo. Hier und am *Parador Nacional* inmitten des Nationalparks informieren zwei sehenswerte **Besucherzentren** einerseits über **Vulkanologie**, andererseits über die jahrtausendealte **Siedlungsgeschichte** am Teide. Im Südwesten beginnt der Nationalpark beim Pass Boca Tauce (2055 m) am Rand der einzigartigen Vulkanlandschaft der Cañadas.

TOP TIPP 41 Vilaflor

Bei dem malerischen Dorf beginnt ein Paradies für Wanderfreunde und Naturliebhaber.

Über Escalona führt die TF-51 zunächst durch ein Weinbaugebiet, dann stetig ansteigend 5 km weiter nach Vilaflor, dem mit 1466 m über dem Meer höchstgelegenen Dorf Teneriffas. Seine Landschaftskulisse zählt zu den schönsten der Insel. Der Montaña Las Lajas (2148 m) überragt den Ort ebenso wie der Montaña de Chasna (bis 2383 m) mit dem 2411 m hohen **Sombrero de Chasna**, der wie ein mexikanischer Hut aussieht. Weiter nördlich, schon im Nationalpark, erhebt sich ein weiterer Berg namens *Sombrero* sogar auf 2534 m.

In Vilaflor (1600 Einw.) wird die Tradition des kanarischen Ringkampfes, der *Lucha Canaria*, gepflegt. Das freundliche gastliche Dorf ist auf Fremde eingestellt, ist es doch ein beliebter Ausgangspunkt für **Wanderungen** in die wilde und sehr vielgesichtige Bergwelt des Teide-Massivs. Auch die nähere Umgebung ist schön anzuschauen. Auf gepflegten Terrassen mit hellem *Jable* wachsen Kartoffeln, im Frühjahr blüht die Natur in vielen Farben.

Trotz seiner Höhe herrscht in Vilaflor ein mildes Klima, so dass hier Mandelbäume gedeihen, auch wenn sie ›erst‹ im März ihre Blütenpracht entfalten. Nicht umsonst genießt Vilaflor als **Luftkurort** für Lungenkranke einige Reputation. Ebenso schwören die Tinerfeños auf das hiesige Mineralwasser. Die Marken ›Fuente Alta‹ und ›Pinalito‹ werden direkt an den kalten Quellen oberhalb des Dorfes in Flaschen abgefüllt.

Von der Hauptstraße geht es sehr steil hinauf zur eukalyptusumstandenen **Plaza San Pedro**, auf der neuerdings auch Lorbeer- und Pfefferbäume stehen. Den Platz umgeben zweistöckige, gepflegte Wohnhäuser, in einem von ihnen ist der Kunsthandwerksladen ›Artesania La Roseta‹ untergebracht. Wie der gleichnami-

Das ist des Gebirges Kern – im Tal der Paisaje Lunár gruben Wind und Wetter in Jahrmillionen die bizarren Tuffsteinkegel aus den Felswänden

ge Laden in der Calle Santa Catalina 33 werden hier typische **Stickereien** des Inselinneren verkauft, vor allem die runden, kunstvoll durchbrochenen ›Rosetas‹, für die Vilaflor berühmt ist.

Den Platz beherrscht die einschiffige Kirche **San Pedro** (zur Abendmesse 18 Uhr und So geöffnet). Sie wurde 1550 als Stiftung des Gutsherrn Pedro Soler und seiner Frau Juana de Padillo über einer früheren Eremitei errichtet. Einen Blick wert ist der hübsche Rundbogen des zugemauerten Nordportals. Das schlichte Basalttor (1675) an der Südseite des Gotteshauses passt gut zum mächtigen Vierungsturm. Die Mudéjar-Decken des Chores sind ebenso wie die Balken schön geschnitzt. Von den drei raumfüllenden barocken Altären ist der rechte mit einer Statue des Kirchenpatrons, des hl. Petrus, am feinsten gearbeitet. Ein *Cristo sapiente*, ›Christus auf der Rast‹, aus dem 17. Jh. befindet sich im linken Seitenaltar.

Hinter der Kirche geht es links bergauf zum **Mirador de San Roque**. Den Namen hat die Aussichtsterrasse von der kleinen **Eremita San Roque**, die an ihrem Rand steht. Es bietet sich ein wunderschöner Blick über das grüne Vilaflor hinweg bis zum Meer.

Ausflug

Nördlich von Vilaflor verdichten sich die hier *pinos*, Pinien, genannten Kanarischen Kiefern zu einem Wald, die einzelnen Bäume werden immer höher. Am Hang des *Lomo Blanco* stehen mehrere 300–400 Jahre alte Exemplare, darunter auch die **Pinos de las dos Pernadas**, die ›Liebenden Pinien‹. Die beiden Prachtbäume sind so miteinander verwachsen, dass sie an ein untrennbares Liebespaar erinnern. Ein romantischer Ort, den nicht nur Frischverliebte gerne aufsuchen.

Schräg gegenüber steht der majestätisch wirkende **Pino Gordo**, eine 45 m hohe Kanarenkiefer mit 9 m Umfang. Der Baumriese ist als Fotomotiv ausgesprochen beliebt, zumal die Steinterrasse um ihn herum sehr hübsch angelegt ist.

Praktische Hinweise

Hotels

**** Summit Hotel Alta Montaña,** Morro del Cano 1, Tel. 922709000, Fax 922709293, Internet: www.dav-summit-club.de. Villenartiges, kleines Hotel in blühendem Garten auf einem Hügel am nördlichen Ortsrand.

* **German,** Calle Santo Domingo 1, Tel. 922709028. Familiäre Pension mit 12 Zimmern und Restaurant. Das richtige für Wanderer, die die Gegend erkunden und für ihre Unterkunft nicht allzu tief in die Urlaubskasse greifen wollen.

* **Hostal El Sombrerito,** Calle Santa Catalina 11, Tel. u. Fax 922709052. Angenehme Pension mit 17 Zimmern und großem gepflegtem Restaurant **Casa Chico** (Mo geschl.).

TOP TIPP 42 Paisaje Lunár

Bizarr erodierte Tuffsteinkegel prägen eine der schönsten geologischen Formationen Teneriffas.

Nördlich von Vilaflor zweigt bei km 65 aus einer langen Linkskurve heraus eine mit ›Lomo Blanco‹ ausgeschilderte Piste nach rechts ab zum **Campamento Madre del Agua**, einem beliebten Picknick- und Rastplatz. Von dort kann man in etwa 1 Std. zu Fuß entlang einer Wasserleitung zum Paisaje Lunár gelangen, einem landschaftlichen Höhepunkt Teneriffas.

Schöner zu gehen ist folgender Rundweg: auf der Piste fährt man etwa 6 km zu einer Gabelung, an der man den rechten Weg Richtung *Barranco del Rio* nimmt. Beidseits bedecken Teide-Margeriten und Hornklee weite Flächen. Nach 1,7 km weist ein hölzernes Schild links zum Paisaje Lunár. Spätestens hier muss man den Wagen am Rand der Fahrspur abstellen und zu Fuß weitergehen. Nach etwa 1 Std. erblickt man rechts unten in einer Schlucht die ersten Felsen der geologischen Attraktion: weiß-gelbe, poröse und daher witterungsanfällige, steile Tuffsteinkegel, etwa mannshoch, auf deren Spitze ein dunkler, meist flacher Basaltstein balanciert. Wind und Wetter haben daran gearbeitet und den

Teneriffa, feuergeboren aus dem Meer

Seit mehr als 40 Mio. Jahren quillt Magma aus dem mürben Atlantischen Rücken. Der Druck schiebt die amerikanische und die afrikanische Festlandplatte auseinander. Letztere stieß mit der asiatischen zusammen, und auf dem Atlantikboden wurde eine Knautschzone von 450 bis 410 km zusammengeschoben. Es bildeten sich Gesteinskeile, die unten schmaleren wurden langsam nach oben gedrückt. Durch die Bruchstellen zwischen den Keilen trat Magma aus und bildete die **kanarischen Vulkane***.*

Vor 20–8 Mio. Jahren hoben sich Lanzarote, Fuerteventrua, Gran Canaria und Teneriffa aus dem Wasser. Im Raum des heutigen **Teneriffa** *trieben zuerst Magma und Sedimente als drei Ur-Inseln in die Höhe: die Montaña del Anaga im Nordosten, im Westen das Teno-Gebirge, im Süden das Bergmassiv zwischen Adeje und Valle San Lorenzo. Vor etwa 3 Mio. Jahren stieg in der Mitte des Dreiecks ein neuer Vulkan aus dem Atlantik und verband die drei ›Pfeiler‹ zu einer Insel. Dieser Vulkan brach aus, und die leere Magmakammer konnte das erstarrte Dach nicht mehr tragen. Es brach in sich zusammen, nur die seitlichen Wände blieben stehen. Diese Caldera ist der 16 km lange Krater, in dem die* **Siete Cañadas** *liegen.*

Vor etwa 500 000 Jahren setzten neue unterseeische Turbulenzen ein, aus dem gigantischen Krater wuchsen zwei neue Vulkane, der **Pico Viejo** *und der weit größere* **Rambleta***. Aus dessen Krater wiederum trieb später ein neuer Vulkan heraus, der 200 m hohe* **Pitón***, weshalb der alte Vulkan auch ›Vater des Teide‹ genannt wird. Erst mit diesem Pitón, dem Zuckerhut, erhielt der Teide seine heute so typische Form.*

Die Ureinwohner, die **Guanchen***, mieden den Echeide genannten Vulkan, die rauchende Hölle. Sie vermuteten hier den Wohnsitz des Gottes Guayota und hatten Angst vor seiner Rache. Ob er inzwischen gestorben ist oder nur schläft, ist ungewiss. An den Flanken des Berges jedenfalls quollen noch in relativ neuer Zeit Lavaströme Richtung Meer: 1706 spuckte die Montaña de Trebejo Feuer und begrub Garachico unter Lavamassen, 1798 brach der Chahorra aus, 1906 der Chinyero. Wissenschaftler halten es für möglich, dass auch in Zukunft Eruptionen stattfinden werden.*

Sogar im scheinbar unfruchtbaren Lavagestein behauptet die Natur ihr Recht

härteren, dunklen Stein auf dem hellen, leichten Tuff stehen lassen. Das kleine Steinareal erinnert an eine bizarre **Mondlandschaft**, und nichts anderes heißt ›paisaje lunár‹. Man kann zu den Felsspitzen in das Tal hinunter steigen, auch wenn man an den Tuff-Wänden recht leicht ins Rutschen kommt.

Man kann nun entweder denselben Weg zurückgehen oder auf der gegenüberliegenden Seite des Barranco weiterwandern. Teilweise einer Wasserleitung folgend, kommt man so nach etwa 1/2 Std. wieder am Rastplatz **Campamento Madre del Agua** an. Bis zum Ausgangspunkt der Wanderung läuft man noch einmal 1 Std.

43 Boca Tauce und Pico Viejo

Majestätischer Eingang zum Teide-Nationalpark.

1980 m hoch liegt der Pass Boca Tauce am westlichen Rand des Parque Nacional del Teide, aber man merkt fast nicht, dass man angekommen ist. Allzu oft wird man auf der Fahrt, sei es von Süden oder Westen kommend, abgelenkt von der Szenerie der grandiosen Bergwelt vulkanischen Ursprungs.

Am Pass selbst erhebt sich rechts der Straße der markante *Sombrero* [s. S. 115] mit seinen helleren Basalt-Abhängen. Linker Hand zeigen sich die gezackten Ränder der ansonsten brettflachen, mit Retama bedeckten Ebene des **Llano de Ucanca**. Darüber erhebt sich der Pico del Teide, auf dieser Seite mit heller Steinhalde unterhalb des Gipfels. Rechts des *Llano* leuchten die **Azulejos** in blauen und grünlichen Tönen. Ihre eigentümliche Färbung erhalten die Felsen durch das in ihnen eingelagerte Eisenhydrat. Die durch den Nationalpark führende TF-21 hat die Felswand in zwei Hälften geteilt, man fährt also durch sie hindurch.

Vom Boca Tauce führt die TF-38 westwärts nach Guía de Isora. Man soll-

Von Los Roques (vorne links) bis zum zentralen Bergstock des oft schneebedeckten Pico del Teide dehnt sich die Cañada Blanca aus. Die weite Hochebene liegt zwar etwas abseits der übrigen sieben Täler im Osten, kann aber auch zu den Cañadas gezählt werden ▷

te auf der hier schnurgeraden, leicht erhöhten Straße zumindest 4 km fahren, bis man an den schönen Aussichtspunkt **Mirador de Chio** kommt. Von hier schaut man nach Nordosten, direkt auf den flach wirkenden **Pico Viejo**, den ›alten Gipfel‹ (3134 m), über schwarze Lavafelder (*Lavas Negras*) hinweg. Hinter dem Berg steigt, etwas nach rechts gerückt, der eigentliche, jüngere *Pico del Teide* auf. Links ragen die letzten Kiefern über scharfzackige Lavaberge hinaus. Zum Pico Viejo gehören die kleineren Vulkankegel der **Narices del Teide**, Miniaturkrater am Hang. Durch sie hat sich der Vulkan in seiner aktiven Zeit ›Luft gemacht‹ und geringere Mengen Magma sowie heiße Dämpfe ausgestoßen! Der Pico Viejo war über Jahrtausende immer wieder ausgebrochen, zum letzten Mal am 9. Juni 1798. 92 Tage soll die Eruption gedauert haben, die hervorbrechende Lava bedeckte rund 5 km^2.

44 Parque Nacional del Teide

Erloschene Vulkane und erstarrte Lavafelder aus einer Zeit, als die Erde jung war.

Ab 2000 m Höhe bis zum Pico del Teide (3718 m) steht das ganze Gebiet rings um den höchsten Berg Spaniens unter strengstem Naturschutz. Der Gipfel selbst kann nur mit schriftlicher Sondererlaubnis der Parkverwaltung bestiegen werden. Mit knapp 20 000 ha Größe gleicht der 1954 eingerichtete Nationalpark einer Insel auf der Insel. Fast 4 Mio. Menschen besuchen ihn jährlich. Da diese Besuchermassen die Natur gefährden, wird über Möglichkeiten, ihre Zahl zu reduzieren, nachgedacht.

Der Parque Nacional erstreckt sich nicht nur über den Pico del Teide, sondern bezieht auch die gesamte sich südlich anschließende *Caldera* mit ein.

Auf dem höchsten Punkt Spaniens

Sportliche Wanderer können den Aufstieg über die Montaña Blanca bzw. die Altavista-Schutzhütte (Buchung über das Cabildo Insular, Tel. 922 23 98 11) in Angriff nehmen. Für diese Route veranschlagt man – mit Übernachtung – zwei Tage. Alle anderen sollten, mit warmer Jacke ausgerüstet, mit dem **Teleférico** *auf den Teide fahren (bei gutem Wetter tgl. 9–16 Uhr, letzte Rückfahrt 17 Uhr). Die Kapazität der Seilbahn beträgt pro Stunde 240 Personen, je 30 in einer Kabine. Die Bahn fährt in 8 Minuten von 2356 auf 3555 m Höhe, oben ist 1 Stunde Aufenthalt gestattet. Ein Weg führt nach rechts zwischen unwegsamen scharfkantigen Lavafelsen zum* **Mirador La Fortaleza**, *der einen grandiosen Blick über das Gebirge bietet. Links von der Bergstation geht es einen engen Pfad durch Halden aus Vulkangestein zum* **Mirador del Pico Viejo**, *von dem aus man den älteren Pico bewundern kann.*

Wer eine Genehmigung für die Besteigung des eigentlichen Gipfels hat, wird von einem Parkwächter hinaufbegleitet. Er erwartet die Besucher an dem in der Parkverwaltung von Santa Cruz vereinbarten Treffpunkt. Viel mehr als 1 Std. darf man für die Tour nicht einplanen, denn oben kann es ungemütlich kalt werden. Von der Bergstation der Seilbahn geht es auf schmalem, fast nicht erkennbarem Pfad hoch zum **Pico del Teide**. *Aus kleinen Fumarolen steigt heißer Wasserdampf, der direkt an der Austrittsstelle am kalten Felsen zu zarten Eiskristallen gefriert. Kleinen Solfataren entströmt Schwefelwasserstoffdampf, es riecht nach verfaulten Eiern. Wenig später ist der 3718 m hohe* **Gipfel** *erreicht, der eigentlich ein höheres Stück des Kraterrandes ist und auf spanisch* **Pitón** *genannt wird. Von hier schweift der Blick bis nach El Hierro und La Palma, La Gomera und natürlich auf die stolzesten Gipfel-Nebenbuhler des Pico del Teide, die Berge Guajara (2725 m) und Sombrero (2534 m). Ebenso wie der Teide bietet der Gipfel des Guajara eine herrliche Fernsicht, allerdings sollten auch ihn nur geübte Bergwanderer erklimmen.*

TOP TIPP

Deren Durchmesser beträgt an ihrer breitesten Stelle 16 km. In ihr liegt auch die vielbesuchte Vulkanlandschaft der Cañadas [Nr. 45]. Etwa auf halber Höhe des Teide-Gebirgsstocks durchquert die TF-21 den Nationalpark. Auf dieser Strecke kommt man östlich des Passes **Puerto de las Cañadas** (2300 m) an der Talstation einer Seilbahn vorbei, die nur bei Windstille in Betrieb ist und bis knapp unter den Gipfel des Teide führt. 1971 erbaut, wird dieser **Teleférico** von Naturschützern abgelehnt. Am liebsten würden sie ihm den Garaus machen. Aber die Betreiberfirma besitzt eine Konzession für 99 Jahre.

6 km vom westlichen Parkeingang bei Boca Tauce entfernt, liegt in 2200 m Höhe der **Parador Nacional**, ein staatliches Hotel mit Luxusrestaurant. Schräg gegenüber erheben sich die **Roques de García**, auch **Los Roques**, *die* Felsen, genannt. Die höchste der markanten Felsnadeln ragt 30 m auf. Besonders beeindruckend sind sie bei Sonnenuntergang, wenn sich ihre Umrisse als Silhouetten vor dem Himmel abheben.

Praktische Hinweise

Information: Centro de Visitantes, El Portillo (tgl. 9–16 Uhr). Interessantes Museum am östlichen Parkeingang mit Erklärungen zur Entstehung der Insel. Centro de Visitantes, am Parador Nacionál (tgl. 9–16.15 Uhr). Informationsbüro mit Ausstellung zum Verhältnis von Mensch und den Cañadas.

Dirección Parque Nacional del Teide, Calle Emilio Calzadilla 5, 4. Stock, Santa Cruz de Tenerife, Tel. 922290129 und 922290183, Fax 922244788. Das Büro erteilt die Genehmigung zur Besteigung des Teide-Gipfels gegen Vorlage einer Ausweiskopie, vorausgesetzt, das Besucherlimit ist noch nicht ereicht (Mo – Fr 9 – 14 Uhr).

Hotel

**** **Parador de Cañadas del Teide,** Tel. 922386415, Fax 922382352, Internet: www.parador.es. Staatliches Hotel mit komfortablen, renovierten Zimmern, Pool und sehr gutem Restaurant mit kanarische Spezialitäten. Blick auf die *Roques* und den Pico del Teide, die Wand der Montaña Blanca scheint in Reichweite zu sein. An den Wochenenden kann es voll werden.

TOP TIPP 45 Siete Cañadas

Sieben ›flache Täler‹ gehören zu den größten Sehenswürdigkeiten zu Füßen des Teide.

Der Begriff *Cañadas* bedeutet ›Weideweg‹, wird aber ausschließlich für dieses geologisch alte Gebiet im Vulkankessel südlich des *Pico del Teide* verwendet. Die *Caldera* entstand aus der zusammengesackten Magmakammer des Urvulkans, nachdem dieser seine Lavamassen ausgestoßen hatte. Ihr Durchmesser beträgt an der breitesten Stelle 16 km, die felsigen Ränder steigen bis auf 500 m steil an.

Darin liegen hintereinander sieben Hohlwege oder Engpässe, **Siete Cañadas**, die man auf einem der einfachsten und schönsten **Wanderwege** durch das Naturschutzgebiet vom *Parador Nacional* aus unternehmen kann. Für den Rückweg vom Endpunkt El Portillo nimmt man entweder den Bus oder lässt sich abholen. Denn hin und zurück sind es immerhin 32 km, pro Wegstrecke 3–4 Std. Je nachdem, ob man auf El Portillo zuläuft oder von dort aus startet, bietet die Landschaft ein völlig verändertes Bild. Es lohnt sich also durchaus, beide Strecken abzuwandern.

Nahe dem *Parador* ist der *Sendero 4*, der Wanderpfad Nr. 4, durch alle sieben Weidewege ausgeschildert. Der Weg zur **Cañada de Capricho** steigt zunächst leicht an. Rechts zeigt sich die zackige Felsengruppe der *Piedras Amarillas*, links hat man einen schönen Blick auf *Los Roques*. Was in der Ferne wie eine Sprungschanze aussieht, ist der markante *Roque de la Grieta*. Wenn sich rechts in einer steilen Wand ein paar bunte Punkte bewegen, ist man beim beliebten Kletterfelsen *Los Cachorros* angekommen.

Auf ihn folgt die **Cañada La Mareta**, ein trockenes Tal voller Minzbüsche. Flach und breit ist die darauffolgende **Cañada del Montón del Frigo**, auch sie fast vegetationslos. Wenn im Frühjahr der Schnee schmilzt, sammelt sich hier das Wasser und bildet einen See. Sehr gut gedeihen in dieser Zone die zahlreichen Tajinaste-Pflanzen, auch Teidenatternköpfe genannt, die mehr als 3 m hoch werden können. Allerdings sollte man die ›Königin der Cañadas‹ nicht anfassen, denn ihre winzig-kleinen, fast unsichtbaren Stacheln spürt man ansonsten lange in der Haut.

Nach etwa einer Stunde Wanderung ist die **Cañada de la Grieta** erreicht, deren Form einem Kessel gleicht. Die verfallenen Gebäude auf dem Boden der Senke sind die Ruinen einer verlassenen Forschungsstation. Gelblich ist der rechte Hang der anschließenden **Cañada de la Angostura**. Wo die Bergwand zur Rechten in waagrechte Schichten gegliedert ist, steht man bereits in der breiten und langen **Cañada de las Pilas**, die in einem weiten Linksbogen verläuft.

Am Rand der siebten Ebene, der ausgedehnten **Cañada de Diego Hernandez**, ragen die Felswände der Caldera steil auf. Sie bestehen unten aus mehrfarbigem Tuff, darüber liegt eine horizontale helle Gesteinsschicht und zuoberst erheben sich fast senkrecht gezackte Basaltränder. Man erkennt sehr gut, wie hier der Caldera-Rand vor Jahrmillionen eingesackt ist.

Der vagen Ähnlichkeit mit Eiern verdanken die Huevas del Teide ihren Namen

Paisaje
Lunar

Garachico

Teneriffa aktuell A bis Z

Vor Reiseantritt

ADAC Info-Service:
Tel. 0 18 05/10 11 12, Fax 30 29 28 (0,12 €/Min.)

ADAC im Internet:
www.adac.de,
www.adac.de/reisefuehrer

Teneriffa im Internet:
www.webtenerife.com
www.puntoinfo.idecnet.com

Spanisches Fremdenverkehrsamt
Internet: www.spain.info

Deutschland
Kurfürstendamm 180, 10707 Berlin,
Tel. 030/8 82 65 43, Fax 8 82 66 61,
E-Mail: berlin@tourspain.es

Grafenberger Allee 100 (Kutscherhaus), 40237 Düsseldorf,
Tel. 02 11/6 80 39 80, Fax 6 80 39 85,
E-Mail: dusseldorf@tourspain.es

Myliusstraße 14,
60323 Frankfurt/Main,
Tel. 069/72 50 33, Fax 72 53 13,
E-Mail: frankfurt@tourspain.es

Postfach 15 19 40, 80051 München,
Tel. 0 89 / 53 07 46 11,
Fax 53 07 46 20,
E-Mail: munich@tourspain.es

Prospektbestellung in Deutschland:
Tel. 0 61 23/9 91 34, Fax 99 11 34

Österreich
Walfischgasse 8, 1010 Wien,
Tel. 01/5 12 95 80, Fax 5 12 95 81,
E-Mail: viena@tourspain.es

Schweiz
Seefeldstraße 19, 8008 Zürich,
Tel. 0 12 52 79 30, Fax 0 12 52 62 04,
E-Mail: zurich@tourspain.es

Allgemeine Informationen

Reisedokumente

Für Reisende aus der Bundesrepublik Deutschland, Österreich und der Schweiz genügt ein gültiger Personalausweis oder Reisepass bzw. Kinderausweis.

Kfz-Papiere

Führerschein, Fahrzeugschein und Internationale Grüne Versicherungskarte sind nötig. Bei Leihwagen sollten wegen niedriger Deckungssummen Vollkasko- und Insassenunfallversicherung abgeschlossen werden.

Krankenversicherung und Impfungen

Auslandskrankenscheine der Krankenkasse gewährleisten die Deckung von Arzt- und Arzneimittelkosten entsprechend dem auch im Inland üblichen Rahmen. Zusätzlich empfiehlt sich der Abschluss einer *Reisekranken-* und *Rücktransportversicherung*.

Für die Mitnahme von **Hunden** und **Katzen** wird ein tierärztliches Gesundheitszeugnis (max. 10 Tage alt) sowie ein Internationaler Impfpass mit dem Eintrag einer Tollwutimpfbescheinigung (mind. 30 Tage, max. 12 Monte alt) benötigt.

Vielfältiges Teneriffa: Typischer Innenhof mit Holzbalkonen der Casa Fonseca in La Orotava (**oben links**)*; ausgedehnte Wanderwege im Inselinneren* (**oben rechts**)*; Garachico wirbt mit traditioneller Gastfreundschaft* (**Mitte**)*; Mountainbiking im Teide-Massiv* (**unten links**)*; Fallschirmspringen an der Küste* (**unten rechts**)

Zollbestimmungen

Die Kanarischen Inseln und somit auch Teneriffa sind **Freihandelszone**, trotz Anschluss an die EU. Ansonsten gelten die üblichen Richtlinien für die Ausfuhr von Waren zum eigenen Gebrauch wie für Nicht-EU-Länder, d.h. es dürfen mitgeführt werden: 200 Zigaretten, 100 Zigarillos, 50 Zigarren oder 250g Rauchtabak, 20g Parfüm, 1l Spirituosen mit mehr als 22% Alkohol bzw. 2l mit weniger als 22% Alkohol.

Geld

Die gängigen *Kreditkarten* werden in Banken, Hotels und zahlreichen Geschäften akzeptiert. An zahlreichen *EC-Geld-*

automaten kann man rund um die Uhr Geld abheben. Auch mit der *Postbank SparCard* erhält man an VISA-Plus-Automaten rund um die Uhr Geld (max. 2000 € im Monat).

Tourismusämter im Land

Santa Cruz de Tenerife:
Cabildo Insular, Plaza de España 1, Tel. 9 22 23 95 92, E-Mail: puntoinfo@cabtfe.es

Puerto de la Cruz:
Oficina de Información y Turismo, Plaza de Europa, Tel. 9 22 38 60 00, Fax 9 22 38 47 69

Playa de las Américas/Los Cristianos:
Oficina de Información Turistica/ Patronato de Turismo Arona, Plaza City Center, Tel. 9 22 79 76 68, Fax 9 22 75 71 98

Oficina de Turismo Costa Adeje, Calle Rafael Puig de Lluvia (gegenüber Hotel Troya), Tel./Fax 9 22 75 06 33

Die örtlichen Touristeninformationsstellen sind am Ende der einzelnen Ortskapitel unter ›Praktische Hinweise‹ angegeben.

Notrufnummern

Policia Nacional: Tel. 091

Policia Local: Tel. 092

Guardia Civil: Tel. 062

Ärztlicher Notruf: Tel. 061

Pannenhilfe des RACE, Reial Automòbil Club de Español:
Tel. 9 15 93 33 33

ADAC-Notrufstation:
Barcelona, Tel. 9 35 08 28 28 und 9 15 93 00 41 (ganzjährig)

ADAC-Notrufzentrale München:
Tel. 00 49/89/22 22 22 (rund um die Uhr)

ADAC-Ambulanzdienst München:
Tel. 00 49/89/76 76 76 (rund um die Uhr)

Österreichischer Automobil Motorrad und Touring Club
ÖAMTC Schutzbrief-Nothilfe:
Tel. 00 43/(0)1/2 51 20 00

Touring Club Schweiz
TCS Zentrale Hilfsstelle:
Tel. 00 41/(0)2 24 17 22 20

Ein polizeiliches Protokoll ist für die Schadensregulierung bei Unfällen unbedingt notwendig und unerlässlich bei **Personenschäden**. Wer kein Spanisch spricht, sollte auf einen Dolmetscher bestehen und sich mit seinem Konsulat in Verbindung setzen. Autofahrer erhalten vor Ort Auskunft und Hilfe bei: **Real Automóvil Club de Tenerife**, Galcesan 9, im El Drago, Santa Cruz de Tenerife, Tel. 9 22 53 20 60, Fax 9 22 53 20 71.

Ärztliche Versorgung

In allen Ferienorten gibt es **Arztzentren** und Stationen des spanischen Roten Kreuzes (Cruz Roja).

Ärztlicher Notfalldienst/Erste Hilfe (*Ambulatorio*), Santa Cruz de Tenerife Tel. 9 22 60 62 29, Puerto de la Cruz (am Busbahnhof) Tel. 9 22 38 18 57, La Orotava (bei der Post) Tel. 9 22 33 01 01

Rotes Kreuz (Krankenwagen):
Santa Cruz de Tenerife
Tel. 9 22 24 24 07, Playa de las Américas/Los Cristianos Tel. 9 22 79 05 05, La Laguna Tel. 9 22 25 96 26, Puerto de la Cruz Tel. 9 22 38 38 12, La Orotava Tel. 9 2 23 38 95

Diplomatische Vertretungen

Deutsches Konsulat, Gran Canaria, Calle Albareda 3, Las Palmas de Gran Canaria, Tel 9 28 49 18 80, Fax 9 28 26 27 31

Österreichisches Konsulat, Calle Villalba Hervas 9, 5. Stock, Büro No. 2, Santa Cruz de Tenerife, Tel. 9 22 24 37 99, Fax 9 22 24 37 99

Schweizer Konsulat, Gran Canaria, Edificio Juan XXIII, c/Domingo Rivero No 2, Esquina Juan XXIII, Las Palmas de Gran Canaria, Tel. 9 28 29 34 50, Fax 9 28 29 00 70

Besondere Verkehrsbestimmungen

Tempolimits (in km/h): Für Pkw, Motorräder und Wohnmobile bis 3,5 t gilt innerorts 50. Für Pkw und Motorräder gilt außerorts 90, auf Straßen mit mehr als einer Autofahrspur in jeder Richtung und auf Schnellstraßen 100, auf Autobahnen 120. Für Pkw mit Anhänger gilt außerorts 70, auf Schnellstraßen und Autobahnen 80. Wohnmobile bis 3,5 t dürfen außerorts max. 80 fahren, auf Schnellstraßen 90 und auf Autobahnen 100.

Überholverbot besteht 100 m vor Kuppen sowie auf Straßen, die nicht mindestens 200 m zu überblicken sind.

Abschleppen durch Privatfahrzeuge ist verboten. *Telefonieren* während der

Fahrt ist nur mit einer Freisprecheinrichtung erlaubt. Die *Promillegrenze* liegt bei 0,5.

Park- und Halteverbote genau beachten! So bedeuten blaue und gelbe Linien am Straßenrand immer eingeschränkte Parkmöglichkeit.

Verwaltung des Teide-Nationalparks

Dirección Parque Nacional del Teide, Calle Emilio Calzadilla 5, 4. Stock, Santa Cruz de Tenerife, Tel. 922290129 und 922290183, Fax 922244788

Zeit

WEZ, also MEZ minus 1 Stunde, wobei die Sommerzeit auf Teneriffa gleichzeitig mit der mitteleuropäischen beginnt und endet.

Anreise

Umfangreiches **Informations- und Kartenmaterial** können Mitglieder des ADAC kostenlos bei den ADAC-Geschäftsstellen oder unter der Tel. 01805/101112 (0,12 €/Min) anfordern. Außerdem sind im ADAC-Verlag die UrlaubsKarte *Kanarische Inseln* (1:150000) und die ADAC reisemagazine *Kanarische Inseln* sowie *Teneriffa und Gomera* erschienen.

Fähre

Die private *Fred. Olsen Line* verbindet Santa Cruz de Tenerife mit Puerto de las Nieves/Agaete auf Gran Canaria (ca. 3 Std.), die Tragflügelboote der Gesellschaft fahren von Santa Cruz de Tenerife nach Las Palmas de Gran Canaria (ca. 1 1/2 Std.).

Autofähren und Schnellboote, u.a. der staatlichen *Trasmediterránea*, verbinden Teneriffa mit den anderen Inseln des kanarischen Archipels. Am beliebtesten sind für Ausflüge die Verbindungen nach La Gomera, mehrmals tgl. ab Los Cristianos (ca. 3/4 Std.).

Buchungen erfolgen über Reisebüros, an den Ablegestellen im Hafen oder direkt bei den Schifffahrtgesellschaften:

Fred. Olsen Line, Avenida Tres de Mayo/Busbahnhof, Santa Cruz de Tenerife, Tel. 902100107, Fax 922202749 und Muelle de los Cristianos (am Hafen), Los Cristianos, Tel. 922790215, Fax 922751383. Internet: www.fredolsen.es

Trasmediterránea, Santa Cruz de Tenerife, Estación Marítima, Muelle de Ribera, Fax 922842244, Los Cristianos, Muelle de los Cristianos s/n, Fax 922796179, Internet: www.trasmediterranea.es

Flugzeug

Fast alle Besucher Teneriffas reisen mit dem Flugzeug an. Charterflüge von Mitteleuropa aus werden ganzjährig direkt von den Fluggesellschaften bzw. Reiseveranstaltern im Paket mit der Unterkunft angeboten, z. B. von Thomas Cook, Hapag Lloyd oder LTU. Die Flug-

Im Hafen von Los Cristianos legt die Fähre von und nach La Gomera an. Die kleine Nachbarinsel ist auch für Urlauber auf Teneriffa ein beliebtes Ausflugsziel

zeit beträgt etwa 4 ½ Std. Linienflüge zwischen den Inseln übernimmt die einheimische Fluglinie Binter (im Ausland über die spanische IBERIA zu buchen).

Der internationale Flughafen **Reina Sofia Aeropuerto del Sur**, liegt bei El Médano, ca. 60 km südwestlich von Santa Cruz de Tenerife, nahe der Costa del Silencio und nur wenige Transferminuten von der Südküste entfernt.

Auskunft: Tel. 9 22 77 00 54

Der Nordflughafen **Los Rodeos Aeropuerto del Norte** westlich von La Laguna, wird Zug um Zug für internationale Flüge ausgebaut, vornehmlich dient er als Inlandsflughafen.

Auskunft: Tel. 9 22 63 56 35

Vom Südflughafen fahren den ganzen Tag über Stadtbusse in relativ dichter Folge nach Los Cristianos/Playa de las Américas bzw. nach Santa Cruz de Tenerife. Taxis haben zu den wichtigsten Orten der Insel Festpreise und sind problemlos zu bekommen.

Bank, Post, Telefon

Bank

Öffnungszeiten: Üblicherweise Mo – Fr 8.30/9 – 13.30/14 Uhr, im Winter teilweise auch bis 17 Uhr. Geldautomaten sind weit verbreitet.

Knallgelb und nicht zu übersehen sind die spanischen Briefkästen

Post

Öffnungszeiten: Mo – Fr 9 – 13 und Sa 9 – 14 Uhr. Briefe und Postkarten auf das europäische Festland sind meist mehr als eine Woche unterwegs. Briefmarken (*sellos*) bekommt man auf der Post, beim Kauf von Postkarten oder in Tabakläden (*estancos*). Die Briefkästen sind gelb lackiert mit einem roten Posthorn.

Telefon

Internationale Vorwahlen:
Spanien 00 34
Deutschland 00 49
Österreich 00 43
Schweiz 00 41

Seit 1998 ist die Inselvorwahl 9 22 fester Bestandteil jeder Telefonnummer und muss immer gewählt werden.

Wie überall auf der Welt ist das Telefonieren vom Hotelzimmer aus am teuersten. Preiswerter ist es vom Telefonamt bzw. von einer Telefonzelle aus, am einfachsten mit Telefonkarten der Gesellschaft *Telefonica*.

Die Benutzung handelsüblicher GSM-**Mobiltelefone** ist auf Teneriffa möglich. Man sollte sich jedoch vor Reiseantritt über das günstigste Netz vor Ort informieren und das eigene Mobiltelefon entsprechend programmieren.

Einkaufen

Geschäftszeiten im üblichen Sinne kennt man nur in den Städten: Mo – Sa 9 – 13/13.30 und 16/17 – 19/20 Uhr. In den touristischen Zentren bleiben die Geschäfte täglich fast durchgehend geöffnet, teilweise bis spät in die Nacht.

Kaufhäuser im mitteleuropäischen Sinne gibt es auf Teneriffa nicht, zumindest nicht in der bekannten Dimension, dafür recht aufwendig gebaute **Einkaufszentren** mit verschiedenen Geschäften und Boutiquen, etwa in Puerto de la Cruz [Nr. 14].

Das **Kunsthandwerk** erfuhr nicht zuletzt durch die Nachfrage von Touristen einen erheblichen Aufschwung. Es bietet die besten Möglichkeiten, originelle Mitbringsel einzukaufen, etwa **Töpferwaren** aus Arguayo [s. S. 90] oder **Stickereien** aus La Orotava [Nr. 15] und La Laguna [Nr. 2].

Keine Angst, von Bananen und Wein muß auf Teneriffa niemand leben. Die heimische Küche basiert auf frischem Gemüse, bereichert durch Fisch und Fleisch

Auch Kulinarisches wird gern erstanden, z. B. **Käse** aus Arico [Nr. 37]. Ebensowenig sollte man die guten **Inselweine** vergessen, die man in jedem gut sortierten Supermarkt, beim Winzer oder im Weinmuseum von El Sauzal [Nr. 12] kaufen kann.

Blumen, ob Rosen, Chrysanthemen oder die berühmten Papageien-Blumen (Strelizien), kann man in jedem Hotel über die Rezeption frisch für den Abflugtag bestellen. Man kann sie auch direkt in den Gärtnereien kaufen, etwa im *Garden Center Aguadulce*, Playa de San Juan/ Guía de Isora, Tel. 9 22 86 55 66.

Bücher über Teneriffa bzw. die Inselgruppe der Kanaren generell sowie deren Kunst und Kultur gibt es in vielen lokalen Buchhandlungen. Gute Adressen mit fachkundiger Beratung sind in Puerto de la Cruz die Urbanisation La Paz Bücherkiste im Canary Center, Local 48; Petras Bücherstand neben dem Supermarkt 2000 sowie in Los Cristianos die Libreria Barbara, Calle General Franco s/n.

Essen und Trinken

Was heißt das?

Deftig tinerfenische Hausmannskost wird mit dem Schild *Comidas Caseras* angekündigt. *Piscolabis* nennt man hier kalte und warme Kleinigkeiten, z. B. *Tapas* oder belegte Brötchen.

In einer *Casa de Comidas* gibt es etwas zu essen, auch wenn es manchmal nicht so aussieht, weil sich das eigentliche Lokal in einem Hinterzimmer befindet. Dasselbe gilt für einen *Comedor*, was Ess- oder Speiseraum bedeutet.

Essgewohnheiten der Tinerfeños

Zum Frühstück trinken die Einheimischen an der nächsten **Bar** einen **café**. Er sieht wie ein *Espresso* aus, wird aber gerne in einem kleinen Glas serviert. Mit ein wenig Milchschaum obendrauf, wird er zum **café cortado**, also einem ›gekürzten‹, mit einem Schuss **coñac** heißt er **carajillo**, was sittsame Frauen besser nicht bestellen sollten, weil es ein unschönes spanisches Wort ist. Mittags und abends bieten die Restaurants mehrgängige Menüs an. Lokale gibt es in allen Kategorien, am besten besucht sind freilich die *Tapas*-Bars. Hier gibt es praktisch alles in winzigen Portionen (**tapas**), als **media ración**, eine halbe Portion also, oder als **ración** auf einem großen Teller. Man kann aber auch nur Kaltes bestellen wie sauer eingelegte Sardinen (**boquerones**) oder Tintenfischsalat (**ensalata de pulpos**).

Feste und Feiern

Feiertage

1. Januar (*Año nuevo,* Neujahr), 6. Januar (*Los Reyes Magos,* Heilige Drei Köni-

Mal rustikal, mal raffiniert

Die tinerfenische Küche ist heute sehr abwechslungsreich. Sie gründet auf bäuerlicher, altkanarischer Tradition, nahm aber seit Ankunft der Spanier auch Anregungen zahlreicher Seefahrer auf, die Teneriffa besuchten. Nicht zu verachten sind auch die jüngeren Innovationen durch so manche Neubürger vom europäischen Festland, die sich in den vergangenen Jahren auf der Insel als Köche niederließen. So haben die Tinerfeños gelernt, ihre an sich schwere Küche zu verfeinern.

Für traditionelle Gerichte wird viel frisches Gemüse verwendet, vor allem beim **Puchero canario**, *ohne den der kanarische Speiseplan unvollkommen wäre. Der Eintopf besteht aus Kichererbsen, Karotten, Zwiebeln, Stachelgurken (Chayotefrucht), grünen Bohnen, Kartoffeln, Süßkartoffeln (Bataten), Kürbis, Bubangos (den Zucchini ähnlich), Mais und Kohl. Dazu kommen Rind-, Hammel-, Schweine- oder Hühnerfleisch, als Würze dient z.B., die pikante Blut- und Paprikawurst* **Chorizo**. *Manchmal kommen auch noch Speck und Rippe hinzu. Abgeschmeckt wird mit Knoblauch, Safran, Kreuzkümmel oder Petersilie. Die Puchero-Brühe wird mit* **Gofio**, *Mehl aus geröstetem und gemahlenem Weizen und Mais, serviert. Oft steht auch* **Mojo**, *eine scharfe Paprikasoße, auf dem Tisch oder das mit Koreanderkraut gewürzte, daher grüne* **Mojo verde** *bzw.* **Cilantro**.

Fast einem Kult kommt die Behandlung der Kartoffeln gleich, hier **Papas** *genannt. Etwa 50 Sorten soll es auf den Kanarischen Inseln geben, die wichtigsten sind* **Bonita** *und* **Negra** *(die ›Schöne‹ und die ›Schwarze‹). Sogar in den Urlaubsstädten hat sich die Lieblingsspeise der Canarios durchgesetzt:* **Papas arrugadas**, *schwarze, kleine Runzelkartoffeln mit einer Kruste aus Meersalz. Man tunkt sie in Mojo und ißt sie mit der Schale.*

*Bei den ländlichen Fleischgerichten dominieren Zicklein (***cabrito***), Lamm (***cordero***) und Kaninchen (***conejo***), immer mit reichlich Knoblauch gewürzt. Für die Schärfe sorgen Pfeffer und Paprika, grobes Meersalz darf nicht fehlen, an Kräutern werden frischer Koriander, Thymian und Oregano bevorzugt.*

Auf dem Land wird man in den Lokalen häufig Gebratenes bekommen, seien es Schweine- oder Rindersteaks, Hähnchen, Koteletts, Zicklein, Lamm oder Kaninchen – oder eine Art Gulasch. Besonders lecker ist **Pollo con ajo**, *über Holzkohle gegrilltes Knoblauch-Hähnchen. Menükarten gibt es selten, der Wirt informiert über das aktuelle Angebot.*

*An den Küsten Teneriffas beherrschen Fisch (***pescado***) und Meeresfrüchte (***mariscos***) die Küche. Besonders beliebt ist Stockfisch (***bacalao***) mit Salzkartoffeln. Lecker ist aber auch frischer Fisch, sei er gedämpft, kurz angebraten (***a la plancha***) oder schwimmend in Öl ausgebacken (***frito***) – da braucht man kaum noch Gewürze oder Kräuter. Es wird auch gerne eine Platte mit diversen Fischen angeboten (***Frito misto***).*

Etwas aufwendiger und teurer, aber für Fisch-Fans ein Muß ist die **Cazuela de pescado**. *Dieser Fischtopf wird nach einfachen Rezepten aus Kopf und Schwanz eines großen Fisches gemacht; die feinere Küche bereitet ihn aus Scheiben von Brasse, Barsch und Kabeljau zu.* **Caldo de pescado** *heißt eine ›dünnere‹ und doch sehr schmackhafte Fischsuppe!*

Hervorragend ist der **Käse** *der Insel, meist aus Ziegenmilch gewonnen. Einige kleine Käsereien haben sich in den letzten Jahren etabliert, wie die der Kooperative der Ziegenhirten von Arico [s. S. 111].*

Zum Essen sollte man einen kanarischen **Wein** *bestellen, der allerdings teurer ist als Festlandswein. Am besten erhältlich sind Weine aus den Lagen um Tegueste und Tacoronte. Meist handelt es sich dabei um einen Roten,* **Rioja**.

Den **Nachtisch** *lieben die Tinerfeños ausgesprochen süß, Honig ist daher eine der häufigsten Zutaten. Aber auch Obst und die auf dem spanischen Festland kreierte Spezialität* **Flan**, *Vanillepudding mit Karamell, sowie Eiscreme stehen meist zur Wahl.*

ge), 19. März (*San José*, Josephstag), Karfreitag (*Viernes Santo*, Karfreitag). Während der ›heiligen Woche‹, der *Semana Santa*, vor Ostern und in der Woche danach, begehen die Tinerfeños zahlreiche religiöse Feierlichkeiten. Die meisten Geschäfte haben geschlossen, und fast das gesamte Alltagsleben ruht). 1. Mai (*Fiesta del Trabajo*, Tag der Arbeit), 30. Mai (*Día de las Islas Canarias*, Tag der Kanarischen Inseln), Fronleichnam (*Día del Corpus Cristi*), 25. Juli (*San Santiago*, Sankt-Jakob-Tag), 15. August (*Asunción*, Mariä Himmelfahrt), 12. Oktober (*Día de la Hispanidad*, Nationalfeiertag/Entdeckung Amerikas), 1. November (*Todos los Santos*, Allerheiligen), 6. Dezember (*Día de la Constitución*, Tag der Verfassung), 8. Dezember (*Immaculada Concepción*, Mariä Empfängnis), 25./26. Dezember (*Navidad*, Weihnachten).

Feste

Wer eines der zahlreichen Dorf- und Patronatsfeste besuchen will, sollte sich frühzeitig nach den Terminen erkundigen. Viele dieser Feiertage sind beweglich, daher ist eine aktuelle Liste hilfreich, veröffentlicht z.B. in der deutschsprachigen Zeitschrift *Der Wochenspiegel*, Internet: www.wochenspiegel-kanaren.com, die vierzehntägig erscheint. Hier eine Auswahl:

Januar

Icod de los Vinos, Los Realejos
Feiern für die Heiligen der beiden Orte (22. 1.)

Februar

Candelaria: *Candelaria-Fest* für die Schutzpatronin aller Kanarischen Inseln (2.2.)

Januar/Februar/März

Ganz Teneriffa: *Carneval* auf der ganzen Insel, vor allem in Santa Cruz de Tenerife mit großartigen Umzügen und Straßenfesten. Auch in kleineren Ortschaften ziehen phantasievoll verkleidete Menschen durch die Straßen. Fortsetzung bis in den März hinein in La Orotava, Puerto de la Cruz, Los Cristianos und Tacoronte.

März

La Laguna: Patronatsfest für *San Benito* in La Laguna (3.2.)

Icod de los Vinos: Patronatsfest für *San Marcos* (25.3)

Mit viel Aufwand und farbenprächtigen Umzügen wird der Karneval in Santa Cruz de Tenerife gefeiert. Immerhin gilt er nach dem von Rio als der zweitgrößte der Welt

März/April

La Laguna, ganz Teneriffa: *Semana Santa* von Palmsonntag bis Ostersonntag mit eindrucksvollen Prozessionen in vielen Inselorten, am bekanntesten in La Laguna.

April

Tegueste: Patronatsfest für *San Marcos* (16.4.)

Mai/Juni

Ganz Teneriffa: *Día del Corpus Cristi* (Fronleichnam) in allen wichtigeren Inselorten, meist mit Blumenteppichen auf den Straßen; am eindrucksvollsten in La Laguna. La Orotava feiert eine Woche später und ist berühmt für den aus farbigen Teide-Steinchen gebildeten Mosaikteppich vor dem Rathaus.

Juni

Los Realejos, Granadilla de Abona: Patronatsfest für *San Isidro* mit Wallfahrten (15.6).

Arico, Icod de los Vinos: Festlichkeiten für *San Juan Bautista,* den Schutzpatron Johannes der Täufer (24.6.).

El Sauzal: Patronatsfest für *San Pedro* (29.6)

Juli

Santa Cruz de Tenerife: Große Meeresprozession (16.7.)

Los Realejos: Fest der *Nuestra Señora del Carmen* (16.7.)

Los Realejos: *Santiago Apóstol* (25.7.)

Candelaria: Volkstümliche Prozession zu Ehren der *Santa Ana* (25.7.).

Santiago del Teide: Patronatsfest (25.7.)

August

Taganana: Fest der *Nuestra Señora de las Nieves* (3.8.)

La Matanza: Patronatsfest (6.8.)

Candelaria: *Fiesta de Candelaria,* größtes Marienfest Teneriffas zu Ehren der ›lichtbringenden Madonna‹, der Schutzpatronin der Kanaren (15.8.).

Bajamar: Patronatsfest *Cristo del Gran Poder* (18.8.)

Tejina de Isora: Patronatsfest für *San Bartolomé*

Buenavista del Norte: Patronatsfest für *San Bartolomé* (25.8)

Los Cristianos: Fest der *Señora del Carmen* (30.8)

September

Güimar: Patronatsfest der *Señora del Perpetuo Socorro* (7.9.)

Tegueste: Patronatsfest der *Señora de los Remedios* (8.9)

La Laguna: : *Santísimo Cristo* (14.9.)

Guía de Isora: *Señora de la Luz* (21.9.)

Tacoronte: *Santísimo Cristo* (21.9.)

Icod de los Vinos: *Fiesta del Drago Milenario* (›Fest des 1000jährigen Drachenbaumes‹, 21.9.)

Oktober

Granadilla de Abona/Chimiche: Patronatsfest für *Virgen del Pilar* (3.10)

Adeje: Patronatsfest von *Santa Úrsula* (21.10.)

Buenavista del Norte: *Señora de los Remedios* (24.10.)

November

Taganana: Patronatsfest für *Santa Catalina* (25.11.)

Dezember

Ganz Teneriffa: Zu *Navidad* (Heilig Abend) finden Christmetten in den meisten Kirchen der Insel statt (24./25./26.12.).

Ganz Teneriffa: *Día de San Silvestre, Nochevieja* (Silvester) wird mit reichlich Feuerwerk überall auf der Insel gefeiert (31.12.).

Klima und Reisezeit

Teneriffa kann man das ganze Jahr über besuchen, es herrschen stets milde Tagestemperaturen, von rund 20° C im Winter bis zu knapp 30° C im Sommer. Die Wassertemperaturen bewegen sich stets um die 20° C. Regen fällt hauptsächlich zwischen Oktober und März, und auch dann meistens nur im Norden. Hier, vor allem in und um Puerto de la Cruz und in den Bergen, bilden sich in den Wintermonaten oft tiefhängende Wolken. Über den Süden weht dagegen, vor allem im Sommer, häufig ein bis vier Tage andauernder heißer Wüstenwind aus der Sahara, den man *Kalima* oder *El tiempo de África*, ›Afrikanisches Wetter‹, nennt. Die ausgeglichensten Urlaubsmonate sind März bis Juli.

Beliebt ist eine Reise nach Teneriffa zwar vor allem im Winter, weil man als Mitteleuropäer dann in relativ kurzer

Die Lucha Canaria ist aus Teneriffa nicht mehr wegzudenken. Bei den Meisterschaften verfolgen Groß und Klein gebannt die Ausscheidungswettkämpfe

Flugzeit in wärmere Gefilde kommt, aber schön ist als Reisezeit auch das Frühjahr (März bis Juni) mit seiner unglaublichen Blütenpracht.

Klimadaten Santa Cruz de Tenerife

Monat	Luft (° C) min./max.	Wasser (° C)	Sonnen-std./Tag	Regentage/ Monat
Jan.	15/21	19	6	4
Febr.	15/21	19	7	4
März	16/22	19	7	3
April	18/23	19	8	2
Mai	17/24	20	10	1
Juni	19/27	21	11	–
Juli	21/29	22	11	–
Aug.	22/30	23	11	–
Sept.	21/28	22	9	1
Okt.	20/26	22	7	5
Nov.	18/24	21	6	4
Dez.	16/22	20	6	4

Klimadaten Puerto de la Cruz

Monat	Luft (° C) min./max.	Wasser (° C)	Sonnen-std./Tag	Regentage/ Monat
Jan.	13/19	19	6	4
Febr.	13/19	19	7	4
März	14/20	19	7	3
April	15/21	19	8	2
Mai	16/22	20	10	1
Juni	18/23	21	11	–
Juli	19/24	22	11	–
Aug.	20/26	23	11	–
Sept.	20/26	22	9	1
Okt.	18/24	22	7	5
Nov.	17/22	21	6	4
Dez.	14/20	20	6	4

Kultur live

Als Rahmenprogramm zahlreicher kultureller Veranstaltungen werden immer häufiger traditionelle **kanarische Wettkämpfe** veranstaltet, etwa im Stockfechten *Palo* oder der *Lucha Canaria*, der einheimischen Form des Ringkampfes [s. S. 52].

Januar

Santa Cruz de Tenerife: *Festival de Música* – mit klassischen Konzerten und hochkarätigen Sinfonieorchestern aus aller Welt im Teatro Guimera.

Mai

Santa Cruz de Tenerife: *Fiesta de Primavera* – die Einwohner feiern mit Blumenschauen, Oldtimer-Parade und musikalischer Untermalung das Frühlingsfest.

November

Guía de Isora: *Fiesta del Volcán* – volksfestartige Feier, die von vielen Mensche besucht wird (Vulkanfest, 16.11).

Nachtleben

Bars

Bodega Mario's, Calle Corales s/n (beim Paseo San Telmo), kanarische und südamerikanische Volksmusik, richtig los geht es erst nach Mitternacht.

El Abaco, Ortsteil El Durazno, Puerto de la Cruz. Nostalgische Piano-Bar in einem restaurierten Herrenhaus, am Wochenende mit klassischer Musik, manchmal Konzerte (tgl. 20–2 Uhr).

El Desván, Calle Pasaje Sitja 17, nahe Plaza de la Paz, Santa Cruz de Tenerife. Mit Aperitifs und exotischen, einfallsreichen Drinks (tgl. 12–3 Uhr).

Fin de Siglo, Calle Barcelona 7/Centro Comercial Galaxia, La Laguna. Zu später Stunde versammeln sich hier die Nachtschwärmer (tgl. 12–2 Uhr).

Star-Bar, Garden City, Local 7, Costa Adeje, Kabarett, Karaoke und gutes Essen, bunt gemischtes Publikum.

Diskotheken

Fast alle großen Hotels haben eigene Diskotheken und/oder Nachtbars, in denen sich auch die Einheimischen gerne sehen lassen. Daneben gibt es in den Touristenzentren und großen Städten zahlreiche private Diskotheken, etwa:

Melody's, Hotel Ponderosa, Costa Adeje, ab 23 Uhr sanfte Musik, auch für ältere Semester.

Nooctúa, Avenida de Rafael Puig Iluvina 14, Las Americas, Diskothek für junge Leute, ab 21 Uhr.

Pub Mastil, Avenida Anaga 31, Santa Cruz, Disko-Pub für junge und mittlere Jahrgänge, Mi-Sa 18–3 Uhr.

Victoria, Avenida de Lolón s/n, Puerto de la Cruz, Piano-Bar und Diskothek, Musik erst ab 24 Uhr.

Shows

Pirámide de Arona, Auditorium & Casino, Playa de las Américas. Klassisches spanisches Ballett (tgl. ab 22 Uhr).

Auskunft und Platzbuchung für alle Veranstaltungen am einfachsten über die Hotelrezeption oder den Reiseleiter (zum Originalpreis ohne Zuschlag).

Spielcasinos

Auskunft am einfachsten jeweils über die Hotelrezeption.

Casino Playa de las Américas, Avenida Rafael Puig Lluvina s/n, Tel. 922 79 37 12

Casino Taoro, oberhalb von Puerto de la Cruz, Carretera Taoro s/n, Tel. 922 38 05 50

Häufig bezeichnet das Wort *Casino* auch private Clubs mit meist kulturellem Anspruch. Die Räume werden aber vielfach zum Kartenspielen und für besondere privaten Feste benutzt. Eintritt haben in jedem Fall nur Mitglieder.

Sport

Golf

Für Golfer wird auf Teneriffa immer mehr getan. Fast fertig ist der Golfplatz bei Buenavista del Norte, **Teno Golf**. Aber auch sonst gibt es zahlreiche Greens, die sich sehen lassen können.

Amarilla Golf (18 Loch), Urbanizacion. Amarilla Golf, San Miguel de Abona, Tel. 922 78 51 24, Fax 922 73 00 85, Internet: www.amarillagolf.es. Ganz in der Nähe von Las Galletas.

Golf Costa Adeje (18 Loch) Finca Los Olivos s/n, Adejeim Norden bei Las Caletas, Tel. 922 71 00 00, Fax 922 71 04 84, Internet: www.golfcostaadeje.com. Ganz neuer Golfplatz.

Golf del Sur (18 Loch), Urbanizacion Golf del Sur, San Miguel de Abona, Tel. 922 73 81 70, Fax 922 73 82 72. Hinter Los Abrigos nahe dem Südflughafen.

Golf La Rosaleda (9 Loch)**,** Puerto de la Cruz, Camino Carrasco 3, Tel. 922 37 30 00, Fax 922 37 51 70

Golf Las Américas (18 Loch), Golf Las Américas, Playa de Las Américas Tel. 922 75 20 05, Fax 922 79 37 55, Internet: www.golf-tenerife.com. Der Golfplatz besteht seit 1998.

Real Club de Golf de Tenerife (18 Loch), Calle Campo de Golf 1, El Peñon de Tacoronte, Tel. 922 63 66 07, Fax 922 63 64 80, Internet: www.realgolfdetenerife.com

Hochseefischen

Wie alle Kanarischen Inseln bietet auch Teneriffa auf offener See einige hervorragende Angelplätze. An jedem Küstenort kann man ein Boot für entsprechende Ausfahrten mieten, z. B. die

Makisi-V ab Puerto Colon, Playa de las Américas, Mobil-Tel. 6 66 55 53 55.

Die gebührenpflichtige Erlaubnis zum Hochseefischen muss man allerdings zuvor schriftlich einholen beim Oficina de Agricultura, Servicio de Pesca, Avenida Anaga 35, Santa Cruz de Tenerife.

Mountainbiking

Diga Sports, Avenida Rafael Puig 26, Playa de las Américas, Tel. 9 22 79 30 09, Fax 9 22 17 68 37, Internet: www.diga-sports.de. Geführte Touren von Playa de las Américas, Los Cristianos und El Médano aus nach Masca und ins Anaga-Gebirge, durch die Cañadas und den Esperanza-Wald. Auch viele Hotels leihen Touren- oder Mountainbikes aus und vermitteln Ausflüge.

Segeln und Surfen

Beide Wassersportarten kann man rings um die Insel betreiben, die entsprechende Ausrüstung an vielen Orten entlang der Küste leihen. Aber berühmt ist in Surfkreisen vor allem der Südwesten nahe dem Südflughafen, z. B. El Médano.

Escuela de Vela Puerto Colón (Segelschule), Puerto Colón, Costa Adeje, Tel. 9 22 71 50 83.

Surf Center Playa Sur, El Médano, Tel./Fax 9 22 17 61 20. Kurse und Ausrüstungsverleih.

Tauchen

Die meisten der zahlreichen, international anerkannten *Escuelas de Buceo* (Tauchschulen) konzentrieren sich um die Touristenzentren im Süden. Dort verlocken vorgelagerte Riffe Anfänger wie Fortgeschrittene zu einem Tauchgang in die vielfältige Unterwasserwelt.

Atlantik, Puerto de la Cruz, beim Hotel Maritim, Tel. 9 22 36 28 01, www.atlantik-tauchen.de

Barakuda Club Tenerife, Heinz Scheffler, Playa Paraiso, Adeje, Tel. 9 22 74 18 81, Internet: www.teneriffa-tauchen.de

Buceo Diving, Puerto Colón, Playa Las Americas 125, Tel. 9 22 71 58 73, Fax 9 22 71 49 67, Internet: www.mantasub.com

Los Gigantes Diving Centre, am Hafen, Tel./Fax 9 22 86 04 31, Internet: www.divingtenerife.co.uk

Park Club Europe, Avenida de Rafael Puig s/n, Las Americas, Tel 9 22 75 27 08

Tennis

Fast alle größeren Hotels verfügen über eigene Tennisplätze oder vermitteln Spielplätze in Anlagen benachbarter Clubs.

Wandern

Teneriffa ist eine großartige Wander-Insel, man darf jedoch die möglichen Gefahren durch steile, unbekannte Berghänge und plötzlichen Wetterumschwung nicht unterschätzen. Wegen fehlender Einkehrmöglichkeiten sollte man immer große Wasservorräte mitnehmen. Daher sollte man sich vor allem als Teneriffa-Neuling einer Wandergruppe anschließen. Sehr verlässlich ist auf diesem Ge-

An erster Stelle der sportlichen Aktivitäten steht neben dem Wassersport das Bergwandern. Eine Besteigung des Guajara etwa bietet herrliche Ausblicke auf den Pico del Teide

biet die Alpinschule Innsbruck (ASI, In der Stille, A-6161 Natters in Tirol, Tel. 0043/512/546000 Fax 546001, Internet: www.asi.at).

Die schönsten Wanderrouten führen durch den Nordosten der Insel im Anaga-Gebirge [s. S. 45], durch den Nordwesten im Teno-Massiv [s. S. 87], die berühmte Masca-Schlucht inbegriffen, und natürlich durch den Teide-Nationalpark [Nr. 44] und die Cañadas [Nr. 45].

Statistik

Lage: Teneriffa ist die größte Insel des kanarischen Archipels. Sie liegt im Atlantischen Ozean zwischen dem 16. und 17. westlichen Längengrad auf dem 28. nördlichen Breitengrad, rund 300 km von der afrikanischen Küste entfernt.

Verwaltung: Teneriffa ist Teil der spanischen Region *Las Canarias*, die weitgehende Autonomie besitzt und erst nach einigen Zugeständnissen (z. B. Erhalt der Freihandelszone) der EU beigetreten ist.

Die Gesamtregion besteht aus den zwei Provinzen Ost- und Westkanaren (*Canarias de l'este* und *Canarias del oeste*). Teneriffa gehört zusammen mit El Hierro, La Palma und La Gomera zur Westprovinz. Die Inselhauptstadt Santa Cruz de Tenerife ist auch die Verwaltungshauptstadt der Provinz. Die Insel besteht aus 31 selbständigen Verwaltungsbezirken (*Municipios*).

Fläche: 2034 km². Teneriffa hat eine dreieckige Form mit einer weit in den Ozean hinein ragenden Nordost-Spitze mit dem Anaga-Gebirge. Die Insel ist ca. 80 km lang und 50 km breit, was nicht besagt, dass man sie schnell erkunden kann, denn das gesamte Inselinnere ist sehr bergig. Der höchste Gipfel Spaniens, der 3718 m hohe Pico del Teide, erhebt sich auf Teneriffa.

Bevölkerung: Rund 700000 Einwohner, Tendenz steigend (1986 waren es noch etwa 550000 Einwohner!).

Hauptstadt: Santa Cruz de Tenerife (rund 222000 Einwohner).

Wirtschaft: Etwa 5 Mio. Touristen besuchen Teneriffa jährlich. Keine Frage, dass der *Tourismus* mit seinen Nebengewerben der bedeutendste Wirtschaftszweig der Insel ist. Aber auch die *Landwirtschaft* spielt eine wichtige Rolle. Bananen und Tomaten werden nicht nur für den Export sondern auch zunehmend für den heimischen Markt produziert. Vor allem der Anbau von Trauben und die Herstellung immer qualitätvollerer Weine profitiert von dem verstärkten Interesse ausländischer Gäste. Von untergeordneter Rolle ist die Tierhaltung, aber auch in diesem Bereich steigt mittlerweile die Nachfrage nach einheimischen Käsereiprodukten, die vor allem aus Ziegenmilch gewonnen werden.

Unterkunft

Camping

Campingplätze im mitteleuropäischen Sinne gibt es auf Teneriffa nicht. Der älteste Campingplatz **Nauta** bei Las Galletas/Arona mit Holzhütten und Zeltplätzen hat jetzt Gesellschaft bekommen mit **Camping Himiche** bei Playa San Juan und **Camping Mesa del Mar** bei Tacoronte.

Himiche, an der TF 463, Playa San Juan-Guía de Isora, Tel. 922693063. Hanglage, Zelte, Caravans und Blockhäuser.

Mesa del Mar, Meerespromenade, Mobil-Tel. 669811535. Holzhütten und Zeltplätze, Restaurant.

Nauta, Cañada Blanca, Las Galletas/Arona, Tel. 922785118, Fax 922795016. Wohnwagen, Bungalows, Pool, Tennis, Restaurant.

Ferienhäuser

Unter dem Stichwort *Turismo rural* werden zum Teil zauberhafte Zimmer, Apartments oder Häuser auf manchmal noch betriebenen Landgütern angeboten. Da diese Urlaubsart sowohl von der EU als auch von der Inselregierung *Cabildo Insular* gefördert wird, ist in den nächsten Jahren mit mehr solcher Angebote zu rechnen.

Die *Oficina de Turismo* in Santa Cruz de Tenerife [s. S. 124] hält eine aktuelle Liste der Landhäuser parat, man muss dann allerdings selbst anrufen und herumfahren, um das passende Haus zu finden.

Eine große Auswahl bietet die Rural-Organisation **Canary Homes & Hotels** (mit Häusern auf Teneriffa, La Palma, La Gomera und El Hierro), Tel.

Ein tropischer Garten umgibt den Pool des Hotel Jardín Tropical an der Costa Adeje

9 22 38 98 14, Fax 9 22 38 33 96, Internet: www.canaryhomes.com

Hotels

Man kann auf Teneriffa davon ausgehen, dass die meisten Hotels und Pensionen nicht nur direkt, sondern auch über Reiseveranstalter angeboten werden. Wer selbständig buchen möchte, wird in der Regel mit höheren Preisen rechnen müssen.

Die Infrastruktur der Hotellerie ist hervorragend, d. h. Urlauber finden in jeder Kategorie bzw. Preisklasse ein passendes Quartier. Es gilt die internationale Klassifikation von 1 bis 5 Sternen.

Sehr beliebt sind Landhotels (*Hoteles rurales*) im Inselinneren, vereinzelt sind sie auch an der Küste zu finden. Auf besondere Häuser wird unter ›Praktische Hinweise‹ bei den einzelnen Punkten dieses Reiseführers hingewiesen.

Verkehrsmittel im Land

Boot

Es gibt unzählige Anbieter von maritimen Ausflugsfahrten. Bekannt und beliebt ist das Unterseeboot **Yellow Submarine** (Tel. 9 22 71 50 80, Fax 9 22 71 58 72), mit dem man vom Puerto Colón bei Playa de las Américas vor der Küste auf Tauchstation gehen kann. Eine andere Empfehlung ist der Katamaran **Lady Shelly** ab Hafen Los Cristianos (Reservierung über Mare Nostrum Resort, Las Americas, Tel. 9 22 75 75 00).

Bus

Die gesamte Insel ist hervorragend durch die Busse der staatlichen Gesellschaft TITSA erschlossen, die auch auf Wanderer eingestellt ist und entsprechende Haltestellen entlang der Wanderwege in den Bergen anfährt. Ein überall kostenlos erhältliches, gift-grünes Faltblatt gibt Auskunft über die Fahrpläne, die sehr genau eingehalten werden. Die innerstädtischen Busstationen heißen *Estaciónes de Guaguas.*

Information: Tel. 9 22 53 13 00, Internet: www.titsa.com

Mietwagen

ADAC-Mitglieder können über ihre lokale ADAC-Geschäftsstelle oder unter Tel. 0 18 05/31 81 81 (0,12 €/Min.) preisgünstig ein Auto vorbuchen.

Neben zahlreichen lokalen Anbietern sind alle internationalen Autovermieter auf der Insel vertreten, sei es am Flughafen, in der Hauptstadt oder in den touristischen Zentren. Die Preise beginnen bei etwa 30 €. Man kann den Leihwagen bei einigen Reiseveranstaltern schon mit der Reise buchen, was meist billiger ist.

Taxi

Es kostet nicht viel, auf Teneriffa ein Taxi zu mieten. Die Wagen fahren mit Taxameter, oder man handelt bei längeren Touren einen Festpreis aus (vorher im Hotel nach dem üblichen Preis erkundigen).

Sprachführer

Das Wichtigste in Kürze

Ja/Nein	*Sí/No*
Bitte/Danke	*Por favor/Gracias*
In Ordnung!/ Einverstanden!	*¡Está bien!/ ¡De acuerdo!*
Entschuldigung!	*¡Perdón!*
Wie bitte?	*¿Cómo dice/dices?*
Ich verstehe Sie nicht.	*No le entiendo.*
Ich spreche nur wenig Spanisch.	*Hablo sólo un poco de español.*
Können Sie mir bitte helfen?	*¿Puede ayudarme, por favor?*
Das gefällt mir (nicht).	*(No) Me gusta.*
Ich möchte …	*Quisiera …*
Haben Sie …?	*¿Tiene Usted …?*
Gibt es …?	*¿Hay …?*
Wie viel kostet das?	*¿Cuánto cuesta?*
Wie teuer ist …?	*¿Qué precio tiene …?*
Kann ich mit Kreditkarte bezahlen?	*¿Puedo pagar con la tarjeta de crédito?*
Wie viel Uhr ist es?	*¿Qué hora es?*
Guten Morgen!	*¡Buenos días!*
Guten Tag!	*¡Buenos días!/ ¡Buenas tardes!*
Guten Abend!	*¡Buenas tardes!*
Gute Nacht!	*¡Buenas noches!*
Hallo! Grüß dich!	*¡Hola! ¿Qué tal?*
Mein Name ist …	*Me llamo …*
Wie ist Ihr Name, bitte?	*¿Cómo se llama Usted, por favor?*
Wie geht es Ihnen?	*¿Qué tal está Usted?*
Auf Wiedersehen!	*¡Adiós!*
Tschüs!	*¡Hasta luego!*
Bis bald!	*¡Hasta pronto!*
Bis morgen!	*¡Hasta mañana!*
gestern/heute/morgen	*ayer/hoy/mañana*
am Vormittag/ Nachmittag	*por la mañana/ por la tarde*
am Abend/ in der Nacht	*por la tarde/ por la noche*
um 1 Uhr/2 Uhr	*a la una/a las dos …*
um Viertel vor (nach) …	*a la(s) … meno(s) cuarto (y cuarto)*
um … Uhr 30	*a la/las … y media*
Minute(n)/Stunde(n)	*minuto(s)/hora(s)*
Tag(e)/Woche(n)	*día(s)/semana(s)*
Monat(e)/Jahr(e)	*mes(es)/año(s)*

Zahlen

0	*zero*	19	*diecinueve*
1	*uno*	20	*veinte*
2	*dos*	21	*veintiuno, -a*
3	*tres*	22	*veintidós*
4	*cuatro*	30	*treinta*
5	*cinco*	40	*cuarenta*
6	*seis*	50	*cincuenta*
7	*siete*	60	*sesenta*
8	*ocho*	70	*setenta*
9	*nueve*	80	*ochenta*
10	*diez*	90	*noventa*
11	*once*	100	*cien, ciento*
12	*doce*	200	*doscientos, -as*
13	*trece*	1000	*mil*
14	*catorce*	2000	*dos mil*
15	*quince*	10 000	*diez mil*
16	*dieciséis*	1000 000	*un millón*
17	*diecisiete*	¼	*un cuarto*
18	*dieciocho*	½	*medio*

Wochentage

Montag	*lunes*
Dienstag	*martes*
Mittwoch	*miércoles*
Donnerstag	*jueves*
Freitag	*viernes*
Samstag	*sábado*
Sonntag	*domingo*

Monate

Januar	*enero*
Februar	*febrero*
März	*marzo*
April	*abril*
Mai	*mayo*
Juni	*junio*
Juli	*julio*
August	*agosto*
September	*septiembre*
Oktober	*octubre*
November	*noviembre*
Dezember	*diciembre*

Maße

Kilometer	*kilómetro(s)*
Meter	*metro(s)*
Zentimeter	*centímetro(s)*
Kilogramm	*kilogramo(s)*
Pfund	*medio kilo*
Gramm	*gramo(s)*
Liter	*litro(s)*

Unterwegs

Nord/Süd/West/Ost	*norte/sur/oeste/este*
oben/unten	*arriba/abajo*
geöffnet/geschlossen	*abierto/cerrado*
geradeaus/ links/ rechts/ zurück	*derecho/ a la izquierda/ a la derecha/ atrás*
nah/weit	*cerca/lejos*
Wie weit ist das?	*¿A qué distancia está*
Wo sind die Toiletten?	*¿Dónde están los lavabos?*

Wo ist die (der) nächste …	*¿Dónde está …*
Telefonzelle/	*la cabina telefónica/*
Bank/Polizei/	*el banco/la policía/*
Post/	*el correo/*
Geldautomat?	*el cajero automático más cercano(a)?*
Bitte, wo ist …	*Por favor, ¿dónde está …*
der Busbahnhof/	*la estación de autobuses/*
die U-Bahn/	*la parada del metro/*
der Flughafen?	*el aeropuerto?*
Bitte, wo finde ich …	*Por favor, ¿dónde está …*
eine Apotheke/	*una farmacia/*
eine Bäckerei/	*una panadería/*
ein Fotofachgeschäft/	*una tienda de los artículos fotográficos/*
ein Kaufhaus/	*unos grandes almacenes/*
ein Lebensmittelgeschäft/	*una tienda de comestibles/*
den Markt?	*el mercado?*
ꞏst das der Weg/ die Straße nach …?	*¿Es este el camino/ la carretera a …?*
ꞏch möchte mit …	*Quisiera ir en …*
dem Bus/dem Schiff/	*autobús/barco/*
der Fähre/	*ferry/*
dem Flugzeug	*avión*
nach … fahren.	*a …*
ꞏilt dieser Preis für Hin- und Rückfahrt?	*¿Es el precio para ida y vuelta?*
ꞏVie lange gilt das Ticket?	*¿Hasta cuándo esta válido el billete?*
ꞏVo ist das Fremdenverkehrsamt/	*¿Dónde está la oficina de turismo/*
ein Reisebüro?	*una agencia de viaje?*
ꞏch benötige eine Hotelunterkunft.	*Necesito una habitación en un hotel.*
ꞏVo kann ich mein Gepäck lassen?	*¿Dónde puedo dejar mi equipaje?*
ꞏch habe meinen Koffer verloren.	*He perdido mi maleta.*

ꞏoll, Polizei

ꞏier ist die Kaufbescheinigung.	*Aquí está el recibo de compra.*
ꞏier ist mein(e) …	*Aquí está mi …*
Geld/Pass/	*dinero/pasaporte/*
Personalausweis/	*carnet de identidad/*
Kfz-Schein/	*los documentos del vehículo/*
Grüne Versicherungskarte.	*la Carta Verde.*
ꞏh fahre nach … und bleibe … Tage/ Wochen	*Voy a … y me quedo … días/ semanas.*
ꞏh möchte eine Anzeige erstatten.	*Quisiera hacer una denuncia.*
ꞏIan hat mir …	*Me han robado …*
Geld/die Tasche/	*dinero/el bolso/*
die Papiere/	*los documentos/*
die Schlüssel/	*las llaves/*
den Fotoapparat/	*la cámera fotográfica/*
den Koffer/	*la maleta/*
das Fahrrad gestohlen.	*la bicicleta.*
Verständigen Sie bitte das Deutsche Konsulat.	*Por favor, informe al Consulado Alemán.*

Freizeit

Ich möchte ein …	*Quisiera alquilar …*
Fahrrad/	*una bicicleta/*
Motorrad/	*una motocicleta/*
Surfbrett/	*una tabla de surf/*
Mountainbike/	*un mountain bike/*
Boot/	*una barca/*
Pferd mieten.	*un caballo.*
Gibt es ein(en) …	*¿Hay en la cercanía …*
Freizeitpark/	*un parque de atracciones/*
Freibad/	*una piscina pública/*
Golfplatz in der Nähe?	*un campo de golf?*
Wo ist die nächste Bademöglichkeit?	*¿Dónde hay una posibilidad de bañarse?*
Wo liegt der nächste Strand?	*¿Dónde está la playa más cerca?*
Wann hat … geöffnet?	*¿Qué horario tiene …?*

Bank, Post, Telefon

Brauchen Sie meinen Ausweis?	*¿Necesita mi documento de identidad?*
Wo soll ich unterschreiben?	*¿Dónde tengo que firmar?*
Ich möchte eine Telefonverbindung	*Quisiera una linea telefónica*

Hinweise zur Aussprache

c	vor ›a,o,u‹ wie ›k‹, Bsp.: **c**aja
c	vor ›e‹ und ›i‹ ähnlich dem englischen ›th‹, Bsp.: gra**ci**as
ch	wie ›tsch‹, Bsp.: le**che**
g	vor ›e‹ und ›i‹ wie ›ch‹, Bsp.: **ge**nte
gue, gui/que, qui	wie ›g‹ und ›k‹, also mit stummem ›u‹, Bsp.: **que**so
h	ist immer stumm
j	wie das deutsche ›ch‹, Bsp.: **j**amón
ll	zwischen Vokalen wie ›j‹, Bsp.: torti**lla**
ñ	wie ›nj‹, Bsp.: ni**ñ**o
v	wie ›b‹, Bsp.: **v**ia
z	ähnlich dem englischen ›th‹, Bsp.: tena**z**

nach …	*con …*
Wie lautet die Vorwahl für …?	*¿Cómo es el prefijo de …?*
Wo gibt es …	*¿Dónde puedo conseguir …*
Münzen für den Fernsprecher/	*monedas/*
Telefonkarten/	*tarjetas para el teléfono/*
Briefmarken?	*sellos?*

Tankstelle

Wo ist die nächste Tankstelle?	*¿Dónde está la gasolinera/estación de servicio más cercana?*
Ich möchte … Liter …	*Quisiera … litros de …*
Benzin/	*gasolina/*
Super/Diesel/	*super/diesel/*
bleifrei/	*gasolina sin plomo/*
verbleit.	*con plomo.*
Volltanken, bitte!	*¡Lleno, por favor!*
Bitte prüfen Sie …	*Controle por favor …*
den Reifendruck/	*la presión de los neumáticos/*
den Ölstand/	*el nivel del aceite/*
den Wasserstand/	*el nivel del agua/*
das Wasser für die Scheibenwischanlage/	*el agua para el lavaparabrisas/*
die Batterie.	*la batería.*
Würden Sie bitte …	*¿Podría …*
den Ölwechsel vornehmen/	*cambiar el aceite/*
den Radwechsel vornehmen/	*cambiar la rueda/*
die Sicherung austauschen/	*cambiar el fusible/*
die Zündkerzen erneuern/	*cambiar las bujías/*
die Zündung nachstellen/	*ajustar el encendido/*
den Wagen waschen?	*lavar el coche?*

Panne

Ich habe eine Panne.	*Tengo una avería.*
Der Motor startet nicht.	*El motor no arranca.*
Ich habe die Schlüssel im Wagen gelassen.	*Dejé las llaves en el coche.*
Ich habe kein Benzin/Diesel.	*No tengo gasolina/diesel.*
Gibt es hier in der Nähe eine Werkstatt?	*¿Hay algún taller por aquí cerca?*
Können Sie das Auto abschleppen?	*¿Puede Usted remolcar el coche?*
Können Sie den Wagen reparieren?	*¿Puede Usted reparar el coche?*
Bis wann?	*¿Para cuándo?*

Mietwagen

Ich möchte ein Auto mieten.	*Quisiera alquilar un coche.*
Was kostet die Miete …	*¿Cuánto cuesta el alquiler …*
pro Tag/	*por día/*
pro Woche/	*por semana/*
mit unbegrenzter km-Zahl/	*con kilometraje ilimitado/*
mit Kasko-versicherung/	*con seguro ›casco‹/*
mit Kaution?	*con depósito?*
Wo kann ich den Wagen zurückgeben?	*¿Dónde puedo devolver el coche?*

Unfall

Hilfe!	*¡Ayuda!/¡Socorro!*
Achtung!/Vorsicht!	*¡Atención!/¡Cuidado!*
Rufen Sie bitte schnell …	*Por favor, llame en seguida …*
einen Krankenwagen/	*una ambulancia/*
die Polizei/	*a la policía/*
die Feuerwehr.	*a los bomberos.*
Es war (nicht) meine Schuld.	*(No) Ha sido por mi culpa.*
Geben Sie mir bitte Ihren Namen und Ihre Adresse.	*Puede darme su nombre y dirección.*
Ich brauche die Angaben zu Ihrer Autoversicherung.	*Necesito los datos de su seguro.*

Krankheit

Können Sie mir einen guten Deutsch sprechenden Arzt/Zahnarzt empfehlen?	*¿Puede recomendarme un buen médico/dentista que hable alemán?*
Wann hat er Sprechstunde?	*¿A qué hora tiene su consulta?*
Wo ist die nächste Apotheke?	*¿Dónde está la farmacia más próxima*
Ich brauche ein Mittel gegen …	*Necesito un medicamento contra …*
Durchfall/	*la diarrea/*
Halsschmerzen/	*dolor de garganta/*
Fieber/	*la fiebre/*
Insektenstiche/	*las picaduras de insectos/*
Verstopfung/	*el estreñimiento/*
Zahnschmerzen.	*dolor de muelas.*

Im Hotel

Können Sie mir ein Hotel/eine Pension empfehlen?	*¿Podría recomendarme un hotel/una pensión?*
Ich habe bei Ihnen ein Zimmer reserviert.	*He reservado aquí una habitación.*
Haben Sie …	*¿Tiene Usted …*
ein Einzel-/	*una habitación individual/*
Doppelzimmer …	*doble …*
mit Bad/Dusche/	*con baño/ducha/*
für eine Nacht/	*para una noche/*
für eine Woche/	*para una semana/*
mit Blick aufs Meer?	*con vista al mar?*
Was kostet das Zimmer mit …	*¿Cuánto cuesta la habitación con …*
Frühstück/	*desayuno/*

Halbpension/ Vollpension?	*media pensión/ pensión completa?*
Wie lange gibt es Frühstück?	*¿Hasta qué hora se sirve el desayuno?*
Ich möchte um … geweckt werden.	*Quisiera que me despierten a la(s) …*
Wie ist hier die Stromspannung?	*¿Qué voltaje tiene aquí la corriente?*
Ich reise heute Abend/ morgen früh ab.	*Saldré esta noche/ mañana temprano.*
Haben Sie ein Faxgerät/ einen Hotelsafe?	*¿Tiene un fax/ una caja de seguridad?*
Nehmen Sie Kreditkarten an?	*¿Acepta tarjetas de crédito?*
Kann ich Geld wechseln?	*¿Puedo cambiar dinero?*

Im Restaurant

Wo gibt es ein gutes Restaurant/ ein günstiges Restaurant?	*¿Dónde hay un buen restaurante/ un restaurante economico?*
Die Speisekarte/ Getränkekarte, bitte.	*¡La carta/ la lista de bebidas, por favor!*
Welches Gericht können Sie besonders empfehlen?	*¿Qué plato puede recommandarme paticularmente?*
Ich möchte das Tagesgericht/ Menü (zu …).	*Quisiera el plato del día/ el menú (de…).*
Ich möchte nur eine Kleinigkeit essen.	*Quisiera comer solo poca cosa.*
Haben Sie vegetarische Gerichte?	*¿Hay platos vegetarianos?*
Haben Sie offenen Wein?	*¿Hay vino de la casa?*
Welche alkoholfreien Getränke haben Sie?	*¿Qué bebidas sin alcohol tiene?*
Haben Sie Mineralwasser mit/ ohne Kohlensäure?	*¿Tiene agua mineral con/sin gas?*
Das Steak bitte … englisch/ medium/ durchgebraten.	*El bistec … casi crudo/ medio/ bien pasado, por favor.*
Können Sie mir bitte … ein Messer/ eine Gabel/ einen Löffel geben?	*Por favor, ¿puede darme … un cuchillo/ un tenedor/ una cuchara?*
Darf man rauchen?	*¿Puedo fumar?*
Die Rechnung, bitte/ Bezahlen, bitte!	*¡La cuenta, por favor!*

Essen und Trinken

Abendessen	*cena*
Ananas	*piña*
Apfel	*manzana*
Apfelsine	*naranja*
Aubergine	*berenjena*
Banane	*plátano*
Bier	*cerveza*
Braten	*asado*
Brot/Brötchen/ Toast	*pan/panecillo/ tostada*
Butter	*mantequilla*
Ei	*huevo*
Eintopf	*puchero*
Eiscreme	*helado*
Erdbeere	*fresa*
Espresso	*café solo*
Espresso mit Milch	*cortado*
Essig	*vinagre*
Fisch	*pescado*
Fischtopf	*cazuela de pescado*
Flasche	*botella*
Fleisch	*carne*
Fruchtsaft	*zumo de frutas*
Frühstück	*desayuno*
Geflügel	*aves*
Gemüse	*verdura*
Glas	*copa/vaso*
Gurke	*pepino*
Huhn	*pollo*
Hummer	*bogavante*
Kalbfleisch	*carne de ternera*
Kartoffeln (Runzel-)	*papas (arrugadas)*
Käse	*queso*
Krug/Karaffe	*jarra*
Lammfleisch	*carne de cordero*
Meeresfrüchte	*mariscos*
Milch	*leche*
Milchkaffee	*café con leche*
Mineralwasser	*agua mineral*
Mittagessen	*comida*
Nachspeisen	*postres*
Öl	*aceite*
Oliven	*aceitunas*
Orangensaft	*zumo de naranja*
Pfeffer	*pimienta*
Pflaumen	*ciruelas*
Pilze	*hongos/setas*
Reis	*arroz*
Rindfleisch	*carne de vaca*
Salat	*ensalada*
Salz	*sal*
Sardinen	*boquerones*
Schinken	*jamón*
Schweinefleisch	*carne de cerdo*
Suppe	*sopa*
Süßigkeiten	*dulces*
Tee	*té*
Thunfisch	*atún*
Tintenfisch	*pulpo*
Vorspeisen	*entremeses*
Wassermelone	*sandía*
Wein … Weiß-/ Rot-/ Rosé-Wein	*vino … blanco/ tinto/ rosado*
Weintrauben	*uvas*
Zicklein	*cordero*
Ziegenkäse	*queso majorero*
Zucker	*azúcar*

Register

M

N

O

P

Bildnachweis

Gottfried Aigner, München: 5 rechts, 6, 8 unten, 13 oben, 22, 25 oben, 26, 27, 31, 32, 33, 35, 38, 40, 41, 44, 45, 46 oben, 50, 51, 54, 55, 56 oben, 63, 66, 67, 70, 73 oben rechts und unten rechts, 74, 79, 81, 82 (2), 83, 86, 94 Mitte, 96, 99 oben rechts und unten rechts, 106 oben, 106 Mitte links und rechts, 110, 113, 121, 122 oben links, 129, 133, 135 – *Hartmuth Friedrichsmeier, Hamburg*: 16/17, 90 (*Emanuel Gronau*), 23, 25 unten, 30, 37, 39, 49, 84, 112, 116, 125 (*Hans-Georg Roth*), 57 (*Michael Pasdzior*), 103, 106 unten, 131 (*B. Gruschwitz*), 127 (*argus/Schwarzbach*) – *Rainer Hackenberg, Köln*: 5 links, 12 oben, 20, 25 Mitte links, 28, 29, 42, 46/47, 56 unten, 58, 60, 101, 102 – *Herbert Hartmann, München*: 69, 73 unten links, 94 oben, 99 oben links und unten links, 122 oben rechts, 126 – *Look, München*: 11 unten, 122 unten rechts (*Heinz Endler*), 10 (*Ulli Seer*), 109 (*Jürgen Richter*), 111 (*Florian Werner*), 122 unten links (*Uli Wiesmüller*) – *Erhard Pansegrau, Berlin*: 7 unten, 8 oben, 19, 21, 25 Mitte rechts, 52, 61, 73 oben links, 93, 104/105, 118/119 – *Paul Spierenburg, Hamburg*: 7 oben, 8 Mitte, 68, 85, 89, 120, 122 Mitte – *Hubert Stadler, Fürstenfeldbruck*: 9 (2) – *Steffens Bildarchiv, Mainz*: 78, 99 Mitte (*Rudolf Bauer*), 118 (*Dieter Klöppel*) – *Süddeutscher Verlag/Bilderdienst, München*: 12 unten, 13 unten, 14, 15 (2) – *White Star, Hamburg*: 94 unten (*Monica Gumm*), 11 oben, 36, 87.

In der ADAC-Reiseführer-Reihe sind erschienen:

Ägypten
Algarve
Amsterdam
Andalusien
Australien
Bali und Lombok
Barcelona
Berlin
Bodensee
Brandenburg
Brasilien
Bretagne
Budapest
Burgund
Costa Brava und Costa Daurada
Côte d'Azur
Dalmatien
Dänemark
Dominikanische Republik
Dresden
Elsass
Emilia Romagna
Florenz
Florida
Französische Atlantikküste
Fuerteventura
Gardasee
Golf von Neapel
Gran Canaria
Hamburg
Hongkong und Macau
Ibiza und Formentera
Irland
Israel
Istrien und Kvarner Golf
Italienische Adria
Italienische Riviera
Jamaika
Kalifornien
Kanada – Der Osten
Kanada – Der Westen
Karibik
Kenia
Kreta
Kuba
Kykladen
Lanzarote
London
Madeira
Mallorca
Malta
Marokko
Mauritius und Rodrigues
Mecklenburg-Vorpommern
Mexiko
München
Neuengland
Neuseeland
New York
Niederlande
Norwegen
Oberbayern
Österreich
Paris
Peloponnes
Piemont, Lombardei, Valle d'Aosta
Portugal
Prag
Provence
Rhodos
Rom
Rügen, Hiddensee, Stralsund
Salzburg
Sardinien
Schleswig-Holstein
Schottland
Schwarzwald
Schweden
Schweiz
Sizilien
Spanien
St. Petersburg
Südafrika
Südengland
Südtirol
Teneriffa
Tessin
Thailand
Toskana
Tunesien
Türkei-Südküste
Türkei-Westküste
Umbrien
Ungarn
USA-Südstaaten
USA-Südwest
Venedig
Venetien und Friaul
Wien
Zypern

Weitere Titel in Vorbereitung

Impressum

Umschlag-Vorderseite: Wahrzeichen der Insel – der schneebedeckte Pico del Teide ist auch von Puerto de la Cruz aus gut zu sehen
Foto: Bildagentur Huber/R. Schmid, Garmisch-Partenkirchen

Titelseite: Ansteckendes Lachen
Foto: Gottfried Aigner, München

Abbildungen: siehe Bildnachweis S. 142

Lektorat und Bildredaktion: Elisabeth Schnurrer
Aktualisierung: Thomas Paulsen
Gestaltung: Norbert Dinkel, München
Layout, Reproduktion und Satz: vivaMedia GmbH, München
Karten: Astrid Fischer-Leitl, München
Druck, Bindung: Druckerei Uhl, Radolfzell
Printed in Germany

ISBN 3-87003-851-9

Gedruckt auf chlorfrei gebleichtem Papier

Autor der Essays S. 52, 58, 77, 89, 117 und 120 ist Gottfried Aigner

4., neu bearbeitete Auflage 2003

Redaktion ADAC-Reiseführer:
ADAC Verlag GmbH, 81365 München
E-Mail: verlag@adac.de

Die Daten und Fakten für dieses Werk wurden mit äußerster Sorgfalt recherchiert und geprüft. Da vor allem touristische Informationen häufig Veränderungen unterworfen sind, kann für die Richtigkeit der Angaben leider keine Gewähr übernommen werden. Die Redaktion ist für Hinweise und Verbesserungsvorschläge dankbar.